Andreas Luckner
Klugheit

Grundthemen Philosophie

Herausgegeben von
Dieter Birnbacher
Pirmin Stekeler-Weithofer
Holm Tetens

Walter de Gruyter · Berlin · New York

Andreas Luckner

Klugheit

Walter de Gruyter · Berlin · New York

♾ Gedruck auf säurefreiem Papier,
das die US-ANSI-Norm über Haltbarkeit erfüllt.

ISBN 3-11-017706-4

Bibliografische Information Der Deutschen Bibliothek

Die Deutsche Bibliothek verzeichnet diese Publikation in der Deutschen
Nationalbibliografie; detaillierte bibliografische Daten sind im Internet über
http://dnb.ddb.de abrufbar.

Printed in Germany

Umschlaggestaltung: +malsy, kommunikation und gestaltung, Willich

Vorwort

Dieses Buch ist die stark gekürzte Version der ersten beiden Teile meiner Habilitationsschrift von 2001. Zur Entstehung haben in maßgeblicher Weise beigetragen (in alphabetischer Reihenfolge): Pierre Aubenque, Jens Badura, Volker Caysa, Jürgen Engfer, Klaus-Dieter Eichler, Christoph Fehige, Peter Fischer, Gottfried Gabriel, Ulrike Grünenklee, Christoph Hubig, Frank Kannetzky, Ulrich Kohlmann, Weyma Lübbe, Georg Meggle, Maribel Peña-Aguado, Nikos Psarros, Sebastian Rödl, Wilhelm Schmid, Rudolf Schüßler, Werner Stegmaier und Nick White. Ihnen allen danke ich sehr. Der Deutschen Forschungsgemeinschaft danke ich für ein Stipendium, ohne das dieses Buch nicht hätte geschrieben werden können. Den Herausgebern und dem de Gruyter Verlag danke ich für die Möglichkeit das Buch in der Reihe „Grundthemen Philosophie" erscheinen zu lassen.

Besonders aber möchte ich Christoph Hubig, Holger Maaß, Richard Raatzsch, Pirmin Stekeler-Weithofer und meiner Frau Irene Kostka danken, die den ganzen Text geduldig und ausführlich kommentiert und korrigiert haben und nicht nachgelassen haben, mich darin zu unterstützen, das Projekt weiterzutreiben. Das Buch ist unseren Kindern Rebekka, Antonia und Simon gewidmet, denen ich wünsche, die Tugend zu erwerben, von der dieses Buch handelt.

Leipzig, im Juni 2005   Andreas Luckner

Inhalt

0. Einleitung

An der Seebrücke zu Prerow in Vorpommern hat die zuständige kommunale Verwaltung ein Schild mit folgender Aufschrift anbringen lassen:

> Vernünftige Menschen fahren hier nicht mit dem Rad.
> Für alle anderen ist es verboten.

Nun sollte man doch meinen, dass ein von Amts wegen ergehendes Verbot für alle gleichermaßen gilt und nicht nur für Unvernünftige! Selbstverständlich ist das auch so; der für die Verordnung zuständige Gemeinderat hat natürlich beschlossen, dass es *überhaupt* verboten sein soll auf der Seebrücke Rad zu fahren. Was auf dem Schild steht, ist daher auch nicht die Formulierung des Verbots selbst – hier wäre eher so etwas wie „Radfahren auf der Seebrücke verboten" zu erwarten gewesen – sondern vielmehr ein versteckter Appell. Könnten wir zwischen die beiden Zeilen hineinhören, dann ließe sich etwa folgendes vernehmen: „Leute, seid vernünftig, dann seht Ihr selbst, dass es dumm ist, hier mit dem Fahrrad weiter zu fahren. Wir von der Verwaltung müssen auf der engen Brücke die Sicherheit für alle gewährleisten; wenn Ihr es nicht von alleine hinbekommt, miteinander auf der Brücke auszukommen, dann müssen wir Euch doch die übliche Strafandrohung machen!"

„Seid vernünftig!" ist aber, anders als „Radfahren verboten!", eine dringliche Handlungsempfehlung, ein Ratschlag der Klugheit, oder, nach der Formulierung Kants, ein *pragmatischer Imperativ*. In diesem Buch soll es darum gehen, wie solche dringlichen Empfehlungen zur Handlungs- und Lebensorientierung gebraucht werden, welcher „Logik" sie gehorchen, wie es um ihre Allgemeingültigkeit bestellt ist und in welchem Verhältnis sie zu moralischen und rechtlichen Normen stehen.

Was den letztgenannten Punkt betrifft, kann man schon an dieser Stelle von dem Seebrückenschild etwas lernen, denn in gewisser Weise wird durch die beiden Sätze das Verhältnis von je individueller praktischer Vernunft und allgemeingültigen Moral- und Rechtsnormen exemplarisch ausgedrückt: Die explizite Äußerung von Erlaubnissen und Verboten spielt in der Realität der individuellen vernünftigen Handlungsorientierung nur in Ausnahmefällen eine Rolle, denn durch diese Art Normen wird der Handlungsspielraum der Individuen lediglich *eingegrenzt*, nicht aber die Handlungen angeleitet. Strenggenommen kann man sich an Verboten überhaupt nicht orientieren, so wenig wie an Erlaubnissen. (Vernünftige) Verbote müssen nicht ausgesprochen werden, solange die Leute vernünftig *sind* und einsehen, dass auf der Brücke Rad zu fahren dumm ist; und zwar nicht deswegen, so implizit die Aufschrift, weil man erwischt und bestraft werden kann – dies ist nur die präskriptive Sprache, die *jeder*, also auch der praktisch Unvernünftige versteht –, sondern weil es einer bestimmten Form des Zusammenlebens nicht entspricht, an der ein vernünftiger Mensch sich in seinem Handeln orientiert. Zu dieser Form des Zusammenlebens gehört es, dass man sich nicht gegenseitig auf die Füße tritt bzw. fährt, wie es auf einer engen Seebrücke zwangsläufig der Fall wäre.

Wie auch immer: Nach Ge- und Verboten kann man sich zwar richten, aber man kann sich nicht an ihnen orientieren, jedenfalls nicht in demselben Sinne, wie man sich in seinem Handeln z. B. am Wert der Gerechtigkeit orientieren kann. Das ist wie beim Schachspiel: Zu wissen, was an Spielzügen erlaubt bzw. verboten ist – d. h. Kenntnis von den konstitutiven Spielregeln haben – bedeutet lediglich, den Handlungsspielraum zu kennen, innerhalb dessen man sich bewegen kann; es bedeutet noch lange nicht, zu wissen, wie man sich am besten in ihm bewegt. Selbst derjenige, der die Spielregeln des Schachspiels im Schlaf kennt, kann dennoch völlig orientierungslos vor dem Brett sitzen, wenn es denn ans Spielen geht. Umgekehrt kann man selbst bei einem Schachnovizen, der sich bei einem guten Spieler dessen Strategien abschaut, durchaus davon ausgehen, dass er sich selbst im Spiel orientieren kann. Die Spielregeln, die z. B. die Zugarten der einzelnen Figuren festlegen, lernt er dabei gleich mit, weshalb sie in gewisser Weise als in den Strategieregeln enthalten gedacht werden können.

Wie die Spielregeln bei der Orientierung im Schachspiel nur eine sehr begrenzte Funktion haben und Verweise auf Spielregeln während eines Spieles im Allgemeinen auch nur bei sehr unerfahrenen Spielern nötig sind, so verhält es sich auch bei der Orientierung im Handeln und Leben allgemein. Bei der Moral, die auf Pflichten bzw. Ge- und Verboten fußt, kann es sich, wenn überhaupt, nur um eine *besondere* Institution der Handlungsorientierung handeln, die immer dann zum Zuge kommt – und dann auch: kommen muss –, wenn gewisse konstitutive Regeln des Zusammenspiels der Individuen nicht eingehalten werden. Wer praktisch-vernünftig ist und sich selbst nach bestimmten Kriterien zu orientieren in der Lage ist, der hat im Prinzip zu seiner Selbstorientierung weder Gebote, noch Erlaubnisse und Verbote nötig. Auch wenn also Ge- und Verbote für alle Adressaten gleichermaßen gelten, ist doch deren Sanktion nur demjenigen gegenüber zu demonstrieren, der nicht einsieht, dass es vernünftig ist, sich an sie zu

halten. Mit dem Imperativ „Seid doch vernünftig!" wird also nicht die
Einhaltung von Ver- oder Geboten angemahnt, sondern es wird an
einen bestimmten Gebrauch der jeweils eigenen Selbstorientierungskompetenz appelliert.

Man sollte nun von der Ethik als einem Teilbereich praktischer
Philosophie erwarten, dass sie eine Hilfestellung bei der Selbstorientierung der Menschen zu geben vermag. Schon von daher müsste sie
sich nicht allein um Beantwortungsversuche der Frage bemühen, welches die konstitutiven ‚Spielregeln', sondern auch und vor allem
darum, was probate ‚Strategieregeln' des Zusammenlebens sind bzw.
sein könnten. Die Fragestellung der Ethik als *Moralphilosophie* ist
allerdings zu eng, es ist die Frage genereller Lebens- und
Handlungsorientierung geht. Denn wir haben es dabei nicht mit der
Frage zu tun, was uns ge- bzw. verboten ist, sondern vielmehr mit der
Frage, was uns geraten bzw. empfohlen werden kann. Sofern sie nun
einen Beitrag zur Handlungsorientierung leisten will, darf sich die
Ethik daher nicht auf die Philosophie der Moral beschränken; es sollte
in ihr auch eine allgemeine Philosophie der Handlungs- und Lebensorientierungen, der möglichen Lebens- und Handlungsstrategien sowie eine Reflexion auf die Bedingungen ihrer Ratsamkeit möglich
sein.

Gelingende Lebensstrategien entsprechen nun einer Haltung, die
man traditionellerweise die Tugend *Klugheit* nennt. In Aufnahme dieses Konzeptes, das so alt ist wie die praktische Philosophie, möchte
ich unter ‚Klugheit' im Folgenden diejenige erworbene Kompetenz
einer Person verstehen, durch die sie sich selbst und damit ihr Handeln und Leben vernünftigerweise zu orientieren vermag (und damit
zugleich diejenige Kompetenz, sich selbst und anderen in dieser
Hinsicht raten zu können). Die Ethik als Philosophie der Handlungsorientierungen möchte ich – in Absetzung von der für diese Fragen
viel zu eng gefassten Moralphilosophie – *Philosophie der Klugheit*
nennen. Im Unterschied zur Moral eignet den Ratschlägen der Klugheit nur eine schwache Normativität. In Fragen der Selbstorientierung
ist dies aber ein im wahrsten Sinne des Wortes „entscheidender"
Vorteil, wie wir sehen werden.

Wenn auch das hier vorgeschlagene Verständnis von Klugheit als
Selbstorientierungskompetenz in mancher Hinsicht quer zum herrschenden Sprachgebrauch in der Ethik stehen mag – ‚klug' heißt dort
zumeist, in Opposition zu ‚moralisch', so viel wie ‚rational im Sinne
des Eigeninteresses' oder schlicht: ‚eigennützig' –, ist dies kein terminologisch willkürliches Manöver. Es sprechen mehrere Gründe dafür,
so zu verfahren. Der erste Grund ist sprachpragmatischer Art. Die
Verwendung von ‚Klugheit' in der Bedeutung einer Kompetenz der
Selbstorientierung wird durch die alltägliche Redeweise gedeckt, die

sich weniger auf Handlungen als vielmehr auf Personen bezieht: Als
‚klug' gelten Personen zumeist dann, wenn sie sich auch in schwieri-
gen Situationen ihres Leben zu helfen wissen, die verschiedenen Ansprüche, die an sie gestellt werden, mit einer gewissen Leichtigkeit
erfüllen können und dabei grosso modo auch noch recht glücklich zu
leben scheinen, ohne dies etwa auf dem Rücken anderer auszutragen.
Oft wird diese Eigenschaft bzw. dieser Komplex von Eigenschaften
einer Person auch deren ‚Lebensklugheit' genannt. Dabei handelt es
sich offenbar auch nach heutigem Sprachgebrauch um etwas, was man
früher eine Tugend genannt hätte, d. h. um eine bestimmte, entwickel-
te bzw. erworbene Haltung, die im Falle der Klugheit einen vernünftigen und lebensdienlichen Umgang mit den Dingen der Welt jenseits
von Abwehr und Abhängigkeit befördert – unabdingbar für eine
selbstständige Lebensführung.

Dies führt uns zu einem zweiten, eher historischen Grund dafür,
die Kompetenz individueller Selbstorientierung ‚Klugheit' zu nennen:
Die Klugheit galt in der Ethik über Jahrhunderte hinweg als eine der
vier Kardinaltugenden, neben Gerechtigkeit, Tapferkeit und Besonnenheit. Die Übersetzungsgeschichte – ‚Klugheit' ist die Übersetzung
von lat. *prudentia*, *prudentia* wiederum die Übersetzung des griech.
phrónêsis – ist hier zumindest bis vor etwa 250 Jahren sehr eindeutig,
wenn freilich auch schon mit diesen Übersetzungen bestimmte Be-
deutungsverschiebungen einhergehen. Aber im Wesentlichen ist die
Bedeutung der Klugheit als Tugend sowohl im semantischen als auch
im evaluativen Sinn über lange Zeit hinweg stabil gewesen. Das, was
wir unter der ‚Lebensklugheit' einer Person verstehen, ist durchaus
das lebensweltliche Residuum eines Klugheitsverständnisses, wie es in
der tugendethischen Tradition allenthalben zu finden ist. Auch wenn
die Metaphorik der ‚Orientierung' eine spezifisch neuzeitliche ist – sie
entsteht in den Debatten der Aufklärer – ist der Sache nach die
Klugheit als Kompetenz, sich selbst im Handeln und Leben orientieren zu können, spätestens seit Platon und Aristoteles konzeptionell
gefasst: Sie ist es, durch die der einzelne Mensch das Gute, um das er
weiß, selbstständig in ein entsprechendes Handeln umzusetzen vermag. Aus dem Blickwinkel der Ethikgeschichte gibt es hierfür einfach
keinen besseren Ausdruck, ja es gibt noch nicht einmal einen anderen
Ausdruck, sieht man von heutigen ad-hoc-Bildungen wie etwa „praktische Weisheit" oder „sittliche Einsicht" ab, denen man förmlich das
schlechte Gewissen gegenüber dem einstmals guten Namen der Klugheit anhören kann.

Drittens und eng damit zusammenhängend gibt es noch einen
begriffspolitischen Grund dafür, die Kompetenz zur Selbstorientierung ‚Klugheit' zu nennen. Etwa seit Mitte des 17. Jahrhunderts, im
Zuge der Etablierung der neuzeitlichen Wissenschaften und der Ab-

wertung der akteurszentrierten Tugendethiken greift ein anderes Verständnis von ‚Klugheit‘ Raum. Danach wird sie nicht weiter als Tugend, d. h. ausgebildete Kompetenz angesehen, sondern gilt, etwa bei Hobbes, als eine, sogar bei Tieren beobachtbare und dem Menschen angeborene Fähigkeit (also kein *habitus*, sondern eine *dispositio*), die eigenen Interessen durch die geeignete Wahl von effektiven Mitteln geschickt durchzusetzen. Auch diese Wortbedeutung kursiert bekanntlich in der Alltagssprache. Selbst wenn dies heute nicht mehr ohne weiteres sichtbar ist, wird mit diesem Verständnis von Klugheit aber schon eine bestimmte Interpretation dessen geliefert, was es heißt, sich selbst zu orientieren, welche ungefähr so viel besagt wie: Die Leute können sich an gar nichts anderem orientieren als an ihren mehr oder weniger vorfindlichen eigenen Interessen. Dieses ‚dünne‘ Konzept von Klugheit als bloß ‚eigennütziger‘ Handlungsrationalität in Opposition zur ‚uneigennützigen‘ Rationalität der Moral wird an den Rändern der zeitgenössischen Diskussionen in Ethik, Entscheidungs- und Handlungstheorie selbst mehr und mehr fraglich. Es ist aber nicht einzusehen, warum man einem schlecht-abstrakten Konzept von Handlungsrationalität das Ausdrucksmonopol zugestehen sollte.

Jemand handelt im Sinne der Klugheit, so wird ja gemeinhin unterstellt, wenn es ihm um die Wahrung und Optimierung des je eigenen Vorteils geht, im Sinne der Moral dagegen, wenn er sein Handeln dem Prinzip der Beförderung des allgemeinen Gutes unterstellt, unter Absehung seiner rein ‚egoistischen‘ Interessen. Je nachdem, worin bestehend dieses allgemeine Gut gesehen wird, etwa in der Wahrung des Selbstwerts autonomer Personen, im allgemeinen Wohlergehen bzw. Glück der Menschen, in der maximalen Erfüllung von Präferenzen in der Welt oder der minimalen Erfüllung eines Grundwertekataloges, haben wir es mit verschiedenen (autonomistischen, utilitaristischen, vertragstheoretischen usw.) Moralphilosophien zu tun. Obwohl es freilich nicht ausgeschlossen ist, dass ein in diesem Sinne kluges Handeln in vielen Fällen mit einem moralischem Handeln in Deckung gebracht werden kann, gibt es andere Fälle, wo dies nicht möglich ist. Denn es kann aus der individuellen Sicht ‚klug‘ im Sinne von instrumentell-rational hinsichtlich der Wahrung der eigenen Interessen sein, sich parasitär zu den kooperativen Strukturen einer Gemeinschaft der Handelnden zu verhalten, d. h. sie zu nutzen, ohne selbst zu deren Aufrechterhaltung beizutragen.

Das Problem des sogenannten ‚Trittbrettfahrens‘ – der Instrumentalisierung kooperativer Strukturen zum eigenen Vorteil – ist ein Hauptthema der Ethik seit ihrer Entstehung (etwa schon in der Fabel vom Ring des Gyges in Platons *Politeia*). Aber erst in der Neuzeit und vollends in der Moderne – eben seit Hobbes und mit Kant und

Bentham – ist es zu einem zentralen und zumeist unbefragten Dogma geworden, dass es sich dabei um einen Ausdruck individueller Klugheit handelt, wenn jemand in diesem Sinne verfährt. Die Klugheit der Individuen arbeitet in der Ethik schon lange nicht mehr im Dienste eines gemeinschaftlich geteilten und damit auch unter moralischen Ansprüchen stehenden *guten* Lebens, noch im Dienste des ebensolche Ansprüche involvierenden christlich gedachten *ewigen* Lebens; nein, sie arbeitet im Dienste des *nackten* Lebens, dem unter Umständen und in letzter Konsequenz jedes Mittel Recht ist. Dies führt zwangsläufig zu einer Interpretation von Handlungsgründen aus Klugheit, die ich im folgenden als „instrumentelle" bezeichnen werde.

Es soll nun nicht etwa bestritten werden, dass zuhauf Konflikte zwischen dem von der individuellen Klugheit geleitetem Glücksstreben und allgemeinen moralischen Forderungen im Leben der Menschen auftreten. Das liegt aber im allgemeinen nicht daran, dass die Menschen zuwenig Moral besäßen, sondern zu wenig Klugheit. Was nämlich mit Fug und Recht bestritten werden kann, ist, dass es sich bei den unterstellten Konflikten zwischen Klugheit und Moral um solche notwendiger Art handelt. Klugheit hat zwei Eigenschaften, welche Moral nicht hat: Sie ist *gradierbar* und sie ist *reflexiv*. Sie ist *gradierbar*, denn es gibt immer mehr oder weniger kluges Handeln, eine Handlung bzw. Handlungsweise ist immer mehr oder weniger ratsam; jemand ist immer mehr oder weniger klug. Dagegen kann eine Handlung moralisch gesehen nicht mehr oder weniger erlaubt oder verboten sein oder ein bisschen geboten: entweder ist etwas verboten oder nicht, geboten oder nicht, erlaubt oder nicht (auch im Falle bedingter Ge- und Verbote). Klugheit ist *reflexiv* bzw. selbstbezüglich, denn es ist immer möglich und mitunter auch ratsam, Klugheitsüberlegungen hintanzustellen, wenn elementare Belange gerade des moralischen Lebens in Frage stehen, an denen wir unbedingt festhalten wollen. Im Unterschied zu moralischen Überlegungen können Klugheitsüberlegungen also höherstufig sein und dann z. B. das Verhältnis von Klugheitsüberlegungen zu moralischen Fragen betreffen. Mit anderen Worten: Es kann mitunter in einem höherstufigen Sinne klug bzw. lebensdienlich sein, von individuellen Erfolgsabsichten und damit von der alltäglichen kleinen Klugheit abzulassen. Ein Großteil der angeblich unlösbaren Konflikte zwischen Moral und Klugheit kann daher durch höherstufige Klugheitsüberlegungen entschärft, wenn nicht sogar zum Verschwinden gebracht werden.

Ratschläge besitzen nun eine grundsätzlich andere Normativität als Ge- oder Verbote: Sie verpflichten zu nichts, d. h. sie drücken keine normativ-praktischen Notwendigkeiten aus. Ein Ratschlag weist aber auch nicht bloß auf eine praktische Möglichkeit, also auf etwas bloß Erlaubtes hin. Wer einen Ratschlag gibt, will nicht nur sagen: ‚Du kannst oder könntest es so und so machen‘, sondern er will sagen: ‚So und so solltest Du es machen‘, oder: ‚So und so würde ich an Deiner Stelle entscheiden‘ oder ähnlich. Die Ratsamkeit einer bestimmten Handlung bedeutet daher etwas völlig anderes als ihr Erlaubt- bzw. Gebotensein. Das Ratsame bzw. Empfehlenswerte lässt sich so wenig auf das Erlaubte und Gebotene reduzieren, wie sich das Wirkliche auf Mögliches und/oder Notwendiges reduzieren lässt.

Ein Ratschlag gibt nun aber durchaus – wiederum anders etwa als eine Gebrauchsanweisung, bei der ein gesetzter Zweck des Handelns vorausgesetzt wird – eine Richtung des Handelns vor; wer einen Rat befolgt bzw. annimmt, orientiert sich und damit sein Handeln. Durch die Befolgung eines (guten) Ratschlags wird der Beratene aus einer Situation der Desorientierung befreit. Vor diesem Hintergrund kann der Entschluss einer Person, an ihr Handeln moralische Maßstäbe selbst anzulegen bzw. anlegen zu lassen – der Unterschied der Personen soll ja von dem übergeordneten moralischen, d.h. ‚unparteiischen‘ Standpunkt keine Rolle mehr spielen – als ein Akt ihrer (höherstufigen) Klugheit rekonstruiert werden, und zwar nicht in dem Sinne, dass es ihr einen Vorteil bringt, z.B. als moralisch integre Person zu gelten bzw. zu scheinen, sondern in dem Sinne, dass es zu einer klugen Lebensführung gehört, moralisch integer zu sein. Damit Missverständnisse von vornherein möglichst ausgeschlossen werden: Dadurch wird Moral *nicht* auf Klugheit reduziert – dies ist aus Gründen der unterschiedlichen Normativität von vornherein ausgeschlossen –; vielmehr wird der Begriff der Klugheit um die Dimension aufgewertet, die ihr in der Neuzeit abhanden gekommen ist: die Dimension der Lebensführung auch unter moralischen Gesichtspunkten.

Das heute in der Ethik oftmals unterstellte Oppositionsverhältnis von Klugheit und Moral ist logisch von einer instrumentellen Interpretation der Klugheit und damit wiederum von einem Verständnis von Glück als einem Zustand maximaler bzw. optimaler Präferenzerfüllung abhängig. Dieses moderne Verständnis des Glücks macht aus dem Glücksstreben tendenziell einen Herstellungsprozess; die *pursuit of happiness* ist ein Herstellungshandeln. Aber dies allein reicht noch nicht aus. Hinzu kommen muss eine bestimmte, tendenziell misanthropische Anthropologie, die bis heute den Präferentialismus in Ethik und Entscheidungstheorie in Anschluss an Hobbes prägt. Ein instrumentelles Klugheitsverständnis ist zwar notwendige, aber nicht hinreichende Bedingung für die Opposition von Klugheit und Moral, denn auch im Rahmen eines instrumentellen Verständnisses von Klugheit kann ein Altruismus formuliert werden, in dem Sinne nämlich, dass ein kluger Mensch die effektivsten Mittel zur Realisierung seiner altruistischen Zwecke findet. So können sich Eltern, wenn sie sich um die Erziehung ihrer Kinder um derentwillen sorgen, in der Realisierung dumm oder weniger dumm anstellen, ein moralisch integrer Politiker, der sich um das Wohl der Allgemeinheit kümmert, kann klug oder unklug vorgehen. Auch die Moral benötigt die Klugheit, damit sie sich durchsetzen kann; wer moralisch integer, aber dumm ist, verdient es, ein Tugendbold genannt zu werden. Kurz: *Klugheit ohne Moral ist blind; Moral ohne Klugheit aber ist leer.*

Unter dem Titel ‚Klugheit als Tugend‘ bzw. Lebensklugheit werden die Realisierungsbedingungen des Guten (was immer ‚das Gute‘ dann auch näherhin sei) aus der Sicht der Handlungsakteure – die auch kollektiver Natur sein können – thematisiert; sie hat es also bestenfalls mit der praktischen *Umsetzung* moralischer Normen zu tun, mit was immer sonst sie darüber hinaus noch zu tun hat. „Umsetzung" ist nicht gleich „Anwendung": Für letztere reicht eine theoretische Urteilskraft aus, die entweder von den ethischen *hard cases* ausgehend reflektierend auf die allgemeinen Regeln schließt, nach denen in einem bestimmten Fall verfahren werden müsste oder umgekehrt, die ausgehend von allgemeinen moralischen Normen die spezielleren Praxisnormen deduziert. Damit ist aber noch nicht gehandelt. Für die Frage der Umsetzung von (anerkannten) Normen in eine angemessene Praxis ist vielmehr eine weitere, andere Kompetenz erforderlich, eine *praktische* Urteilskraft, wenn man so will, und eine solche ist es eben, die traditionellerweise den Namen „Klugheit" trägt. Deren Motto könnte demnach das kästnersche „Es gibt nichts Gutes, außer man tut es" sein – es geht ihr nicht mehr und nicht weniger als um die Realisierung des Guten in der Welt. Dieses weite Feld der normativen Ethik, das Feld des Ratsamen, liegt brach.

Dieses Buch ist keine neue Klugheitslehre, sondern der Versuch, zu zeigen, worauf es bei einer philosophischen Klugheitslehre ankommt bzw. ankommen müsste. Es hat sieben Kapitel. In den ersten drei Kapiteln soll das Feld einer Philosophie der Klugheit unter den Stichworten „Selbstorientierung", „Ratschlag" und „Glück" eröffnet werden. Mit diesen näher bestimmten Grundbegriffen können in den darauf folgenden vier Kapiteln einige augewählte historische Positionen der Klugheitsethik wieder erschlossen werden, die im Rahmen der Ethik als Moralphilosophie zu großen Teilen unverständlich bleiben müssen. In der Diskussion dieser historischen Positionen sollen auch und vor allem Themen und Perspektiven einer zeitgemäßen Klugheitslehre unter modernen Vorzeichen sichtbar werden.

1. Selbstorientierung

Lebensführung erfordert Selbstorientierung. So wie die Selbstorientierung für jede menschliche Praxis grundlegend ist, so undurchsichtig aber ist andererseits, was es überhaupt heißt, sich im Leben, im Handeln und Denken zu orientieren. Die Überlegungen dieses Kapitels sollen dazu dienen, hierin ein wenig mehr Klarheit zu erreichen.

Seine Grundbedeutung kommt dem Wort ‚orientieren‘ einerseits aus der Kirchenbaukunde, andererseits aus der Kartographie zu: Kirchen werden in Planung und Bau ‚orientiert‘, d. h. so ausgerichtet, dass die Apsis nach Osten zeigt. Landkarten werden ‚orientiert‘, d. h. so ausgerichtet, dass die auf ihnen eingezeichneten Richtungen mit denen der Welt übereinstimmen. Hatte in der christlichen Welt der Orient richtungsmäßig eine astronomische und mythologische Priorität – als die Gegend, in der die Sonne aufgeht (von lat. *oriens*, aufgehend) und in welcher der Heiland geboren wurde, lebte und starb –, wurden später die Land- und Seekarten aus nautischen Gründen ein*ge*nordet. Welche Himmelsrichtung den Standard für die Orientierung, d. h. die Ausrichtung abgibt, ist freilich für die Bedeutung von ‚orientieren‘ im Sinne von ‚ausrichten‘ unerheblich. ‚Orientieren‘ heißt ursprünglich: nach Osten ausrichten. ‚Sich-orientieren‘, also der reflexive und metaphorische Gebrauch des Wortes bedeutet: Sich (seinem Handeln, seinem Leben) eine Richtung geben.

Für die folgenden Überlegungen ist es sinnvoll, einige Unterscheidungen zu treffen. Zunächst gilt: *Jemand* orientiert *sich* immer *an* etwas oder jemandem. Die sich selbst orientierende Person können wir 1. das (reflexive) Orientierungs*subjekt* nennen. Das, woran sich dieses Subjekt orientiert, können wir 2. die Orientierungs*instanz* nennen, weil diese durch Werte, Ideale, Vorbilder usw. zu besetzende Stelle das Entscheidende in Bezug auf die Lebens- und Handlungsausrichtung der betreffenden Person ist. Weiterhin, 3., findet jede Selbstorientierung in einem bestimmten Orientierungs*bereich* statt, sei es nun im engeren Sinne die räumliche Orientierung oder im weiteren, metaphorischen Sinne etwa die Orientierung im Schachspiel, der französischen Literaturgeschichte, dem Aufbau einer Maschine oder eines Kräutergartens oder im Leben überhaupt. Schließlich gibt es 4. noch bereichsspezifische Orientierungs*mittel* (bei der räumlichen Orientierung etwa Karten, Kompasse, Sextanten usw., im übertragenen Sinne etwa Regeln, Überblicke, Tipps usw.) sowie 5. be-

reichsspezifische Orientierungs*fähigkeiten* (z. B. das Raumgefühl bei
der Orientierung im Gelände, oder, im übertragenen Sinne etwa
Glauben oder Vertrauen). Mit diesen Unterscheidungen im Hinter-
kopf wenden wir uns nun der Frage zu, was notwendige und hinreichende Bedingungen dafür sind, von einer Person sagen zu können,
dass sie in ihrem Leben und Handeln sich selbst orientiert.

Zunächst wäre es sicherlich naheliegend, zu denken, ‚sich orientieren‘ bzw. ‚sein Leben und Handeln ausrichten‘ hieße, seinem Handeln
und Leben eindeutige Ziele zu geben. Diese Beschreibung erweist sich
aber schnell als inadäquat. Wir sprechen bezüglich der Selbstorientierung einer Person umgangssprachlich oft so oder so ähnlich: „Die
weiß, wo's langgeht", oder „Die weiß, was sie will". Wer nun meint,
Orientiertheit bedeute ausschließlich Gerichtetheit auf (übergeordnete) Handlungsziele, müsste nun aber bei diesen Äußerungen erwarten,
dass im Prinzip klare Antworten auf folgende Rückfragen geben
könnte: „Wohin geht's denn?" oder „Was ist es denn, was sie will?".
Hier kann es aber durchaus sein, dass man, so gefragt, ins Stutzen
kommt und sagt: „Nein, nein, so meinte ich es nicht. Keine Ahnung,
welche Ziele und Zwecke sie in ihrem Handeln verfolgt oder ob sie
überhaupt irgendwelche verfolgt. Ich meinte nur, sie braucht nicht
lange zu überlegen, sie ist resolut und, wenn sie sich mal entschlossen
hat, bleibt sie bei einer Sache und man kann sich auf sie verlassen." Es
könnte demnach sein, dass es bei der Selbstorientierung im Handeln
gar nicht so sehr oder auch nur primär um die Realisierung von selbst-
gesetzten Zwecken geht. Jemand kann wissen, wo's langgeht, ohne zu
wissen, wohin es geht.

„Sich selbst orientieren" heißt also nicht in jedem Fall, mit seinen
Handlungen als probaten Mitteln Zwecke zu realisieren – im Gegenteil, dieser Instrumentalismus der Handlungsorientierung ist irrefüh-
rend. Das Leben einer Person kann eine Richtung aufweisen, d.h.
orientiert sein, ohne bestimmbaren Zwecken zu dienen. Man kann
berechtigterweise ein Bewusstsein davon haben, auf dem richtigen
Wege zu sein, ohne zu wissen, wohin dieser führt. Es ist charakteristisch für eine selbstorientierte Person, dass sie weiß, in welche
Richtung ihr nächster Schritt geht, auch ohne dabei zu wissen, wohin
die Reise gehen wird. Ja, der Idealfall orientierten Handelns, nämlich
die traumwandlerische und vertrauensvolle Selbstsicherheit gerade in
völlig unübersichtlichen Verhältnissen ist mit der Beschreibung eines
einfach-intentionalistischen, d.h. nur mit den Grundbegriffen von
Zweck und Absicht operierenden Handlungsmodells gar nicht recht
erklärlich.

1.1 Desorientierungen

Woran aber sollte sich der ‚richtige Weg‘ bemessen lassen, wenn nicht an dem Ziel, zu dem dieser Weg führt? Um nun eine positive Bestimmung dessen zu geben, was es heißt, sich im Handeln und Leben zu orientieren, empfiehlt es sich, zunächst einmal danach zu fragen, was uns eigentlich fehlt, wenn wir desorientiert sind.[1]

Wir hatten nun oben verschiedene Stellen des Ausdrucks „Sich-Orientieren" unterschieden: Jemand orientiert sich in einem bestimmten Handlungsbereich an bestimmten Instanzen wie Zielen, Werten, Vorbildern usw., evtl. unter Zuhilfenahme bestimmter Hilfsmittel und durch bestimmte ausgebildete Kompetenzen. Desorientierungen lassen sich nun danach unterscheiden, an welchen dieser Stellen Irritationen auftreten können. Wenn es Irritationen bezüglich der Orientierungsinstanzen gibt, haben wir es sicher mit einem anderen Fall von Desorientierung zu tun als bei einer Irritation bezüglich der zu wählenden Hilfsmittel. Wenn wir nicht wissen, ‚wo uns der Kopf steht‘, haben wir es mit einem anderen Typ von Desorientierung – und damit auch mit einer anderen Beratungsform, die diese Desorientierung zu überwinden oder auch produktiv zu nutzen versucht – zu tun, als wenn wir nur nicht wissen, ‚wie etwas geht‘.

Generell lassen sich hier drei Desorientierungstypen unterscheiden: 1. Die Desorientierung aufgrund von Unerfahrenheit bezüglich der Orientierungsmittel und Orientierungsfähigkeiten, 2. die Desorientierung aufgrund von Unsicherheit bezüglich der Orientierungsinstanzen und 3. die Desorientierung aufgrund von Uneigentlichkeit des reflexiven Orientierungssubjektes.

Die Form der Abwägung und der Aufdeckung von Möglichkeiten, wie einer Situation von Desorientierung beizukommen ist, um dem Bedürfnis nach Selbstorientierung nachzukommen, will ich im folgenden *Beratung* nennen. Verschiedene Arten von Desorientierung machen verschiedene Typen von Beratung erforderlich.

Typ 1: Desorientierung aufgrund von Unerfahrenheit/Beratung als Vermittlung von Wissen

Die Desorientierung aufgrund von Unerfahrenheit ist der einfachste, man könnte auch sagen, der klassische Fall von Desorientierung, etwa wenn die Orientierungsmittel und Orientierungsfähigkeiten sowie der Grenzverlauf des Orientierungsbereiches nicht bekannt sind. Schauen wir dafür genauer auf den paradigmatischen Fall räumlicher Desorientierung: Nehmen wir an, eine Wanderin wüsste zwar, wohin sie will, etwa zu einem bestimmten See, aber sie ist desorientiert, weil sie nicht weiß, wo (in welcher Richtung) dieser See liegt bzw. welchen

Weg sie gehen muss, um zu ihm zu gelangen. Unkenntnis der Mittel und Wege, ein Ziel bzw. einen gesetzten Zweck zu erreichen, kann man kurz *Unerfahrenheit* nennen. Für die Desorientierung aufgrund von Unerfahrenheit ist es charakteristisch, dass hier zunächst eine ,Orientierungsphase' notwendig ist, wie sie auch beim Erlernen einer bestimmten Technik oder beim Einstieg ins Berufsleben vorkommt. In einer solchen Orientierungsphase bedeutet ,sich orientieren' einfach Mittel und Wege zu finden, die am besten (d. h. nach bestimmten vorausgesetzten Standards) zu den selbstgesteckten Zielen führen. Im Fall unserer Wanderin bedeutet Selbstorientierung praktisch, dass sie die Karte konsultiert, wodurch sie bestimmen kann, welcher Weg zum See wohl der schönste, der kürzeste oder der einfachste ist (je nachdem, was sie hier will); in der Orientierungsphase etwa eines Fahrschülers würde Selbstorientierung die Verinnerlichung und Koordination der vielen verschiedenen Tätigkeiten bedeuten, die zum Autofahren gehören, und bei einem Schachnovizen dementsprechend, verschiedene mögliche Strategien des Schachspiels zu erlernen. Hier ist sicherlich ein Unterschied zu der Wanderin zu machen, weil diese ja im Grunde nur eine *Information* benötigt – sei es die Information über einen zu gehenden Weg, oder aber die Information, wo sie sich selbst befindet – und daher lediglich in einer Situation *epistemischer* Unerfahrenheit steckt, wenn man hier so reden will. Die im Lenken eines Wagens und im Setzen von Schachfiguren Unerfahrenen befinden sich dagegen auch und vor allem in einer Situation *praktischer* Unerfahrenheit, weil sie sich zusätzlich zum reinen Wissen (beispielsweise der Funktion eines Schalters am Armaturenbrett oder einer bestimmten Standarderöffnung im Schachspiel) erst in den Gebrauch der Mittel, in die Praxis des Fahrens bzw. des guten Schachspiels einüben müssen. Die Aufgabe der Selbstorientierung bestünde hier darin, sich bestimmte Lerninhalte anzueignen, also das knowing-that in ein knowing-how, das epistemische Wissen-dass in ein praktisches, individuelles Wissen-wie bzw. Können zu überführen. In allen Beispielfällen aber haben wir es mit einer Desorientierung zu tun, in der geeignete Wege zur Erreichung von schon gegebenen Zielen ermittelt werden.

Wenn es nun sinnvoll ist, von einer Desorientierung aufgrund von Unerfahrenheit zu sprechen, bedeutet dies allerdings nicht, dass eine jede Unerfahrenheit zwangsläufig Desorientierung mit sich bringen würde. Offensichtlich sprechen wir z. B. von Leuten, die sich in Erfahrungsneuland aufmachen und dementsprechend unerfahren sind, oft gar nicht davon, dass sie desorientiert seien. Kleinkinder, obwohl sicherlich in vielem hochgradig unerfahren, müssen nicht schon deswegen in ihrem Tun desorientiert sein. Christoph Columbus, obwohl völlig unerfahren im Überqueren von Ozeanen, stellen wir uns eher entschlossen als unschlüssig-unsicher in der Wahl seiner Route auf dem Westweg nach Indien vor, wohl auch deswegen, weil diese Eigenschaft notwendig ist, um in Situationen, in denen man auf eigene und fremde Erfahrungen nicht zurückgreifen kann, überhaupt einen Weg des Handelns einschlagen zu können.

Dieser Typ von Desorientierung ist einigermaßen unproblematisch, weil die Mittel und Wege zur Erreichung des angestrebten Zieles allgemein bekannt und daher öffentlich zugänglich sind. Wer bei einem Vorhaben bemerkt, dass ihm das nötige epistemische und praktische Wissen fehlt, weiß zumeist auch, was er oder sie tun muss, um sich dieses Wissen zu verschaffen (durch allgemein zugängliche Orientierungshilfen oder Experten). Eine diesem Typ entsprechende Beratung bestünde in einer Vermittlung von (epistemischem und praktischem) Wissen. Im einfachsten Fall haben wir es mit einer Vermittlung von Informationen zu tun, wie sie Experten und Kenner im betreffenden (Wissens-)Gebiet besitzen, die dann auch selber als Berater auftreten können. Sie kann aber auch in einer Überweisung an Experten und Könner bestehen, die dem Lernenden dazu verhelfen, bestimmte Kompetenzen zu entwickeln (man denke etwa an Fahr- oder Schachlehrer). Die Form der Beratung über die Mittel und Wege zu gesetzten Zielen kann daher auch die *Expertenberatung* genannt werden. Diese Form der Beratung ist bezüglich der Handlungsanweisungen weitgehend situations- und individueninvariant, so dass sie im Prinzip auch in Datenbanken bzw. Büchern (eben ‚Ratgebern‘ im weitesten Sinne) stehen können. Ein Ratgeber ist in diesem Sinne nichts anderes als ein Experte, der dem Ratsuchenden gegenüber, der sich in einer ‚Orientierungsphase‘ befindet, einen Erfahrungsvorsprung hat.

Typ 2: Desorientierung aufgrund von Unsicherheit/Beratung als Klärung von Intentionen

Von dem Typ Desorientierung über Mittel und Wege aufgrund eines Wissens- oder Könnensdefizits muss nun der oben schon angesprochene zweite Typ von Desorientierung unterschieden werden, bei dem die Handlungsziele selbst in Frage stehen. Dies umfasst einfache Fälle von Unentschiedenheit bezüglich bestimmter Handlungsoptionen über schwerwiegendere Formen von Wert- und Zielkonflikten bis hin zur Desorientierung z. B. eines unter Schock stehenden Autofahrers nach einem Unfall – was freilich nicht mehr in den Problembereich einer Theorie der Beratung, sondern in den der medizinischen Behandlung gehören würde.

‚Zielkonflikte' können dann und nur dann entstehen, wenn zwei verschiedene Orientierungsinstanzen für einen Großteil der Handlungsorientierungen zuständig sind und – aus welchen Gründen auch immer – nicht (etwa durch Abwägung) so in ein Verhältnis zueinander gebracht werden können, dass ihr jeweiliger (zumeist zeitlicher) Geltungsbereich gegen den der widerstreitenden Instanz abgegrenzt werden kann. Nehmen wir etwa den Fall, dass man in die missliche Situation kommt, sich zwischen den beiden Lebensoptionen „Familie" und „Karriere" entscheiden zu müssen (nehmen wir zusätzlich an, Lebenspartner ist vorhanden, Kinder werden von beiden gewünscht, sind aber noch nicht auf der Welt oder dorthin unterwegs). Solange es von den gesundheitlichen und sozialen Voraussetzungen her möglich ist, sein Leben und Handeln beiden Orientierungsinstanzen zu unterstellen – also ein Leben sowohl im Sinne der (künftigen) Familie als auch im Sinne des beruflichen Fortkommens zu führen – gibt es hier kein Desorientierungs- sondern lediglich ein (und sei es noch so großes) Organisationsproblem. Das muss sich auch dann nicht ändern, wenn dann Kinder kommen usw. Wenn es sich aber von den Umständen her *nicht* vereinbaren lässt, also das Organisationsproblem – das durchaus Beratungen im Sinne des ersten Typs erforderlich machen könnte – sich als unlösbar erweist, dann kann hier bekanntlich zusammen mit dem Erfordernis einer Entscheidung eine Situation der Desorientierung aufgrund einer Zielunsicherheit entstehen. Ein Orientierungsproblem entsteht allerdings nicht schon dadurch, dass man nicht auf Anhieb wüsste, welche Option man wählen soll; nicht jedes Abwägen von Optionen ist schon Ausdruck einer Desorientierung. Eher gilt umgekehrt, dass Desorientierung sich gerade in der Unfähigkeit manifestiert, eine Abwägung durchzuführen, weil ein subjektives Kriterium der Abwägung fehlt. Paradigmatisch für die Desorientiertheit aufgrund von Zielunsicherheit, bis hin zur ‚Ziellosigkeit' des Tuns, das eben damit auch seinen Handlungscharakter verliert, ist die Situation einer Person, in der sie bei hinreichender Kenntnis der Umstände und bestimmenden Faktoren nicht weiß, wofür sie sich entscheiden soll.

Wir hätten es hier also auch nicht mit einem Defizit an Wissen oder Können zu tun, sondern mit einer Unklarheit im Bereich unserer Orientierungsinstanzen. Das, woran wir uns orientieren und was uns in anderen Fällen als Entscheidungskriterium bei einer Abwägung dienlich ist, steht nun selbst in Frage bzw. verliert seinen Instanzcharakter, und es ist nicht klar, von wo aus nun überhaupt diese Entscheidung getroffen werden könnte. Im Unterschied zu der im Prinzip transitorisch gedachten ‚Orientierungsphase', bei der das übergeordnete Handlungsziel (in unseren Beispielen etwa den See erreichen, das Autofahren beherrschen oder gut Schach spielen zu können) nie in Frage steht, spricht man bei derlei Irritationen gerne auch von ‚Orientierungskrisen'. Eine solche Orientierungskrise ist nicht per Beratung über geeignete Mittel und Wege auf eine Lösung hin durchsichtig zu machen. Die Lösung einer Orientierungskrise kann auch nicht einfach ‚gefunden' werden, was ja bedeuten würde, dass man die Lösung der Orientierungskrise im Wissensfundus eines Experten entdecken und sodann individuell applizieren könnte – es wäre denn, dass es sich dabei um einen transmundanen Experten handeln würde, der dem Menschen direkt ins Herz sehen könnte (und auch dann wäre fraglich, ob das ausreichte). Eine Orientierungskrise kann nur durch eine Entscheidung, nicht durch Information oder Einübung einer Technik gelöst werden.

Bei diesem Typ der Desorientierung scheint nun jede Entscheidung besser zu sein als gar keine Entscheidung. Dies hat aber nichts mit dem in der Ethik so gefürchteten Dezisionismus, d. h. mit der Kriterienlosigkeit oder Beliebigkeit einer solchen Entscheidung zu tun, sondern vielmehr damit, dass eine Unsicherheit über die Ziele bzw. Orientierungsinstanzen nicht als Ausdruck eines (behebbaren) Defizits an Wissen und Können gewertet werden kann. Überspitzt gesagt: Die Zögerlichkeit bzw. Unentschlossenheit im Leben und Handeln ist hier nicht Symptom des Problems wie im Falle der Desorientiertheit aufgrund von Unerfahrenheit, sondern sie ist das Problem.

Das bedeutet aber eben auch hier nicht, dass jeder, der kein übergeordnetes Ziel in seinem Handeln verfolgt, desorientiert wäre. Stellen wir uns noch einmal die Wanderin vor, wie sie aus ihrer Unterkunft morgens aufbricht und nicht zu einem bestimmten Ziel, sondern einfach ins Blaue hineinläuft und also in diesem Sinne kein Wanderziel hat, das sie erreichen will. Natürlich ist es Unsinn, von ihr dann zu sagen, sie sei desorientiert, weil sie ja ziellos durch die Gegend irre, denn offensichtlich tut sie das nicht. Aber sie kann sich doch trotzdem verlaufen? Ja, aber das liegt daran, dass sie am Abend wieder zurück sein will und insofern natürlich doch ein bestimmtes Ziel hat, wenn auch nur für den Rückweg. Hätte sie dies nicht, was einfach nur schwer vorstellbar, aber nicht unmöglich ist, dann wüssten wir in der Tat nicht, was hier noch Sich-verirren (und entsprechend: Desorientiert-sein) bedeuten sollte.

Allein schon daran kann man sehen, dass das Fehlen eines Zieles nicht eine Desorientierung nach sich ziehen muss, aber dies kann, nämlich dann, wenn die Wahl des Weges abhängig von einem intendierten Ziel ist. Wenn eine Situation der Desorientiertheit aufgrund von Zielunsicherheit vorliegt, kann daher auch eine Reflexion auf die Wünschbarkeit der Ziele eine Hilfe sein, sich in seinem Handeln und Leben wieder zu orientieren.

Eine Beratung kann bei Desorientierung aufgrund von Unsicherheit über die Orientierungsinstanzen keine Vermittlung von Informationen bzw. know-how sein, weil diese Form der Desorientierung aus logischen Gründen keine Expertise zulässt: Niemand kann mir sicher sagen, was ich ‚eigentlich‘ will. Wenn aber genau dies in Frage steht, haben wir es eben mit besagten ‚Orientierungskrisen‘ zu tun und die Beratung wird in so etwas wie einer Klärung des Willens bestehen. Die Form dieser Beratung – auch und gerade diejenige, in der man mit sich selbst zu Rate geht – kann hier nur darin bestehen, ein solches *intentional clearing* beim Beratenen herbeizuführen. Es geht hier nicht um das Lernen von etwas, was man noch nicht *weiß* oder *kann*, sondern um eine Verständigung darüber, was man (und sei es man selbst) ‚eigentlich‘ *will*. Eine Fremdberatung im Sinne einer Vermittlung von Wissen ist hier deswegen nicht möglich, weil die hierfür notwendigen Kompetenzen alle bei der Rat suchenden Person selbst liegen; eine beratende Person hat hier demnach eher die Funktion, Hilfe zur Selbsthilfe zu geben. Sie muss den Rat Suchenden dahin führen, wo er an seine eigenen, ihm verschlossenen theoretischen und praktischen Kompetenzen anzuschließen vermag, wie mannigfaltige Beispiele aus der Seelsorge und der psychologischen Praxis zeigen könnten. Die (Selbst-)Beratung erfolgt hier, anders als beim vorhergehenden Desorientierungstyp, nicht über den Bereich geeigneter Mittel zur Realisierung schon gesetzter Zwecke, sondern über den Bereich möglicher Zwecke und/oder Werte des Handelns, eben über die Orientierungsinstanzen, wobei die Kriterien hierfür in dem liegen, was der Ratsuchende als konstitutive ‚Spielregeln‘ immer schon anerkannt hat. Die für die Willensbildung notwendigen und konstitutiven Grundanerkenntnisse bilden den Boden, auf den sich Berater und Ratsuchender begeben müssen, um eine Klärung und Ordnung der Intentionen gemeinsam durchführen zu können. Dieser Boden kann sich seinerseits als brüchig erweisen, was dann noch einen weiteren Beratungstyp erforderlich macht (s. u.).

Im Falle des Bestehens eines Orientierungsproblems kann dieses hier, anders als beim ersten Typ, offenbar nicht von der ratsuchenden Person abgelöst werden. Die Form der Beratung als Klärung von Intentionen kann nur situationsspezifisch und dialogisch (‚sokratisch‘) erfolgen, da der Berater hier nicht als Experte, der ja auch anonym beraten kann, sondern als Helfer zur Selbsthilfe, oder, wenn man so will, als eine Art Hebamme des Willens bzw. der Willensbildung fungiert. Das bedeutet im Übrigen nicht, auch wenn ich der Anschaulichkeit halber Beispiele aus dem individualethischen Bereich gewählt habe, dass diese Form der Beratung auch nur individualethische Probleme der Lebensführung o. ä. beträfe. Im Gegenteil, gerade in öffentlichen oder halböffentlichen (z. B. innerbetrieblichen) Willensbildungsprozessen muss die Beratung als Willensklärung – also als Behandlung der Frage „Was wollen wir eigentlich?" – eine umso größere Rolle spielen, als Institutionen und Organisationen keine Möglichkeit haben, *gewissensartige* Letztinstanzen der Orientierung auszubilden, welche diese Frage stillschweigend behandeln können. Obwohl sie freilich als juristische Personen nicht nur in einem metaphorischen Sinne Handlungssubjekte sind, ist es Institutionen bzw. Organisationen offenkundig nicht möglich, gleichsam ‚aus dem Gefühl' oder gar ‚aus dem Bauch heraus', also intuitiv zu handeln, wenn wir diese Bestimmungen grosso modo einmal als treffende Beschreibung für ‚Orientiertheit' ansehen dürfen.

Es ist unnötig zu betonen, dass dieser Beratungstyp auch derjenige ist, der bezüglich der Praxis philosophischer Beratung besondere Beachtung verdient. Denn die Hilfe zur Selbsthilfe ist in der Tat auch traditionellerweise die Domäne im weitesten Sinne ethischer (auch lebenspraktischer) Beratung. Hierbei ist wichtig zu betonen, dass es sich bei Desorientierungen in wenigen Fällen um Pathologien handelt, deren Therapie die Beratung darstellen würde. Der oft strapazierte Vergleich des philosophischen Beraters mit dem Arzt, der den Kranken (also hier: den Orientierungssuchenden) kuriert, ist eben nur eine Analogie, auch wenn sie treffend sein mag. Aber jemanden um Rat fragen oder mit sich selbst zu Rate gehen zu können, ist, wenn hier schon medizinisch geredet werden soll, Ausdruck eines *gesunden* Geistes. In der Tat wächst der philosophischen Beratung in diesem Fall, wenn auch nicht eine genuin therapeutische, so doch eine praktische (eben: handlungsorientierende) Funktion zu. Praktische Philosophie, die nicht nur allgemeine Strukturwissenschaft der Praxis sein, sondern selbst wirksam werden will, hat daher im Bereich philosophischer bzw. ethischer Beratung ihr genuines Anwendungsfeld.

Wenn wir nun diese beiden Typen von Desorientierung betrachten, können wir mit Fug und Recht sagen: Um in seinem Handeln selbstorientiert zu sein, muss man nicht unbedingt ein bestimmtes Ziel verfolgen. ‚Sich im Handeln orientieren' heißt zwar auch, aber nicht nur, sich auf Zwecke zu beziehen; ‚Rat suchen' heißt dementsprechend offensichtlich nicht allein und im Grunde erst einmal gar nicht, sich Expertentipps abzuholen, sondern vielmehr auch und vor allem, sich über seine Präferenzen klar zu werden.

Was wir nach unserer bisherigen Betrachtung aber weiterhin behaupten könnten, wäre, dass immerhin jeder, der sich in seinem Handeln auf Ziele hin ausrichtet (und folglich in seinem Handeln bestimmte Zwecke realisiert), nicht desorientiert sein kann – so dass doch die Zielreflexion dasjenige wäre, worauf es bei der Orientierung ankommt. Erst eine weitere Form von Desorientierung, die der folgende Abschnitt behandelt, zeigt, dass auch dies nicht der Fall ist.

Typ 3: Desorientierung aufgrund von Uneigentlichkeit und die existenziale Beratung

Es kann kaum ein besseres Beispiel für diesen dritten, leicht zu übersehenden Typ von Desorientierung geben, als Robert Musils *Mann ohne Eigenschaften*. Der Protagonist des Romans, der 32-jährige Ulrich, fühlt sich, nachdem er nacheinander jeweils anfänglich begeistert Offizier, Ingenieur und Mathematiker gewesen war und gerade als Mathematiker beträchtliche Anerkennung erfahren hatte, wie einer,

> der eine Bergkette nach der anderen überstiegen hat, ohne ein Ziel zu sehen. Er besaß Bruchstücke einer neuen Art zu denken wie zu fühlen, aber der anfänglich so starke Anblick des Neuen hatte sich in immer zahlreicher werdenden Einzelheiten verloren, und wenn er geglaubt hatte, von der Lebensquelle zu trinken, so hatte er jetzt fast alle seine Erwartungen ausgetrunken. Da hörte er mitten in einer großen und aussichtsreichen Arbeit auf[2]

– äußerlich dazu veranlasst durch den Ausdruck „geniales Rennpferd", den er eines Tages im Sportteil seiner Tageszeitung liest. Plötzlich kommen ihm seine Fachkollegen wie

> unerbittlich verfolgungssüchtige Staatsanwälte und Sicherheitschefs der Logik vor, zum Teil wie Opiatiker und Esser einer seltsam bleichen Droge, die ihnen die Welt mit der Vision von Zahlen und dinglosen Verhältnissen bevölkerte. „Bei allen Heiligen!" dachte er „ich habe doch nie die Absicht gehabt, mein ganzes Leben lang Mathematiker zu sein?"
>
> Aber welche Absicht hatte er eigentlich gehabt? [...] Er konnte nur sagen, dass er sich von dem, was er eigentlich hatte sein wollen, weiter entfernt fühlte als in seiner Jugend, falls es ihm nicht überhaupt ganz und gar unbekannt geblieben war. In wundervoller Schärfe sah er, mit Ausnahme des Geldverdienens, das er von seiner Zeit begünstigte alle von seiner Zeit begünstigten Fähigkeiten und Eigenschaften in sich, aber die Möglichkeit ihrer Anwendung war ihm abhanden gekommen; und da es schließlich, wenn schon Fußballspieler und Pferde Genie haben, nur noch der Gebrauch sein kann, den man von ihm macht, was einem für die Rettung der Eigenheit übrigbleibt, beschloss er, sich ein Jahr Urlaub zu nehmen, um eine Anwendung seiner Fähigkeiten zu suchen.[3]

Der Roman handelt nun im Wesentlichen davon, was mit Ulrich und seiner Umgebung in diesem Jahr geschieht. Interessant für unsere Belange ist nun gerade die Situation, in der Ulrich sich zu Anfang des Romans befindet. Bei seinem Urlaub vom Leben handelt es sich nicht um eine ,Orientierungsphase', denn er gibt ja gerade die Ziele, die er bisher in seinem Leben verfolgt hat, zumindest zeitweilig auf. Außerdem ist er ein führender Experte seines Faches; wer könnte also mehr Erfahrung in Sachen der Mathematik haben als er? Es scheint sich daher schon eher um so etwas wie eine ,Orientierungskrise' zu handeln, für die es allerdings typisch wäre, dass man sich vor einer ,kritischen' Entscheidung zwischen verschiedenen Handlungs- oder Lebensmöglichkeiten befindet und kein Kriterium anlegen kann. In der uns hier interessierenden Situation haben wir es aber nicht mit einer kritischen Situation zu tun, sondern im Gegenteil: Alles scheint eher durch Gleichgültigkeit gekennzeichnet, es ist in einer denkbar wenig dramatischen Weise ‚alles egal‘. Am ehesten scheint für die Kennzeichnung einer solchen Situation der Desorientierung der Ausdruck ‚Neuorientierung‘ zu passen. Von einer Person zu sagen, sie müsse sich ‚neu orientieren‘ (oder auch: ‚umorientieren‘), bedeutet: Sie kann keine Abwägung von Werten, Idealen, Vorbildern, Zielen vornehmen, weil ihr hierfür Grundlage und Maßstab fehlen. Sie ist sich nicht einfach nur unklar darüber, was sie eigentlich will, sondern sie hat gar keinen ‚eigentlichen‘ Willen.

Was hier in Frage steht ist gerade der Bereich dessen, was eine Person als ihr ‚Eigentliches‘ erachtet. Es geht hier zwar, wie beim vorigen Desorientierungstyp, ausdrücklich darum, herauszufinden, was man eigentlich will, aber eben nicht wie Herkules am Scheidewege, indem man ‚tief in seinem Inneren‘ eine Abwägung angesichts bestehender realer Handlungs- und Lebensmöglichkeiten vollzieht, sondern in radikalerer Weise: ‚Im Innern‘ lässt sich nämlich, so die Erfahrung in dieser Form von Desorientiertheit, eigentlich gar nichts finden, eine Erfahrung, die andere als die Erfahrung des Ekels (Sartre) oder des Absurden (Camus) beschrieben haben.

Musil generalisiert diesen Desorientierungstyp als überhaupt typisch für die moderne Welt; eine Kapitelüberschrift von Musils Roman lautet entsprechend: „Ein Mann ohne Eigenschaften besteht aus Eigenschaften ohne Mann“. Während man früher „mit besserem Gewissen Person gewesen ist als heute“[4], weil die persönliche Aktivität durch die geringeren Handlungsspielräume verantwortbar gewesen sei, hat heute

> die Verantwortung ihren Schwerpunkt nicht im Menschen, sondern in den Sachzusammenhängen. Hat man nicht bemerkt, dass sich die Erlebnisse vom Menschen unabhängig gemacht haben? [...] Es ist eine Welt von Eigenschaften ohne Mann entstanden, von Erlebnissen ohne den, der sie erlebt, und es sieht beinahe so aus, als ob im Idealfall der Mensch überhaupt nichts mehr privat erleben werde und die freundliche Schwere der persönlichen Verantwortung sich in ein Formelsystem von möglichen Bedeutungen auflösen solle.[5]

Die gewohnten Orientierungen sind daher auch nicht etwa mit anderen, neuen in Konflikt geraten, sie haben lediglich ihre handlungs- und lebensorientierende Kraft verloren. Das Undramatische an dieser Angelegenheit zeigt sich an Ulrichs Reaktion auf seine eigenen Überlegungen am Schluss des Kapitels:

> Und mit einem Male musste sich Ulrich angesichts dieser Bedenken lächelnd eingestehen, dass er mit alledem ja doch ein Charakter sei, auch ohne einen zu haben.[6]

Sinnfragen sind schleichende Gifte; Ulrich schafft es nicht, die Einheit von Eigenschaften, seine ‚Identität‘, durch die „angemessene Anwendung seiner Fähigkeiten" wiederzufinden. Die Lösung gelingt, wie der Roman, nur fragmentarisch – also im Grunde gar nicht. Alles, was Ulrich eher experimentell als konstruktiv in lebenspraktischer Hinsicht mit sich versucht, ist letztlich zum Scheitern verurteilt. Ulrich kommt nicht mehr ‚hinein‘ ins Leben, so dass er imstande wäre, dessen viele Fäden zusammenlaufen zu lassen. Vermutlich hätte Musil seinen Protagonisten – die Erzählung beginnt im August 1913 – mit den vielen anderen Intellektuellen seiner Zeit mehr oder weniger begeistert in den Krieg ziehen lassen.

Nun könnte man denken, wie Musil ja auch anzudeuten scheint, dass dies ein typisches Problem bestimmter überspannter Individuen in bestimmten Schichten einer urbanen bürgerlichen Gesellschaft ist, also letztlich ein Dandy-Problem, ein solches, das Menschen haben, denen wegen ihrer eigenen Funktionslosigkeit in der Gesellschaft alles fraglich geworden ist. Aber so ist es nicht. Eine Desorientierung aufgrund von Uneigentlichkeit kann jeden immer und überall treffen. Es hat auch nichts mit Irreligiösität zu tun, wie man meinen könnte, denn diese fundamentale Desorientierung, die den sprichwörtlichen ‚Sinn des Lebens‘ betrifft, kennen sowohl irreligiöse Menschen wie Ulrich – der allerdings ein starkes Interesse an der christlichen Mystik besitzt – als auch religiöse Menschen (etwa in Situationen des Glaubenszweifels).

Die Frage, welche sich in einer solchen Situation stellt und welche die Ausgangsfrage auch für einen dritten Typ von Beratung wäre, heißt also nicht: Was *will* ich eigentlich? sondern: Wer *bin* ich eigentlich? bzw. Wie kann ich „ich selbst" *sein*? Offenbar lässt sich diese Frage weder im Rahmen einer Expertenberatung noch einer Intentionsklärung behandeln, denn gefragt sind weder die geeigneten Mittel zu gegebenen Zwecken, noch die Kriterien der Zwecksetzung, sondern die Seinsweise einer Person als ganzer. Es gibt daher eine genuine Desorientiertheit aufgrund von ‚Uneigentlichkeit‘. Dieser vielfach missverstandene Ausdruck Heideggers bezeichnet eine bestimmte Weise, wie Personen sich zu ihrem Leben verhalten, nämlich so, dass sie sich in den schematisierten Zweck-Mittel-Verhältnissen ‚verlieren‘. In dieser Weise aber handelt, denkt, führt man zwar auch sein Leben, aber eben uneigentlich, d.h. nicht so, dass man hierbei sich selbst ins Spiel bringt. Nicht ich selbst bin es, der dies und jenes etwa aus Überzeugung und selbstständig tut, sondern man tut dies und jenes entsprechend dem, was hier auf diese und jene Weise verlangt ist. Dabei ist die Uneigentlichkeit des Personseins nicht zwanghaft oder ‚von der Gesellschaft oktroyiert‘ oder ähnliches; vielmehr ist die Tendenz zur Uneigentlichkeit des Handelnden, wie sich zeigen lässt, geradezu konstitutiv für deren Personalität.[7] Entsprechend bedeutet dies in Bezug auf die Selbstorientierung, dass das Leben eines Menschen gerade dann, wenn es völlig zweckgerichtet und mittelbewusst ist, dennoch uneigentlich und sinnlos sein kann, weil es von der betreffenden Person gar nicht selbst geführt bzw. getragen wird.

‚Uneigentlich sein' – d. h. nicht eigentlich selbst sein – bedeutet allerdings noch nicht und auch nicht zwangsläufig ‚desorientiert sein', denn es ist durchaus denkbar, dass man in uneigentlicher Weise sein ganzes Leben zubringt, ohne dass hier überhaupt ein Sinn- oder Orientierungsproblem auftreten müsste. Erst wenn eine Person inmitten ihrer Handlungsvollzüge gleichsam aufwacht und bemerkt, dass sie ihr Leben nur mitmacht, statt es selbständig zu führen, kann es dazu kommen, dass sie ihres Lebenssinnes – nur ein anderes Wort für globale Orientiertheit – verlustig geht. Diese Erfahrung der Absurdität ihres Weltaufenthalts sollte daher als ein eigener Typ von Desorientierung angesprochen werden, die zwar eine Unentschiedenheit bezüglich sich anbietender Handlungsmöglichkeiten (also eine Unsicherheit im Zielbereich des Willens) zur Folge haben kann, aber nicht infolge eines Ziel- oder Wertkonfliktes entsteht, sondern nur infolge des Aufwachens aus einer Ohnmacht, bei dem die Person erst einmal ‚zu sich kommen' muss. „Du musst Dein Leben ändern!" ist eine Gewissheit, die nicht deswegen in einer Person aufsteigt, weil sie die schon vorliegenden Standards ihres Verhaltens etwa aus Nachlässigkeit nicht beachtet hätte, sondern weil sich ihre Maßstäbe selbst gewandelt haben.

Auch hier verbietet es sich, die Desorientierungssituation als pathologisch einzuschätzen und, damit einhergehend, prophylaktische Maßnahmen zu deren Vermeidung zu ergreifen. Abgesehen davon, dass völlig unklar ist, wie man sie überhaupt vermeiden sollte, ist es nur über die in einer solchen Situation entstehende Distanz zum eigenen Tun möglich, den erforderlichen Blick auf das eigene Leben als einem Ganzen zu bekommen. Nur deswegen, weil sich inmitten der scheinbar selbstorientierten, wohlgeordneten und wohlgeregelten Lebensabläufe eine Fremdheit sich selbst und der Welt gegenüber einstellen kann, gibt es andererseits die Möglichkeit, selbstständig Neuorientierungen der eigenen Person vorzunehmen. Dies ist auch der Grund dafür, dass man solche globalen Sinnfragen wie: „Was soll das Ganze?", „Wer bin ich denn eigentlich?" nicht vorschnell als sinnlos zurückweisen sollte, auch wenn sie in diesen Situationen sicherlich zu allgemein gestellt werden, als dass hier tatsächlich Antworten gegeben werden könnten. Aber auch in einer solchen Situation ist eine Beratung möglich, die sich von einer Abwägung möglicher Willensziele und erst recht von einer Wissensvermittlung grundsätzlich unterscheidet.

Wenn wir nun vor diesem Hintergrund den Typ von Beratung zu umreißen versuchen, der für den Typ „Desorientierung aufgrund von Uneigentlichkeit" einschlägig wäre, kommt es hier zunächst, mehr noch als bei der Beratung als Klärung der Intentionen bzw. Zielausrichtungen des Willens, ganz auf die jeweilige Person selbst an. Damit ist auch klar, dass es sich hier vor allen Dingen um eine Selbstberatung handeln muss, die von einem externen Berater lediglich angestoßen werden kann. Noch weniger als beim *intentional clearing* kann hier die Beratung im Sinne des Gebens guter (allgemeiner) Ratschläge erfolgen; denn was hier in Frage steht, ist nicht die Entscheidung für bestimmte gegebene Möglichkeiten bzw. Optionen, sondern die meine Person betreffende Realität der Handlungsmöglichkeiten selbst, wenn man so will: deren Ergreifbarkeit. Noch einmal: Nicht, dass ich nicht wüsste, welche ich ergreifen soll, ist mein Problem in einer solchen Desorientiertheit – es wäre sogar der Fall denkbar, dass ich genau wüsste, was für mich das Richtige wäre – sondern dass ich es nicht vermag, überhaupt irgendwelche zu ergreifen. Denn was mir in solchen Momenten der Selbsterkenntnis bewusst wird, ist, dass ich mir die offenstehenden Handlungsmöglichkeiten nur zu einem kleinen bis verschwindenden, im Extremfall zu gar keinem Teil überhaupt als die meinigen zurechnen kann. Sie sind wie offene Türen, aber sie stehen nur ‚an sich' offen; ich begreife mich nicht als denjenigen, für den sie offen sind, und deswegen kann ich keine Abwägung vollziehen, durch welche Tür hindurchzugehen für mich am besten wäre.

Eine erfolgreiche Beratung würde in diesem Fall den Ratsuchenden in die Lage versetzen, sich wieder als selbständiges Entscheidungs- und Orientierungssubjekt mitten in die Welt der Handlungsoptionen einzusetzen, d. h. überhaupt wieder entscheidungsfähig zu sein. Denn erst wenn die betreffende Person ein Kriterium der Entscheidung darin finden kann, was sie wirklich und eigentlich will, kann sie überhaupt wieder in die abwägende Beratung als Willensklärung eintreten. Wer sich aus Gründen der Selbstentfremdung und der Inauthentizität nicht mit seinen Handlungen identifizieren kann, hat gerade dadurch die Chance zu einer ‚Neuorientierung'.

Man kann diese Form der Beratung *existenziale Beratung* nennen. An dieser Stelle kann hier allerdings nur eine negative Beschreibung ihrer Methoden und Ziele gegeben werden und auch nur so viel: In einer existenzialen Beratung wird nicht ein Wissen (theoretischer oder praktischer Art) vermittelt wie im Falle der Expertenberatung, auch wird in ihr nicht eine Klärung des eigentlich Gewollten stattfinden, sondern es wird nicht mehr und nicht weniger als der (jeweilige Richtungs-)Sinn des Lebens gesucht. Der Sinnlosigkeitsverdacht des je individuellen Lebens, welcher das Merkmal des Desorientierungstyps aufgrund von Uneigentlichkeit ist, hat notwendigen, unumgänglichen Charakter: Das Leben muss einem sinnlos erscheinen können, wenn es einen Sinn haben können soll. Primär geht es in solchen Beratungen darum, dass die betreffende Person ein solches Verhältnis zu sich gewinnt, dass ihr im Rahmen ihrer Neuorientierung eine andere Haltung bzw. Einstellung gegenüber den Dingen einzunehmen möglich ist. Erst im Rahmen dieser gewonnenen Lebenseinstellung können dann bestimmte Zielintentionen überhaupt sinnvoll sein. Der Sinn ihres Lebens selbst aber kann für eine Person nicht von der Intention auf ein bestimmtes Ziel in ihrem Leben abgeleitet werden, sondern ist eine Qualität ihres Lebensweges, zu welchen Zielen er auch immer führen mag.

Das führt uns nun zu der These, dass ‚Sich orientieren' lediglich bedeutet, seinem Handeln und Leben eine Richtung zu geben. Dies geschieht aber offensichtlich nicht in jedem Fall durch Zielsetzungen; in manchen Fällen muss die Richtungsgebung *vektoriell* (von lat. *vector*: der Reisende), d.h. ohne Intention auf ein klar und deutlich bestimmtes Ziel und Ende geschehen.

Wir wollten eine vorläufige Bestimmung dessen treffen, was es heißt, sich im Denken, Handeln und Leben zu orientieren. Zurückgewiesen werden muss hierfür die naheliegende Bestimmung von Selbstorientierung als Zielstrebigkeit des Handelns. Diese Bestimmung erweist sich einerseits als zu eng, weil nicht jeder, der selbstorientiert durchs Leben geht, bestimmte Zwecke verfolgt. Analog gilt: In eine bestimmte Richtung zu gehen, die man für richtig hält, heißt nicht, an einem bestimmten Ort ankommen zu wollen. Andererseits erweist sich die Bestimmung, dass derjenige selbstorientiert sei, der klare Ziele in seinem Leben verfolgt, als zu weit, wie das Beispiel des *Mannes ohne Eigenschaften* Musils zeigt.

1.2 Orientierungswissen

Selbstorientiert leben und handeln Personen, die ihren Aktivitäten eine Richtung gegeben haben. In der Rückschau wird diese Richtung sichtbar als ein mehr oder weniger geradliniger Weg, den das Leben genommen hat, oder, um eine andere Metapher zu gebrauchen, als ein Strang der Erzählung, in der nicht nur Widerfahrnisse vorkommen, sondern auch und vor allem vom Orientierungssubjekt getroffene Entscheidungen bezüglich der Richtungswahl. Das Wissen um die möglichen Mittel und Wege, das diese Entscheidungen leitete – sofern diese vernünftig, d.h. klug und lebensdienlich waren – kann man

Orientierungswissen nennen.[8] ,Lebensklugheit' ist der Inbegriff dieser bestimmten Art praktischen Wissen, das sich merkwürdigerweise anders als andere Arten des Wissens nicht durch Experten verabreichen lässt. Auch wenn der transitive Gebrauch des Wortes zunimmt: Man kann andere Menschen nicht einfach so orientieren, wie man Karten oder Kirchengebäude nach Norden bzw. Osten ausrichtet. Sie müssen, sofern sie selbst entscheiden, welchen Weg ihr Leben nimmt, *sich selbst* orientieren. Und deswegen kann hier keine Beratung im Sinne einer Wissensvermittlung, keine Expertenberatung stattfinden, auch wenn Eltern und Lehrer dies öfters bei weitem einfacher fänden. Aber handelt es sich bei diesem Orientierungswissen überhaupt um ein Wissen? Und wenn ja, was sind seine spezifischen Eigenschaften?

Wenn nun die Orientierungsaufgabe der Ethik darin gesehen wird, den Leuten in orientierender Absicht Handlungsziele vorgeben zu wollen (im Sinne von: „Das und das solltet ihr anstreben"), und seien diese Vorgaben auch noch so gut und einsehbar begründet, ist dies für die Selbstorientierung der Akteure so lange fruchtlos, als sie diese Ziele nicht als ihre Zwecke setzen, d.h. solange sie diese Orientierungen nicht als für ihr Handeln maßgeblich erachten wollen. Selbst wenn man also ein unumstößliches deduktives System der Ethik hätte, – Wunschtraum vieler praktischer Philosophen bis heute – würde dies in Bezug auf die Selbstorientierung der Menschen zunächst keinen Effekt haben können, solange sie es nicht als für ihre Handlungsleitung anerkennen. Denn Sich-Orientieren heißt: sich Gewissheit über die Richtigkeit bezüglich der zu gehenden Wege beschaffen. Ob aber die Richtung des Weges stimmt oder nicht, schließt ein untilgbares subjektives Moment beim Orientierungswissen ein. Denn Richtungen sind, anders als Ziele, abhängig von der Stellung des Handlungssubjekts im Ganzen. Mit anderen Worten: Es kann kein *allgemeingültiges* Orientierungswissen geben. Allgemeiner Art kann hier, einerseits, nur ein Wissen sein, wie man sich überhaupt orientieren kann – also ein *Verfügungswissen über Orientierungen* (als Gegenstände einer Sozialtechnologie), das man nicht mit Orientierungswissen verwechseln darf – oder aber, andererseits, ein Wissen um notwendige Bedingungen der Selbstorientierung bzw. um die reflexiv erschlossenen Eigenschaften des Orientierungswissen. Letztere wären Gegenstände einer Philosophie der Orientierung[9] resp. der Klugheit als Selbstorientierungskompetenz. Die kann bestenfalls Auskunft geben darüber, welche Eigenschaften Orientierungswissen hat, nicht aber es selbst bereitstellen. Dieses Wissen ist abhängig von den Erfahrungen, die jeder selbst machen muss, und man kann sich darüber nur verständigen, wenn man in irgendeiner Weise auf ähnliche Erfahrungen zurückgreifen kann. Orientierungswissen ist vom Subjekt des Wissens, das es hat, nicht so ohne weiteres ablösbar wie das Verfügungswissen.

Werner Stegmaier hat diese Eigenschaft des Orientierungswissens in Anschluss an Nietzsche dessen Perspektivität genannt.[10] Orientierungswissen ist wesentlich *perspektivisches* Wissen, denn um verstehen zu können, was hierbei gewusst wird, müssen Standpunkt und Eigenhorizont der handelnden Person berücksichtigt werden. Mit anderen Worten: Orientierungswissen ist nicht nach festen Projektionsregeln auf andere Situationen übertragbar. Dadurch kommt es auch, dass Orientierungswissen *provisorischen* Charakter hat, denn es muss im Fortgang des Handelns stets neu formiert werden, weil sich Standpunkt und Eigenhorizont des Orientierungssubjektes durch das Handeln verändern.

Beim Orientierungswissen handelt es sich also wesentlich um ein solches, das, – anders als (technisches) Verfügungswissen, zu dessen wesentlichen Merkmalen, wie wir sehen werden, seine Transsituativität gehört[11] – seine eigene Vorläufigkeit mit einbegreift. Wer daher das in der Orientierung Gewusste als situationsinvariante Größen erachtet (und zum Vermittlungsgegenstand einer Expertenberatung macht), fasst das Orientierungswissen als Verfügungswissen auf, nämlich als die Antwort auf die Frage: „Woran sollen wir uns orientieren?". Dem Sich-Orientierenden muss aber gerade in seinem Interesse an der Aufrechterhaltung seiner praktischen Orientierungen klar sein, dass seine Orientierungsinstanz – also das, woran er sich orientiert – immer wieder der Überprüfung bedarf und gegebenenfalls ersetzt oder geändert werden muss.

Wir orientieren uns sowohl im Gelände, als auch in den ‚Räumen' der Geometrie, der Zahlen und der Logik, im spekulativen Denken und eben auch im Handeln, wie schon Kant deutlich sah, letztlich „nur durch einen subjektiven Unterscheidungsgrund."[12] Genau deswegen dürfen die Orientierungsleistungen der Vernunft nicht mit Erkenntnis und objektivem Wissen verwechselt werden. Die Vernunft habe, so Kant, ein „Bedürfnis"[13] nach Übersicht und Vervollständigung; daher muss sie auch dort urteilen, wo Urteile nicht sicher sein können. Pragmatisch, nämlich im Interesse der Handlungsorientierung, ist dies auch völlig gerechtfertigt, ja, es ist nach Kant geradezu eine notwendige Bedingung des Handelns unter Endlichkeitsbedingungen.

Nun sind aber ‚objektive' Bestimmungen, etwa die Himmelsrichtungen, wie sie z.B. durch einen Kompass perspektivenunabhängig oder ‚objektiv', d.h. aus der Perspektive der dritten Person bestimmt werden können, für die Orientierung nicht einfach wertlos. Zwar sind sie unerheblich, wenn ich schon in Bestimmungen meines subjektrelativen Orientierungssystem (also links-rechts-vorne-hinten) weiß, wo es langgeht, dann benötige ich keine objektiven Bestimmungen für meine Orientierung. Aber wenn ich mich nicht auskenne, sind Kompass oder Karte, auf denen ich objektive Raumbestimmungen ablesen kann, äußerst hilfreich, müssen aber dennoch für die Orientierung im Raum in die Perspektive des jeweiligen Orientierungssubjektes übersetzt werden (z. B. „nach Norden geht es hier rechts").

Ähnliches lässt sich nun im übertragenen Sinne auch von der Handlungs- und Lebensorientierung generell sagen. Allgemeingültige Normen können äußerst hilfreich bei der Orientierung sein, aber sie sind für die Orientierung nicht ausschlaggebend. Hierfür muss immer eine Transformation stattfinden in die Perspektive des Orientierungssubjektes. Statt von der ‚Subjektivität' des Orientierungswissens sollte man vielleicht besser, weil weniger missverständlich von seiner ‚Erstpersonalität' sprechen. Selbstorientierung gelingt nur, wenn ein solches erstpersonales Verhältnis zu einer bestimmten Orientierungsinstanz, sei es ein Wert, ein bestimmtes Prinzip, eine Handlungsregel oder ein Vorbild, eingenommen wird. Selbstorientierung gelingt nicht, wenn dieses erstpersonale Verhältnis nicht gebildet wird.[14]

Praktische Überlegungen sind also überhaupt nur dann welche, wenn sie Antwort geben können auf die Frage, was ich oder wir hier und jetzt tun sollen, ansonsten handelt es sich um Sätze, die aus einer ethischen Theorie abgeleitet sind, die zunächst einmal gar keine Orientierungsrelevanz besitzen.[15] Eine Person muss die moralische Vorgabe in ihrem persönlichen Orientierungssystem gleichsam authentifizieren, d. h. sich aneignen. Und erst mit dieser Aneignung hätten wir überhaupt die Ebene praktischer Überlegung erreicht, weil die Anerkennung moralischer Standards diese erst zu Faktoren der Überlegung macht. Es ist eine zu einfache – theoretizistische – Vorstellung, ein unbedingter Geltungsanspruch, wie ihn moralische Gebote erheben, führte per se schon dazu, dass sie auch in der persönlichen Handlungsorientierung einen ‚Trumpfstatus' hätte, so dass sie andere Überlegungen, z. B. solche der Lebensklugheit, jederzeit ausstechen würden. Trumpfstatus hat die Moral nur auf dem Gebiet der Rechtfertigung von Handlungen, nicht aber auf dem der konkreten Handlungsorientierung.[16] In einer bestimmten Orientierungssituation können moralische Erfordernisse dagegen nicht mehr als bestimmte Faktoren neben anderen sein, und seien sie in der Moraltheorie noch so erhaben und absolut.

Erstpersonalität und damit praktische Relevanz des Moralischen ist nur dann gewährleistet, wenn ich das, was gefordert ist – also auch und gerade moralische Forderungen – mich auch etwas angehen lasse. Erstpersonalität bedeutet also alles andere als Egozentrik und Subjektivismus der Norm (der sie in ihrer Normativität auflösen würde), sondern bedeutet, in Bezug auf moralische Forderungen, dass mir klar ist, dass es ich bin, auf den es ankommt, dass (jeweils) *ich* es bin, der in der Straßenbahn aufzustehen hat, wenn ein Ausländer angepöbelt wird, dass *ich* es bin, der gegen Ungerechtigkeit protestieren muss, dass *ich* es bin, der von seiner Selbstbefangenheit ablassen muss usw.

Orientierungswissen ist also von einer ganz anderen Art als ein Wissen, dass etwas der Fall ist. Es ähnelt eher dem Wissen, das man hat, wenn man weiß, wie Kaffee schmeckt, wenn man weiß, wie es ist, in New York oder Kleinviechtach zu leben oder wenn man weiß, wie es ist, ein Vater zu sein – ein Wissen, das man hat, wenn man sich in bestimmten Dingen auskennt. Man könnte also auch sagen, Orientierungswissen besitzt derjenige, der ‚Kenntnis‘ eines bestimmten Bereiches möglicher Erfahrung hat. Mir kann noch so viel erzählt werden vom Geschmack von Kaffee, vom Leben in New York und Kleinviechtach oder von den Freuden und Leiden des Vaterdaseins, ich werde erst dann ein Wissen dieser Art haben, wenn ich selbst die entsprechenden Erfahrungen gemacht habe, wenn also drittpersonales Regelwissen in erstpersonalen Identifizierungen vorliegt. Man kann Orientierungswissen nicht in Bücher schreiben, nicht lehren, nicht direkt kommunizieren und vor allem nicht vorschreiben. Was man jedoch tun kann, ist: Orientierungswissen vorführen, in Beispielen zeigen, seine bestmögliche Erlangung lehren usw. Wissen im Sinne von ‚Kennen‘ kann nicht wahr oder falsch und deswegen auch nicht unbegründet oder begründet sein. Vielmehr wird der Verweis auf das Orientierungswissen oftmals gerade seinerseits zur Begründung verwendet. Auf die Frage: „Woher weißt Du, dass es hier entlang zum See geht?" kann eine befriedigende Antwort sein: „Weil ich mir die Karte angeschaut habe" oder „Weil ich mich hier auskenne". Hier noch einmal nach einer Begründung für die Wahrheit des Orientierungswissen zu fragen, ist unsinnig. Man kann solche Kenntnisse verlieren und erinnern, aber man kann sie nicht begründen oder widerlegen. Selbst das am besten begründete Wissen um unbedingt zu erfüllende Erfordernisse des Handelns – nehmen wir einmal kontrafaktisch an, alle Moralphilosophen der Welt hätten sich auf eine Begründung der Moral geeinigt – ist noch kein Orientierungswissen. Zu ‚wissen‘, was ge- und verboten ist, kann zwar einfach bedeuten, zu wissen, was als moralische Norm gilt. Aber dieses Wissen haben auch Verbrecher und Lumpen. Damit eine moralische Norm zum Orientierungswissen einer Person gehört – als die allgemeine ‚Spielregeln‘, die einzuhalten sie im Interesse der Aufrechterhaltung ihres Orientierungsbereiches gewillt ist – bedarf sie einer ‚Übersetzung‘ in die Perspektive des Orientierungssubjektes, die allererst eine Umsetzung in die Praxis ermöglicht.

1.3 Selbstorientierung und Ethik

Bisher ging es um die Frage, was es überhaupt heißt bzw. heißen könnte, sich im Handeln zu orientieren und näher um die Frage, was unter „Orientierungswissen" zu verstehen ist. Nachdem wir hier vorläufige Klärungen erreicht haben – Sich-Orientieren heißt: Aufgrund der Bestimmung der eigenen Situation die je eigenen Möglichkeiten der Handlungsausrichtung auszumachen, wobei hierfür eine Transponierung allgemeiner praktischer Erfordernisse in die Perspektive der ersten Person notwendig ist – kommen wir nun zu der Frage, ob es Kriterien, Standards oder Maßstäbe dafür geben kann, woran wir uns orientieren sollen oder sollten.

Wie kein anderer Moralphilosoph hat sich Kant gerade in seinen Grundlegungsschriften einer ausgeprägten Orientierungsmetaphorik bedient, etwa wenn er das Sittengesetz als einen „Kompass" bestimmt, mit dessen Hilfe man Bescheid wisse darüber, „was gut, was böse, pflichtmäßig, oder pflichtwidrig sei"[17]. Ein Kompass aber ist nichts anderes als ein Hilfsmittel zur Orientierung, etwas womit, aber nicht etwas, *woran* man sich orientiert (jedenfalls nicht in dem Sinne, wie man sich an einem Leitstern z.B. orientiert). Ein Kompass sagt mir schließlich nicht, in welche Richtung ich gehen soll, sondern er vermittelt mir das System (objektiver) Himmelsrichtungen, in das ich mich mit meinem subjektiven Koordinationssystem erst hineinstellen muss.[18]

Weder durch einen Kompass noch durch eine Landkarte wird also Orientierungswissen vermittelt, weil dieses eben ein perspektivisches, d.h. auf einen Standpunkt zu relativierendes, und zudem auch noch ein provisorisches, d.h. bisweilen zu revidierendes Wissen ist. Kompasse und Landkarten sind hervorragende Hilfsmittel der Orientierung überhaupt nur dann, wenn sie *nicht* provisorisch sind: Sie bieten Verfügungswissen über mögliche Orientierungen, nicht aber Orientierungswissen; und gerade so verhält es sich auch mit Moralnormen. Wir werden daher vermutlich in der Ethik genau dort ein Problem bekommen, wo es um so etwas wie ,moralische Orientierung' geht, denn moralische Prinzipien, etwa das Gebot, andere Menschen zu achten, erheben schließlich einen unbedingten Geltungsanspruch, d.h. sie werden zu Recht so eingeführt, dass sie in ihrer Geltung nicht abhängig davon sind, ob ihre Adressaten es auch von sich aus gut finden oder nicht. Das bedeutet aber, und das wird als Kennzeichen moralischer Prinzipien angesehen, dass sie allgemein gültig, also keiner Perspektivität ausgesetzt, d.h. nicht-provisorisch sind. Heißt das aber nicht umgekehrt, dass das Wissen um solche moralischen Normen, d.h. das Wissen darum, was gut und richtig ist, auch nach Kant gar kein ,Orientierungswissen' wäre?

So ist es. Da es sich in der Ethik qua Moralbegründungsunter-
nehmen darum handelt, objektive Maßstäbe des Handelns zu geben,
Antworten auf die Frage zu finden, was an sich gut und richtig ist,
hätten wir es in der Tat nicht mit Orientierungswissen zu tun. Die an
ihre Perspektivität gebundenen Personen orientieren sich, indem sie
einen Entwurf des ganzen betreffenden Orientierungsbereiches anfer-
tigen, sich in diesem Bereich positionieren um darauf ihre eigene
Situation und die in ihr angelegten realen Handlungsmöglichkeiten zu
erschließen. Der Entwurf des Ganzen ist aber nicht nur kontingenter-
und bedauerlicherweise subjektiv bzw. erstpersonal, sondern er ist es
notwendigerweise. Wäre er es nicht, dann hätte er eben keine orientierende Funktion.

Kant hatte dies übrigens sehr deutlich gesehen, als er in Fragen der
Moral die Orientierungsmetapher explizit für unangemessen hielt.
Denn die reine praktische Vernunft kann sich im Grunde nicht ,verir-
ren', so wie dies der theoretischen Vernunft regelmäßig geschieht,
wenn sie über Dinge spricht, von denen es keine Erfahrung geben
kann. Der Philosoph ist nach Kant in Sachen der Moral daher auch
durchaus entbehrlich, anders als in Sachen der Spekulation, wo er als
Antinomienauflöser und Orientierungshelfer gebraucht wird.[19] In der
Ethik aber ist er eigentlich nur Sekundant eines letztlich immer schon
selbst an seiner Autonomie orientierten Willens. Er erfüllt in der Frei-
legung der obersten Prinzipien der Moral daher eigentlich kein theoretisches, sondern ein praktisches Interesse, weil dadurch die alltägliche Menschenvernunft das, was sie sowieso schon weiß, nur um so
klarer und reiner sich vorhalten kann und so nicht Gefahr läuft,
„durch die Zweideutigkeit, in die sie leicht gerät, um alle echten sittliche Grundsätze gebracht zu werden"[20].

Nach Kant kann es also in moralischen Fragen eigentlich gar kein
echtes Orientierungsproblem geben; und die von uns traktierte Frage,
was es heißt, sich im Handeln zu orientieren, ist für ihn keine Frage
der Moralphilosophie. Und es ist in der Tat keine Frage der Moralphilosophie. Aber an welche philosophische Adresse hätte man sich
denn sonst zu wenden, wenn man mit ,Orientierungsproblemen' be-
laden ist und nicht weiß, was man (in einer bestimmten Situation oder
überhaupt) tun soll? Eine Orientierungsfunktion – die, wie wir sahen,
zudem recht eingeschränkt ist – kann eine moralische Norm nur dadurch erhalten, dass sie von den Adressaten angeeignet und authentifiziert wird. Erst derjenige weiß im Sinne des Orientierungswissens,
was hier und jetzt gut und richtig ist, der die moralische Norm
zumindest für sein eigenes Handeln als gültig anerkennt, nicht aber
schon der, der ihre Begründung kennt. Begründungen können zwar
den Individuen dabei helfen, sich moralische Normen per Einsicht in
deren Notwendigkeit anzueignen, aber sie bewirken nicht diese

Aneignung; es müssen erst je meine (oder je unsere) ‚Spielregeln' sein, damit sie für mein bzw. unser Handeln eine Rolle spielen können (hier kommt offensichtlich die Analogie zum Schachspiel an ihr Ende). In der Ethik, sofern es ihr um Orientierungswissen geht, muss es auch darum gehen, zu klären, wie überhaupt eine solche ‚Aneignung' von Normen vonstatten gehen kann. Wenn aber Orientierungswissen notwendig pragmatisch, situationsgebunden und erstpersonal ist, dann ist die Frage nach der Selbstorientierung einer Person – auch und gerade ihrer Selbstorientierung in moralischen Fragen – keine solche, die auf dem Gebiet der Moralphilosophie bzw. einer Analyse reiner, d.h. situationsenthobener praktischer Vernunft zu behandeln wäre. Vielmehr führt sie uns auf das Gebiet einer Philosophie der Klugheit bzw. der Klugheitsethik.

2. Pragmatische Vernunft bei Kant

2.1. Der ehrliche Händler. Oder: Warum moralisch sein?

Nehmen wir zur Bestimmung des Verhältnisses von Klugheit und Moral ein Beispiel zur Hand, wie es auch Kant in seiner *Grundlegung zur Metaphysik der Sitten* bringt.[1] Dass ein Händler seine Kunden nicht übers Ohr haut, sondern ehrlich ist, kann offenbar verschiedene Gründe haben. Kant deutet deren drei an: 1. Ehrlichkeit ist profitabel, 2. Ehrlichkeit ist Ausdruck der Menschenliebe und 3. Ehrlichkeit ist Gebot der Achtung der Menschen untereinander. Nur der letztere Grund bzw. die entsprechende Motivation aus solchen Gründen können nach Kant moralisch genannt werden. Die empiristische moral-sense-Tradition würde auch die Menschenliebe als moralische Motivation anerkennen, Kant wegen der hierbei bestehenden affektiv-heteronomen Handlungsbestimmung des Subjekts nicht. Der andauernde Streit zwischen Kantianern und Humeanern muss hier nicht geschlichtet werden, denn es kommt hier nur auf das Verhältnis zwischen Gründen der Klugheit wie unter 1. und solchen der Moral an (ob nun wie unter 2. oder wie unter 3. ist hier unerheblich). Unstrittig ist: Wenn der Händler seinen Kunden gegenüber deswegen ehrlich ist, d. h. sie nicht betrügt bzw. übervorteilt, weil er gute Geschäfte machen will, ist dies in keiner Weise verwerflich bzw. moralisch zu verurteilen. Ob der Händler aber wirklich (d. h. in einem moralischen Sinne) ehrlich ist oder nicht, zeigt sich, wenn er auch dann ehrlich gegenüber seinen Kunden ist, wenn der Klugheitsgrund für die Ehrlichkeit wegfällt – etwa dann, wenn ein Betrug der Kunden todsicher nicht aufgedeckt werden kann.[2] ,Echte', ,wirkliche' Ehrlichkeit als Ausdruck moralischer Integrität steht unter dem Motto: „Man betrügt andere Menschen nicht, gleichgültig, ob man davon Vor- oder Nachteile hat, basta".[3]

Aus der Möglichkeit der Unterscheidung verschiedener Handlungsmotivationen zum selben Handlungsvollzug folgt zwanglos die Unterscheidung von Gründen der Klugheit und Gründen der Moral. Es folgt daraus noch nicht zwingend die Annahme zweier prinzipiell widerstreitender Motivationsquellen, wie etwa Neigung und Vernunft. Denn warum sollten Klugheit und Moral nicht immer zusammenarbeiten können, so wie dies in den Tugend- und Klugheitslehren vor Kant selbstverständlich angenommen wurde? Warum sollte die Klugheit in ihrem Kampf um die Realisierung des Guten in der Welt nicht das Schwert der Moral führen können?

Was in der kantischen Erläuterung des Beispiels fehlt, ist die Möglichkeit höherstufiger Klugheitsüberlegungen: Es ist ja überhaupt nicht ausgemacht, ob es nicht noch weitere Gründe der Klugheit geben könnte, die den Händler dazu bringen, ehrlich gegenüber seinen Kunden zu sein, als bloß diejenigen der Profitmaximierung oder der Menschenliebe. Wenn die verinnerlichte, d. h. zu einer Tugend ausgebildete Ehrlichkeit eines Menschen dazu führt, dass wir ihn schätzen – wieso sollte nicht auch das im Interesse seiner Klugheit sein? Und wenn so: Ist ein ehrliches Handeln, das durch das Interesse an Achtung und Schätzung meiner Person motiviert ist, von einem moralischen Handeln zu unterscheiden?

Hier könnte man nun aus der Perspektive des Händlers einwenden: Gut, dafür, dass ich von den anderen als ehrlicher Mensch und Händler geschätzt und geachtet werde, reicht es vollkommen aus, dass ich den anderen glaubhaft machen kann, dass ich ehrlich bin. Ich muss nur ehrlich *scheinen*, aber ich muss nicht ehrlich *sein*. Ich muss nur meine wahren Gründe – mein Profitstreben – ausreichend geschickt hinter dem Anschein meiner Menschlichkeit verbergen. Aber genau diese Strategie versagt sicher in Bezug auf die Selbstachtung – und um die geht es letztlich auch in der Moral.[4] Niemand, auch der gerissenste Händler, kann auf immer vermeiden, sich selbst aus der Warte der anderen zu sehen. Denn zu wissen, wer man ist und als was man gilt, erfordert eine drittpersonale (oder ,impersonale‘, unparteiische) Perspektive auf sich und die anderen. Festzustellen, ob ich von den anderen geachtet und geschätzt werde, schließt notwendig ein, dass ich eine drittpersonale Sicht auf mich selbst einnehmen kann. In dieser drittpersonalen Sichtweise auf mich selbst aber kann ich nicht einfach das vergessen, was ich aus der erstpersonalen Perspektive sehen kann, in der ich ,weiß‘, aus welcher Motivation heraus ich etwas tue. Wenn es nun ,niedere‘ – von der Gemeinschaft der miteinander Kooperierenden nicht für wertvoll gehaltene – Motive sind, dann wird sich zwangsläufig auch mein Selbstbild verdüstern, und ich werde ein Problem der Selbstachtung nicht von mir weisen können. Denn ich weiß ja auch, dass jede meiner Person gegenüber erwiesene Achtung nicht eigentlich mir zuzurechnen ist, sondern lediglich dem Bild, das von mir in den Leuten existiert und das ich ihnen in die Seele zu zeichnen vermochte. Ja, mehr noch, durch mein Bestreben, ehrlich zu scheinen statt zu sein, verdecke ich mich gewissermaßen zusätzlich, so dass ich für andere in meinem ,wahren Selbst‘ gar nicht mehr zugänglich bin. Dies ist aber genau der Grund dafür, dass es in einem höherstufigen Sinne von Klugheit nicht gut ist, sich einfachhin über moralische Anforderungen hinweg zu setzen. Kurz: Unter der allgemeinen und unproblematischen Voraussetzung, dass die Achtung meiner Person einen hohen Wert auch für mich darstellt, ist es im allgemeinen klug, tatsächlich ehrlich zu sein und nicht nur so zu scheinen.

Die lebenspraktische Frage „Warum moralisch sein?" kratzt daher nicht, wie oftmals behauptet wurde, schon an der Unbedingtheit moralischer Ansprüche; dies so wenig, wie eine Wegbeschreibung zum Tempel das in ihm verwahrte Heiligtum in seiner Heiligkeit herabsetzt. Nur wer nach dem Nutzen der Moral für das persönliche Weiterkommen fragt, mag von der Eigenart moralischer Anforderungen an sein Handeln nichts verstanden haben. Wie auch immer: Wer einen Grund dafür angeben kann, warum moralisch zu sein besser ist, als es nicht zu sein, spricht generell nicht über Moral, sondern über Lebensführung. Man würde nun der Moral recht wenig zutrauen, wenn man sie schon durch die Frage nach ihrem Status in der individuellen Lebensführung angetastet sähe. Wir haben es im Leben offensichtlich nicht nur mit moralischen Fragen zu tun, wie manche Ethiker zu glauben scheinen. Umgekehrt kann man das Leben mit Moral alleine sicher nicht bestreiten, ja, nur sehr wenige Fragen, die sich uns in der Lebensführung stellen, dürften wirklich moralischer Natur sein – schlaflose Nächte aufgrund von Gewissenskonflikten sind nicht-alltägliche Erscheinungen. Das heißt wiederum nicht, dass sie unwichtig wären, im Gegenteil. Aber es heißt mit Bernard Williams, dass Moral eine besondere Institution ist, die in besonderen Situationen virulent ist.[5] Es wäre ein Missbrauch dieser Institution, ihr die ganze Arbeit der Lebensführung übertragen zu wollen.

Die Gründe, die wir als Antwort auf die Frage „Warum moralisch sein?" angeben können, sind – im Unterschied zu solchen der kleinen Klugheit Eigennutz – solche, welche die Bedingungen eines guten Lebens insgesamt betreffen. Wer nun einerseits erfahren hat oder sich hat sagen lassen, dass alle Wertschätzung durch die anderen nichts wert ist, wenn man sich selbst nicht achten kann, ist in dieser Hinsicht schon mal klüger geworden. Wer andererseits weiß, dass die Selbstachtung – nicht zu verwechseln mit Stolz oder Hochmut – Grund auch aller Moralität ist, der mag die Antwort in einem Halbsatz finden, der so ähnlich lautet wie: „Um letztlich vor mir selbst bestehen zu können." Durch diesen Klugheitsgrund werden der Moral nicht die Wurzeln gekappt, im Gegenteil. Denn wer weiß, dass er sich in allem, was er tut, nicht entfliehen kann, weiß auch um die wichtige Funktion der Erfüllung unbedingter und universalisierbarer Ansprüche in seinem Leben.

Das Verhältnis von Klugheit und Moral ist daher nicht länger als eines der Opposition, auch nicht als eines der Komplementarität der Geltungsbereiche, sondern vielmehr als eine Komplementarität der

Perspektiven zu begreifen. Wir können immer beide Perspektiven auf uns selbst einnehmen: die der ersten und diejenige der dritten Person.[6] Weil wir dies können, haben wir es auch mit zwei Aspekten der Person zu tun: Einerseits bin ich ,Ich' als jemand unter anderen – d.h. ich verstehe mich als ein ,Er', eine ,Sie' oder als ein ,Man' – andererseits gibt es den Aspekt des ,Ich' als ,Ich-selbst'. Das, was man traditionell das ,Gewissen' nennt – vom lateinischen *con-scientia*, Mit-Wissen – ist gerade der Ort, an dem eine Person diese Aspekte aufeinander bezieht. Im Gewissen findet so etwas wie ein Abgleich zwischen der erstpersonalen Perspektive der lebensführenden Klugheit einer Person und den unbedingten Ansprüchen statt, denen sie sich aus drittpersonaler Perspektive unterstellt sieht oder eigens unterstellt hat. Deswegen ist das Gewissen nicht nur – oder vielleicht gar nicht – Thema der Moralphilosophie, sondern auch und vor allem einer Philosophie bzw. Ethik der Klugheit.[7]

Wir haben nun das Feld abgesteckt, auf dem sinnvoll nach Orientierungswissen gefragt werden kann. Es ist nicht der Bereich kategorischer, unbedingter Prinzipien der Moral, d.h. reiner praktischer Vernunft, sondern der Bereich pragmatischer Vernunft bzw. der Klugheit. Eine Philosophie der Orientierung, mithin auch die Bestimmung dessen, was ,Orientierungswissen' bedeutet, ist nur als Philosophie der Klugheit möglich. Wer sich auch nur ganz grob die Geschichte des Klugheitsbegriffs im Rahmen der Ethik vor Augen führt, kann leicht einsehen, dass die Klugheit einen enormen Statusverlust erlitten hat: Während sie als *phrónêsis* bzw. *prudentia* die zentrale intellektuelle Tugend in Bezug auf die Gestaltung der Praxis etwa bei Aristoteles und Thomas von Aquin darstellte (vgl. Kap. 4), ist sie bei Kant nur noch die „Geschicklichkeit in der Wahl der Mittel zum eigenen größten Wohlsein"[7] und, da sie nur auf die je individuelle Glückseligkeit ausgerichtet ist, Prinzip des Egoismus bzw. der ,Selbstliebe'. Es ist bezeichnend, dass Kant einen Begriff von Klugheit als Tugend, als einer in irgendeinem Sinne schätzenswerten intellektuellen Haltung bezüglich des Tunlichen, gar nicht mehr kennt. Vielmehr wettert er in vielen seiner Schriften gegen die „Schlangenwindungen der Glückseligkeitslehre"[9], für welche die erfahrungsabhängige Klugheit verantwortlich zeichnet.

Vorneuzeitliche Klugheits- und Tugendethiken rechnen nun einigermaßen selbstverständlich mit (gott- oder natur-) gegebenen Wertehorizonten, innerhalb derer die Klugheit als individuelle Haltung der selbstbestimmten Realisierung dessen fungiert, was das (auch in einem moralischen Sinne) gute Leben innerhalb dieses Horizontes ausmacht. Die Klugheit hat in der jeweils konkreten Bestimmung des zu Tuenden also zugleich eine wichtige handlungsorientierende Funktion, denn erst im Lichte der individuellen Klugheit bekommen die Tugendideale eine handlungsmotivierende Attraktivität. Schon Aristoteles hatte deutlich gesehen, dass die in den Tugenden vorgezeichneten Ideale nur umrisshaft bestimmbar sind, und daher eine konkrete Bestimmung erst in der situativ verfahrenden Praxis selbst erfahren können.[10] Die Formen der Tugendideale werden erst durch die individuelle Klugheit mit Inhalt gefüllt, indem sie bestimmt, was es hier und jetzt für eine Person heißt, gerecht, couragiert, besonnen oder großzügig zu sein. Die *phrónêsis* ist das, wodurch wir uns orientieren; eine Art ‚Orientierungskraft' also, welche die ethischen Ideale oder Werte vom Himmel auf die Erde bringt.[11] Zwar ist diese Orientierungsfunktion auch bei Aristoteles angewiesen auf Orientierungspunkte, an denen wir uns orientieren. Allein diesen mit lauterer Gesinnung nachzustreben, reicht auch und gerade für eine moralische Selbstorientierung bei weitem nicht aus. Denn um hier und jetzt – und nicht nur im Prinzip – gerecht, tapfer oder respektvoll zu sein, muss ich auch ‚wissen' – im Sinne erstpersonalen Orientierungswissens –, was es hier und jetzt praktisch bedeutet, gerecht, tapfer und respektvoll zu sein: was also zu tun ist. Durch den Wegfall der Selbstverständlichkeit eines gegebenen sittlichen Rahmens bzw. eines gemeinsam geteilten Wertehorizontes verliert die Klugheit als Tugend im autonomistischen Rahmen der neuzeitlichen Moralphilosophie zunächst ihre Orientierungsfunktion. Denn wo die Orientierungspunkte bzw. Handlungsziele nicht als schlechthin gegeben gedacht werden, sondern erst vom als in dieser Hinsicht autonom erachteten Individuum als Zwecke gesetzt werden müssen – d. h. wo nicht ein Streben klug gelenkt, sondern ein Wille vernünftig bestimmt werden muss –, scheint die Klugheit für die ‚moralische' Orientierung ausgespielt zu haben. Erst Kant thematisiert in aller Deutlichkeit, dass in einem autonomistischen Rahmenkonzept der Ethik, in dem es primär nicht um optimale Realisierung schon gegebener Ziele, sondern um die *Rechtfertigung von Zwecksetzungen* geht, die individuelle Klugheit als vernünftige Mittelwahl und praktische Urteilskraft keine moralische Funktion haben kann. Denn was jeweils klug, d. h. zu tun angeraten ist, kann sich nicht mehr an allgemein beschreibbaren Eigenschaften eines guten Lebens bemessen, sondern gerät in diesem Rahmen in die Abhängigkeit von den jeweiligen Lebensentwürfen der Individuen. Die Klugheit wird generell zur Privatsache.

Damit ist der tiefe Graben zwischen Klugheit und Moral aufgerissen, zwischen individuell und kooperativ orientiertem vernünftigen Handeln, und es ist eben dieser Graben, über dem das moderne Subjekt seine notorischen Orientierungskrisen bekommt. Überfordert sind die Individuen vor allem durch die interne Voraussetzung einer jeden moralphilosophischen Bewertung, nämlich dass sie schon wüssten, was sie wollen. Die Orientierungskrise könnte aber gerade der

Zustand sein, in dem ein Individuum nicht weiß, was es will, und daher durch die Orientierungsangebote von Fallenstellern der Seele verführbar wird.

Wenn es in diesem Buch unter anderem darum gehen soll, das vormoderne Konzept der Klugheit – d. h. ihren Tugendbegriff – für unsere Fragen nach den Bedingungen von Beratung und Selbstorientierung fruchtbar zu machen, dann liegt es nahe, den wie ein großer Riegel vor der tugendethischen Tradition liegenden Block der kantischen Ethik genauer anzuschauen und vorsichtig auseinander zu legen.

2.2 Weltorientierung und pragmatische Anthropologie

Nach Kant gibt es keine Orientierungsprobleme der reinen praktischen Vernunft. Anders als auf dem Terrain der theoretischen Vernunft, auf dem zwangsläufig Antinomien und Orientierungsprobleme auftreten, wenn die Vernunft den Erfahrungsbereich zum Zwecke des Erkenntnisgewinns überschreitet, kann dies im reinen (moralischen) praktischen Vernunftgebrauch nicht geschehen – denn dort haben wir es eben gar nicht mit empirischen Erkenntnissen zu tun.

Allerdings schreibt Kant, dass wir es beim ‚Orientierungswissen‘ mit einem *pragmatischen* Vernunftgebrauch zu tun haben, der im Unterschied zur reinen praktischen Vernunft erfahrungsimprägniert ist. *Pragmatische Vernunft*[12] – also nicht: ‚praktische‘, die vielmehr den Oberbegriff von pragmatischer, technischer und moralischer Vernunft bildet – hat es dementsprechend mit den Mensch und Welt im allgemeinen betreffenden Erfahrungen zu tun und kann nicht wie die reine praktische Vernunft apriorisch entwickelt werden. Fragen der praktischen Orientierung nun gehören für Kant in den Bereich der *empirischen Ethik*, der strikt von der Moral, der *rationalen Ethik* getrennt werden muss.[13]

Die Klugheitslehren und Eudämonologien seiner Zeit bekämpfte Kant nun bekanntlich deswegen, weil diese Moralphilosophie auf empirischer Grundlage betreiben wollten, wodurch allein eine Bestimmung der Herkunft von moralischen Phänomenen wie Verbindlichkeiten bzw. Pflicht als Pflicht nicht möglich ist. Ohne deren Untersuchung auf apriorischen Boden eines ‚reinen Willens‘ ist eine Moralphilosophie, so Kant, nicht möglich, wenn anders die Philosophie nicht mit Psychologie vermischt werden soll. Was aber die konkreten Handlungsorientierungen der Menschen angeht, ist die scharfe Trennung von Klugheit und Moral, die Kant im Interesse der Reinheit der Moral ziehen wollte, nicht ohne weiteres möglich. In der – für

Kant nicht zur eigentlichen Philosophie zählenden – Lehre der pragmatischen Vernunft ist die Klugheit in ihrem eigentlichen Element des
Orientierungswissens, wie in der tugendethischen Tradition immer
gesehen wurde.

Bevor wir uns in den folgenden Abschnitten dieses Kapitels die
näheren (haltbaren) Gründe der Trennung der Klugheit von der
Moralphilosophie sowie die (unhaltbaren) Gründe für den Ausschluss
der Klugheit aus der normativen Ethik überhaupt näher anschauen,
muss hier ganz stark betont und auch etwas ausgeführt werden, dass
Kant durchaus großes Interesse für Fragen des „empirischen Teils"
der Ethik hatte: In diesem sollte es vor allem um die Grundzüge der
Menschenkenntnis gehen – der Kenntnis des Menschen hinsichtlich
dessen nämlich, was er „als freihandelndes Wesen, aus sich selber
macht, oder machen kann und soll"[14]. Der systematische Ort, an dem
Kant diese empirisch infizierte Vernunftform vorstellt, ist weder die
Metaphysik der Sitten bzw. deren *Grundlegung*, noch die *Kritik* und
Analyse der (reinen) *praktischen Vernunft*, sondern vielmehr die pragmatische *Anthropologie* und die eng mit der Anthropologie verbundene *Pädagogik*. Die pragmatische Anthropologie hat den Zweck,
„Orientierung in der Welt"[15] zu ermöglichen – nicht etwa schon zu
stiften, denn dies müssen die Adressaten der diesbezüglichen Schriften und Vorlesungen schon selbst leisten. Der Mensch steht zwar als
frei handelndes Wesen nicht unter empirischen Gesetzen; aber gerade
seine Freiheit qua Autonomie, so Kant, schlägt sich charakteristisch
auch in empirisch zugänglicher Weise nieder: Einerseits als Weltoffenheit und Erfindungsgabe bis hin zur Kunst der Verstellung,
andererseits im Erfordernis von Erziehung und eigener Lebensführung.

Werfen wir einen kurzen Blick in seine Vorlesung zur *Pädagogik*.
Gerade, was die praktische Erziehung angeht – nach Kant diejenige,
die im Unterschied zur physischen Erziehung zu einer eigenständigen
Persönlichkeit führt, „damit er wie ein freihandelndes Wesen leben
könne"[16] –, sieht Kant die Bildung zur Klugheit als eine wichtige
Voraussetzung der moralischen Bildung an.[17] Der Mensch muss dieser
seiner „pragmatischen Anlage"[18] gemäß erzogen werden, um ein zivilisiertes Wesen zu werden, er ist einer Erziehung also nicht nur
„fähig", sondern auch „bedürftig"[19]. Während ein Mensch durch die
technische Erziehung zur Geschicklichkeit etwa durch Lesen, Rechnen, Schreiben usw. kultiviert wird, ist die pragmatische Erziehung
zur Weltklugheit für seine Zivilisierung zuständig. Für Kant – anders
als für Rousseau, der in der Zivilisierung hauptsächlich Gewalt, Entfremdung und Ungleichheit sieht – stellt sie eine wichtige Durchgangsstation zur Moralisierung des Menschen dar, sowohl die Gattung, als auch das Individuum betreffend: Durch die Kunst des

äußeren Scheins, welche der Weltkluge beherrscht, durch den Anstand[20], wird der Mensch ein „gesittetes (wenngleich noch nicht sittliches), zur Eintracht bestimmtes Wesen"[21]. Nur ein solches, zivilisiertes Wesen aber kann überhaupt die „Revolution in der Gesinnung"[22] vollziehen, die notwendig ist, um ein moralisches Wesen zu sein. Man muss also in der Erziehung darauf achten,

> dass der Mensch auch klug werde, in die menschliche Gesellschaft passe, dass er beliebt sei, und Einfluss habe.[23]

Dazu gehört z. B. auch die Zurückhaltung seiner Fehler in der Öffentlichkeit, die Dissimulation, die nicht von vorneherein eine moralisch fragwürdige Verstellung und auch nicht unbedingt immer Unlauterkeit ist,[24] sondern, als Sache der Höflichkeit vielmehr so etwas wie Kooperationsfähigkeit signalisiert. Denn die Weltklugheit ist eine wichtige Bedingung dafür, mit anderen Menschen gut kooperieren zu können – vorausgesetzt natürlich, dass die Endzwecke in einem moralischen Sinne gute Zwecke sind, d. h. solche,

> die notwendigerweise von jedermann gebilligt werden; und die auch zu gleicher Zeit jedermanns Zwecke sein können.[25]

Mehr noch: Wenn es an die konkrete Praxis geht, ist auch bei Kant in jedem Falle die Klugheit gefragt. So schreibt Kant in der *Metaphysik der Sitten*, dass bei der Anwendung moralischer Gesetze ein „Spielraum (*latitudo*) für die freie Willkür"[26] gelassen werden muss, ein Spielraum, in dem

> nur von der Urteilskraft nach Regeln der Klugheit (den pragmatischen), nicht denen der Sittlichkeit (den moralischen) […] entschieden werden[27]

kann, was im Einzelfall zu tun sei.

Auch in der politischen Philosophie spielt die Klugheit bei Kant untergründig eine gewisse Rolle. So spricht Kant in der Schrift *Zum ewigen Frieden* etwa vom

> moralischen Politiker, d. i. einen, der die Prinzipien der Staatsklugheit so nimmt, dass sie mit der Moral zusammen bestehen können

im Unterschied zum politischen Moralisten,

> der sich eine Moral so schmiedet, wie es der Vorteil des Staatsmanns sich zuträglich findet.[28]

Die Orientierungsleistungen der pragmatischen Vernunft sind nun, das gilt es mit und ohne Kant immer wieder zu beachten, allesamt nicht moralischer Art, d. h. in irgendeiner Weise allgemein verbindlich. Die pragmatische Vernunft kann bestenfalls anraten, aber nicht gebieten. Deswegen ist sie aber für moralisches Handeln, wie gesagt, nicht etwa irrelevant. Wenn die moralischen Gesetze, die nach Kant gänzlich vor jeder Befragung der Erfahrungswelt (,rein') entwickelt werden können, im Handeln ,Anwendung' finden sollen, ist es unbedingt erforderlich, eine „durch Erfahrung geschärfte Urteilskraft"[29] zu besitzen, teils um zu unterscheiden,

> in welchen Fällen sie [die moralischen Gesetze A. L.] jeweils Anwendung haben, teils [um] ihnen Eingang in den Willen des Menschen und Nachdruck zur Ausübung zu verschaffen[30]

Der Mensch sei zwar, so Kant, der Idee einer reinen praktischen Vernunft fähig, „aber nicht so leicht vermögend [...], sie in seinem Lebenswandel *in concreto* wirksam zu machen"[31]. Dort aber, im Lebenswandel, in der Wirklichkeit des Guten – nicht auf der transzendentalen, die Grenze der Welt bestimmenden Ebene der Moral – entstehen die Orientierungsprobleme.

Für Orientierungsfragen, so sagten wir, ist Klugheit, nicht Moral gefordert. Auch Kant würde dem offensichtlich zustimmen, nach alledem, was wir hier von ihm über pragmatischen Vernunftgebrauch gehört haben. Seit Kant und Bentham ist aber nun auffallend wenig ,empirische Ethik' oder pragmatische Anthropologie betrieben worden, und fast ausschließlich Moralphilosophie, also letztlich Veranstaltungen zur Normenbegründung. Dies wurde spätestens in der zweiten Hälfte des letzten Jahrhunderts allgemein als ein Manko der Ethik empfunden, weil sich durch Begründungsdiskurse alleine keine Handlungsorientierung stiften lässt. Was ich tun soll, ist nicht allein durch Rekurs auf die Moralphilosophie zu beantworten. Überhaupt ist die Frage „Was soll ich tun?", die Frage nach Orientierung also, notorisch mehrdeutig. Niemand hat gerade dies so genau gewusst wie Kant, und es ist ganz besonders interessant zu sehen, wie er aus methodischen Gründen eine folgenreiche Bedeutungsreduktion des Sollens vornimmt, die nichts weniger als das Verschwinden der Klugheit als Tugend und als Thema der Ethik zur Folge hatte, wie noch zu zeigen sein wird.

2.3 Technisches, pragmatisches und moralisches Sollen

Die Orientierungsfrage „Was soll ich tun?" kann bekanntlich auf dreierlei Weise verstanden werden: Erstens im Sinne des *moralischen* Sollens[32] („Was ist mir zu tun geboten?" bzw. „Wozu bin ich verpflichtet?" o.ä.), zweitens im Sinne im Sinne des *pragmatischen* Sollens („Was ist mir zu tun geraten?" bzw. „Was würdest Du mir empfehlen?" o.ä.) und drittens im Sinne des *technischen* Sollens („Was ist mir zu tun (auf-)gegeben?" bzw. „Auf welche Weise muss ich vorgehen?" o.ä.).[33]

Die Verwechslung dieser verschiedenen Bedeutungen des Sollens dürfte nun des öfteren dazu führen, dass sich Personen in Orientierungskrisen mitunter an falsche Adressen wenden; z. B. kann ein Ratsuchender bezüglich seines Lebensglücks mit einem moralphilosophischen Gebot recht wenig anfangen; und wer nur wissen will, wie er gesund leben kann, benötigt an sich keine Lebensklugheit, sondern nur einen guten Arzt. Alle drei Bedeutungen der Frage „Was soll ich tun?" aber umfasst die klassisch-sokratische allgemeine Frage danach, „wie man leben soll", die nicht nur moralische und pragmatische, sondern ganz einfach auch technische (z. B. diätetische und asketische) Aspekte besitzt.[34] Während in den antiken Ethiken die Vieldeutigkeit des Sollens gleichsam ungetrennt vorliegt, wird in den neuzeitlichen Ethiken im Zuge ihrer Verwissenschaftlichung versucht, die verschiedenen normativen Bereiche aufeinander zu reduzieren. Die neuzeitliche Ethik ist zwar mit einigem Recht skeptisch gegenüber der Möglichkeit einer generellen Antwort auf die Frage nach dem guten Leben geworden und überlässt die Beantwortung mit guten Gründen den Individuen selbst, aber dies hat dazu geführt, dass ethische Probleme, wie z. B. das von basalen Desorientierungen, allgemein entweder als moralphilosophische oder aber als technische traktiert werden. Das ‚pragmatische Sollen' – und damit das Feld der Klugheitsethik – scheint ethikgeschichtlich zwischen dem technischen und dem moralischen Sollen zerrieben worden zu sein.

Es ist, mit oder ohne Kant, leicht einzusehen, dass Klugheit und Moral, pragmatisches und moralisches Sollen hinsichtlich ihrer Normativität grundverschieden sind. Das in der neuzeitlichen Ethik oft herausgestellte Charakteristikum moralischen Denkens, in ihm ginge es um die Beachtung der Interessen anderer Personen, während es dem Klugen nur um das eigene Wohl ginge, ist dabei nicht entscheidend. Der maßgebliche Unterschied von Klugheit und Moral liegt vielmehr in ihrer unterschiedlichen Art, vorzuschreiben; kurz und kantisch gesagt: Die Klugheit rät an, die Moral gebietet.[35]

Damit verbunden sind verschiedenartige Geltungsansprüche. Um nun den Geltungsanspruch von Ratschlägen bzw. Empfehlungen zu klären, ist eine Betrachtung der bekannten Klassifikation der Imperative in der *Grundlegung* Kants hilfreich,[36] die wir zum Ausgangspunkt der Bestimmung der spezifischen Normativität von Ratschlägen nehmen wollen, die aber an entscheidenden Stellen erweitert werden muss, wie wir sehen werden.

a) hypothetisch vs. kategorisch

Kant unterscheidet bekanntlich zwei Hauptarten praktischer Vernunftimperative (oder eben: des ‚Sollens‘): kategorische (oder: unbedingte) und hypothetische (oder: bedingte) Imperative. Die hypothetischen Imperative sind, im Unterschied zu den kategorischen, in ihrer Geltung abhängig davon, dass überhaupt bestimmte Zwecksetzungen bei den einzelnen Akteuren vorliegen; sie lassen sich weiterhin unterscheiden in solche Imperative, die nur aufgrund einer eigens vorgenommenen Zwecksetzung vom Handlungssubjekt gelten – dies sind die *technischen* Imperative bzw. „Regeln der Geschicklichkeit“ – und solche, bei denen die Zwecksetzung immer schon vorausgesetzt werden kann, also quasi von Natur aus bestehen, wie bei der je individuellen „Glückseligkeit“ – dies sind die *pragmatischen* Imperative oder „Ratschläge der Klugheit“.[37]

Weder durch kluge Ratschläge noch durch Gebrauchsanweisungen, d.h. durch technische Imperative, sind wir zu irgendetwas verpflichtet. Nur wenn und insofern, als wir A sagen, ‚müssen‘ wir – im Sinne eines konsistenten Willens – auch B sagen. Umgekehrt sind moralische Prinzipien keine Gebrauchsanweisungen zur Herstellung eines bestimmten gewünschten Zustandes. Denn der Geltungsanspruch moralischer Gebote, wie etwa diejenigen, dass man keine Lebewesen quälen oder dass man nicht lügen soll bzw. darf, ist logisch unabhängig von den Zwecken, die sich die einzelne Person gesetzt hat, und daher auch irreduzibel auf hypothetische Imperative. Der Geltungsanspruch moralischer Normen bzw. kategorischer Imperative kann der betreffenden Person nämlich gerade dann entgegengehalten werden, wenn sie nicht selber nach der Erfüllung der Gebote strebt. Darin liegt eben die Unbedingtheit moralischer Gebote, d.h. ihr kategorischer Charakter.

So weit, so gut. Was unterscheidet nun aber einen Ratschlag von einer Gebrauchsanweisung? Das Einzige, was sich dem Text hier entnehmen lässt – mehr ist in einer Grundlegungsschrift zur Moralphilosophie auch nicht zu erwarten – ist, dass Kant die technischen Imperative hinsichtlich ihrer Geltung auch „problematisch“ nennt, weil sie unsicher bezüglich der Zuweisung des mit ihnen ausgesprochenen Zweckes sind bzw. eigens die Setzung eines Zweckes voraussetzen. Eine Gebrauchsanweisung hat dann und nur dann eine handlungsanleitende Funktion, wenn ich schon etwas Bestimmtes will, d.h. wenn ich auf die Realisierung eines bestimmten Zwecks hin orientiert bin. Mit anderen Worten: Technische Imperative sind nur einschlägig unter der Voraussetzung einer (anderweitig erfolgten) Orientierung. Ein pragmatischer Imperativ resp. ein Ratschlag der Klugheit dagegen

gilt „assertorisch", d. h. er ist sicher einschlägig, weil er sicher in der
Zuweisung des verfolgten Zwecks (eben der Glückseligkeit) ist.

Deswegen gelten die pragmatischen Imperative natürlich nicht
schon unbedingt. Der Umstand, dass jeder einzelne faktisch mit Gewissheit nach seiner Glückseligkeit strebt, ist ja gerade eine Bedingung für die Geltung eines pragmatischen Imperativs, auch wenn sie
de facto immer besteht – anders als bei einem moralischen, d. h. kategorischen Imperativ, der unabhängig vom Bestehen oder Nichtbe-
stehen von Präferenzen allgemeine Geltung beansprucht. Dies ist der
Grund dafür, dass die kategorischen Imperative gegenüber dem einzelnen Akteur Gebotscharakter haben, d. h. „apodiktisch" sind.

b) Orientierung voraussetzend vs. Orientierung stiftend

Aber was bedeutet dies nun in normativer Hinsicht für die Unterscheidung von pragmatischen und technischen Imperativen? Kant
selbst ist in der Beantwortung dieser Frage, zumindest in der *Grundlegung*, alles andere als eindeutig. Das eigentlich wichtige Unterschei-
dungskriterium zwischen pragmatischen und technischen Imperativen scheint mir dieses zu sein: Die Ratschläge der Klugheit führen, so
wie die kategorischen Gebote der Moral, als assertorisch-praktische
Sätze einen „Bestimmungsgrund der Willkür"[38], also eine handlungsorientierende Eigenschaft mit sich; dies einfach deswegen, weil das
Ziel der Handlung, das Glück bzw. die Glückseligkeit etwas ist, was
jeder schon von alleine will, so dass die Eröffnung von Möglichkeiten
der Erlangung von Glückseligkeit per se einen indirekt motivierenden
Einfluss hat. Wie hangabwärts drängendes Wasser wird das Glücksstreben der Menschen durch die pragmatischen Imperative kanalisiert.
Dies ist für die Behandlung von Orientierungsfragen innerhalb der
Ethik von großem Interesse, denn es dürfte das wesentliche Merkmal
eines guten Ratschlags sein, dass er dem Einzelnen hilft, sein Glück zu
finden – worin immer dieses bestehen mag. Aber die Ausrichtung aufs
Glück besteht einfach per definitionem, während bei den technischen
Imperativen eine weitergehende Voraussetzung erfüllt sein muss, um
einschlägig zu sein. Der Unterschied zwischen technischen und pragmatischen Imperativen entspricht demjenigen zwischen Verfügungs-
und Orientierungswissen.

Die Geltung der technischen Imperative ist also bedingt durch den
Willen der Akteure, und dies ist es, was sie mit den pragmatischen
Imperativen gemeinsam haben. Bei technischen Imperativen aber ist
es im Prinzip immer möglich, dass die Nachfrage „Willst du das auch
wirklich?" verneint wird, bei pragmatischen Imperativen nicht, weil
er auf das Glück bezogen ist, von dem gilt, dass es das ist, was nicht
eigens (in einem Akt der Zwecksetzung) gewollt werden muss oder

überhaupt nur kann.[39] Weil dies so ist, kann man sagen, dass ein guter Ratschlag, anders als eine gute technische Regel, einen willensbestimmenden bzw. handlungsorientierenden Charakter besitzt: Er weist einem den richtigen Weg in der Welt, so dass konkretes Handeln möglich wird.

Diese Orientierungsfunktion bringt die pragmatischen Imperative daher auch, zumindest in der kantischen Rekonstruktion der praktischen Vernunft, in eine gewisse Konkurrenz zu den moralischen Imperativen, was wohl auch der Grund gewesen sein dürfte, warum Kant die pragmatischen Imperative zumindest im Projekt der Grundlegung einer Metaphysik der Sitten aus der Ethik ausschließen wollte. Die pragmatischen Imperative gehören für ihn, wie wir sahen, also nicht in eine ‚Metaphysik‘, sondern, wenn man so will, in eine ‚Physik der Sitten‘, d.h. in die Weltwissenschaft der pragmatischen Anthropologie.

c) situativ vs. transsituativ

Ein im Folgenden wichtiger, von Kant nicht thematisierter Unterschied der pragmatischen Imperative zu den technischen, aber auch zu den moralischen Imperativen besteht nun aber gerade darin, dass die Ratschläge der Klugheit Geltungsanspruch nur für die Situation, in der sie gegeben werden, erheben können, wenn sie nicht bloße Binsenweisheiten sein sollen. Dies scheint zunächst ein Widerspruch zu sein: Oben sagten wir ja mit Kant, dass Ratschläge im Unterschied zu technischen Regeln immer einschlägig seien, weil der verfolgte Zweck, die Glückseligkeit, bei jedem Handeln unterstellt werden kann. Hier nun heißt es, sie hätten nur jeweils situative Geltung. Näher betrachtet ist dies kein Widerspruch, denn Regeln können sehr wohl einschlägig sein – der Berücksichtigung für wert befunden werden –, ohne deswegen schon in Geltung zu stehen. Eine Klugheitsregel wie z.B. die, in seiner Lebensweise auf seine Gesundheit zu achten, ist immer einschlägig, d.h. wert, beherzigt zu werden. Das bedeutet aber nicht, dass sie in jedem Falle und unabhängig von der Situation befolgt werden sollte, im Gegenteil. In Anbetracht der Glückseligkeit kann es in bestimmten Situationen mitunter ratsam sein, das Streben nach Gesundheit zu vernachlässigen, etwa wenn dadurch bestimmte wichtige Erfahrungen ausgeschlossen würden. Die Regel kann, obwohl einschlägig, einer bestimmten Situation unangemessen sein.

Hier könnte man nun einwenden: Was steht denn dann eigentlich in den klugen Büchern, die man ja auch ‚Ratgeber‘ nennt, anderes als allgemeine Regeln, wie man z.B. sein Geld oder seinen Garten am besten anlegt usw.? Sind das dann keine Ratschläge? Nun, es sind in der Tat technische Imperative, denn sie setzen ja eine bestimmte Orientierung schon voraus. Diese oft ironischer Weise ‚kluge Ratschläge‘ genannten Tipps können einem ruhig gestohlen bleiben, wenn man einen ‚echten‘ Ratschlag haben möchte („Verschon' mich mit Deinen klugen Ratschlägen…!"). Dies wirft ein Licht darauf, was ein wirklich kluger Ratschlag sein müsste: eben situationsadäquat, handlungseröffnend, Handlungsorientierung stiftend.

Als Artikulation eines Orientierungswissens kann ein Ratschlag im Unterschied zu moralischen Geboten und technischen Regeln dann aber eben auch nur provisorische Geltung haben – ein wichtiges Merkmal von Orientierungswissen, wie wir im ersten Kapitel betont haben. Die Ratschläge der Klugheit sind (nicht-verpflichtende) ‚Gebote der Stunde‘. Genau deswegen haben sie überhaupt einen direkten handlungsorientierenden Effekt, im Unterschied zu den unbedingten und ‚überzeitlichen‘ moralischen Geboten, die einen solchen nur negativ-eingrenzend besitzen können. Die Art also, wie die Orientierung durch moralische Imperative erfolgt, unterscheidet sich stark von der Art, wie die Orientierung durch pragmatische Imperative erfolgt. Nur die pragmatischen Imperative können, analog Wegweisern, die auf konkrete räumliche Situationen bezogen sind, eine solche direkte Orientierungsfunktion besitzen, während den moralischen Imperativen, analog Kompassen, bestenfalls eine indirekte Orientierungsfunktion zukommt. Das bedeutet, dass hinsichtlich der Handlungsorientierung beliebiger Akteure das moralische Sollen lediglich den Status von Orientierungshilfsmitteln haben kann. Mit ihrem unbedingten Geltungsanspruch besitzen sie zwar eine zentrale Rolle bei der Selbstorientierung der Akteure, aber sie können den Akteuren die Arbeit der in der Selbstorientierung statthabenden Reflexion nicht abnehmen.

Interessant ist nun, dass die moralischen Imperative hier eine Eigenschaft mit den technischen, aber nicht mit den pragmatischen teilen. Pragmatische Imperative gelten *situativ*; moralische Imperative bzw. Gebote erheben dagegen, wie auch technische Imperative bzw. Gebrauchsanweisungen, *transsituative* Geltungsansprüche: die technischen immer dann, wenn entsprechende Zwecksetzungen vorliegen, die moralischen bei jeder Zwecksetzung. Deshalb können sowohl Moralpredigten als auch Gebrauchsanweisungen in konkreten Situationen oft gar nicht weiterhelfen, denn hier kommt es gerade darauf an, die Situation in ihrer Besonderheit zu erfassen. Wer angesichts der besonderen Situation Orientierungsangebote im Sinne moralischer Regeln eröffnen will, ‚moralisiert‘ daher; wer dasselbe mit technischen Regeln versucht, reduziert Orientierungs- auf Verfügungswissen. Pragmatische Imperative sind in dieser Hinsicht sowohl von technischen als auch von den moralischen hinsichtlich ihrer Allgemeingültigkeit unterschieden, denn ihre Orientierungsfunktion erhalten sie durch ihre Angemessenheit an die jeweilige Situation.

Kurz zusammengefasst stellen sich die Unterschiede der verschiedenen Imperativarten – die Arten des Sollens – wie folgt dar:

– Moralische Imperative (Gebote) besitzen im Unterschied zu technischen Imperativen (Gebrauchsanweisungen) und pragmatischen Imperativen (Ratschlägen) *unbedingte* Geltung, zusammen mit den technischen und im Unterschied zu pragmatischen Imperativen *transsituative* Geltung. Mit den pragmatischen Imperativen und im Unterschied zu den technischen Imperativen haben sie *handlungsorientierenden* Charakter.
– Technische Imperative haben im Unterschied zu moralischen und pragmatischen Imperativen aus sich heraus noch *keinen handlungsorientierenden* Charakter, sondern setzen vielmehr konkrete Zweckintentionen (Orientierungen) als gegeben voraus. Mit den pragmatischen und im Unterschied zu den moralischen Imperativen besitzen sie nur *bedingte* Geltung, zusammen mit den moralischen und im Unterschied zu pragmatischen Imperativen *transsituative* Geltung.
– Pragmatische Imperative besitzen im Unterschied zu moralischen und technischen Imperativen *situative* (und damit: provisorische) Geltung, zusammen mit den technischen und im Unterschied zu den moralischen *bedingte* Geltung. Mit den moralischen und im Unterschied zu den technischen Imperativen besitzen sie eine *handlungsorientierende* Funktion.

In einem Schema dargestellt:

Imperativart	Geltung	Orientierungsbezug	Situationsbezug
technische Imperative	**hypothetisch (bedingt)**	problematisch (Orient. voraussetzend)	**transsituativ**
pragmatische Imperative	**hypothetisch (bedingt)**	**assertorisch (Orient. stiftend)**	situativ
moralische Imperative	kategorisch (unbedingt)	**apodiktisch (Orient. stiftend)**	**transsituativ**

Schema 1: Normative Eigenschaften der Imperativarten

Wenn man, wie wir hier, die Oppositionsbeziehung von situativen und transsituativen Geltungsansprüchen im Interesse einer Isolierung pragmatischer Imperative betont, ordnet man das Feld der praktischen Vernunft sicherlich auf eine andere Weise, als Kant dies – in moralbegründender Absicht zu Recht – getan hat. Der wichtige Unterschied ist der: Pragmatische Imperative haben eine sowohl von moralischen als auch technischen Imperativen *artmäßig* zu unterscheidende Normativität. Bezüglich der Frage danach, was es heißt, sich im Handeln zu orientieren, der Frage also nach der Struktur von Orientierungswissen, ist eine Unterteilung der praktisch-vernünftigen Imperative nach ›situativ – transsituativ‹ sicherlich sinnvoller als die von Kant im Interesse der Isolierung eines Bereiches reiner praktischen Vernunft bzw. Moralphilosophie vorgenommenen Unterscheidung zwischen ›hypothetisch – kategorisch‹.

„Sich-im-Handeln-orientieren" heißt letztlich, einen pragmatischen Imperativ (situationsadäquat) formulieren zu können. Leute mit starker Selbstorientierungsfähigkeit wissen also nicht nur, ‚wo's langgeht', sondern ‚wissen sich auch zu helfen', indem sie sich gut beraten bzw. beraten lassen und – last but not least – sie können selbst beratend tätig werden. Das Spezifikum des Orientierungswissens bzw. der pragmatischen Imperative, auf das Kant in den Grundlegungsschriften der Moral nicht näher eingeht, ist seine nur provisorische bzw. situative Gültigkeit. Pragmatische Imperative sind demnach sowohl von technischen als auch von moralischen hinsichtlich ihrer Allgemeingültigkeit unterschieden, auch wenn sie oft – auch von Kant selbst – mit technischen Imperativen verwechselt werden.

2.4 Klugheit als Glückstechnik

Kant hat also in der *Grundlegung* durchaus gesehen, dass die Ratschläge der Klugheit eine eigene Art Imperative bilden, auch wenn er keinen Wert darauf legte, deren Besonderheit zu explizieren. Denn er setzte die spezifische Differenz der pragmatischen Imperative nicht so sehr in die Art der Normativität, sondern in die Besonderheit des Zwecks, der mit ihnen verbunden ist, eben der „Glückseligkeit" als universales Strebensziel der Menschen. Während Kant in der *Grundlegung* immerhin noch sieht, dass es einen normativen Unterschied zwischen technischen Regeln und klugen Ratschlägen gibt, ebnet er diesen Unterschied später ein und ermöglicht es damit, die Klugheit als intellektuelle Tugend der Selbstorientierung in der Ethik auf ein technisch-praktisches Vermögen zu reduzieren. Damit einher geht aber eine begriffliche Einengung: Klugheit, und damit die Fähigkeit,

(Selbst- und Fremd-)Beratungen hinsichtlich dessen durchzuführen, was in einer Situation adäquater- und sinnvollerweise überhaupt gewollt werden kann, wird um ihre Orientierungsfunktion, die sie in Konkurrenz zur Moral bringt, gekürzt. Dies ist nun aber im Zusammenhang mit der Frage danach, was es heißt, sich im Handeln zu orientieren, ein entscheidender und fataler historischer Schritt: Seither ist es schwierig geworden, den nahezu unsichtbar gewordenen orientierungsrelevanten Unterschied von technisch-schematischem und klug-situationsadäquatem („findigem') Vorgehen in der Ethik überhaupt zu thematisieren.

Umso wichtiger ist es, diesen Schritt von der Klugheit als Sachwalterin des Orientierungswissens zur anmaßenden Betreiberin von Glückseligkeitstechniken genau nachzuzeichnen und zu revidieren. Weil Kant hier nicht eigens den normativen Unterschied von technischen und pragmatischen Imperativen herausstellt, wird die spezifische Orientierungsfunktion der Ratschläge der Klugheit begrifflich in Abhängigkeit zum (allemal vorauszusetzenden) Glücksstreben der Menschen gestellt und nicht zu ihrem Orientierungsbedürfnis. Er tendiert auch zunehmend dazu, die Besonderheit pragmatischer Imperative nur noch darin zu sehen, dass sie angeben, wie man sich den Willen anderer Personen für die Verfolgung der eigenen Projekte zunutze machen kann. Mit anderen Worten: Kant neigt dazu, die pragmatischen den technischen Imperativen zu subsumieren, so als seien sie bloße Glücksrezepte, die entweder wegen der Unbestimmtheit des Glücksbegriffs unmöglich zu geben sind oder aber, wenn doch, dann nur in einer verwirrenden und sophistischen Vielzahl.

Letztlich wird damit die Orientierungsfunktion pragmatischer Imperative zum Verschwinden gebracht. In der ca. fünf Jahre nach der *Grundlegung* geschriebenen ersten Einleitung zur *Kritik der Urteilskraft* heißt es dementsprechend und bezeichnenderweise in einer Anmerkung, mit der Kant explizit „einen Fehler zu verbessern"[40] sucht, den er diesbezüglich in der Grundlegung begangen hätte:

> Die pragmatischen [Imperative, A. L.], oder Regeln der Klugheit, welche unter der Bedingung eines wirklichen und so gar subjektiv-notwendigen Zweckes [nämlich der Glückseligkeit, A. L.] gebieten, stehen nun zwar auch unter den technischen [Imperativen, A. L.] (denn was ist Klugheit anders, als Geschicklichkeit, freie Menschen und unter diesen so gar die Naturanlagen und Neigungen in sich selbst, zu seinen Absichten brauchen zu können). Allein dass der Zweck, den wir uns und andern unterlegen, nämlich eigene Glückseligkeit, nicht unter die bloß beliebigen Zwecke gehöret, berechtigt zu einer besondern Benennung dieser technischen Imperativen: weil die Aufgabe nicht bloß, wie bei technischen, die Art der Ausführung eines Zwecks, sondern auch die Bestimmung dessen, was diesen Zweck selbst (die Glückseligkeit) ausmacht, fordert, welches bei allgemeinen technischen Imperativen als bekannt vorausgesetzt werden muss.[41]

Hier werden die pragmatischen Imperative also nur noch als besondere technische Regeln aufgefasst, wobei es die Klugheit lediglich mit der Kunst zu tun hat, die Menschen einschließlich sich selbst für bestimmte Zwecke zu instrumentalisieren (auch eine ‚Selbsttechnik‘ im Sinne der Asketik würde wohl hierunter fallen). Aber schon in der *Grundlegung* hatte Kant angedeutet, dass der Unterschied zwischen technischen und pragmatischen Imperativen nur von der notwendigen Unbestimmbarkeit des Glücksbegriffs her rühre. Wenn man nur allgemein sagen könnte, worin das Glück besteht – was man nicht kann, weil es ein bloßes Einbildungsideal ist –, dann wären die Ratschläge der Klugheit allesamt technische Imperative.[42] Die scheinbar klare Differenz ist ein Unterschied ums Ganze, denn im einen Fall bekommt der pragmatische Imperativ, der Ratschlag, eine handlungsorientierende Funktion zugesprochen, im anderen Fall nicht. Das Ergebnis lautet, wie es schon in der *Grundlegung* von 1785 und der *Kritik der praktischen Vernunft* von 1788 angedeutet[43] und in der *Kritik der Urteilskraft* von 1791 ausgesprochen[44] und in aller Klarheit später in der *Metaphysik der Sitten* von 1797 vertreten wird: Das Thema der Ethik sind die kategorischen Imperative. „Alle andere Imperativen sind technisch und insgesamt bedingt“[45] und gehören damit zur theoretischen Philosophie, weil sie auf der Basis von kausalen Wirkungen auf unser Gefühl von Lust und Unlust stehen. Da aber hier eine Naturgesetzmäßigkeit schwerlich festzustellen ist – jeder versteht etwas anderes unter Glückseligkeit als dem Zweck der Handlungen, welche die Klugheit anempfiehlt –, wird es in Bezug auf die Klugheitslehre schwierig, sie überhaupt noch als Beitrag zur Ethik ernst zu nehmen.

Mit einem kleinen Federstrich – der Subsumtion der pragmatischen unter die technischen Imperative – wird immerhin eine lange Traditionslinie praktischer Philosophie für ethisch irrelevant erklärt. In der Tat kann es keine Gebrauchsanweisungen für das glückliche Leben geben, weil das Glück, auf das sich die Klugheit in einer noch zu klärenden Weise bezieht, nicht von der je individuellen Präferenzstruktur gelöst werden kann, eine Erkenntnis, die ein Jahrhundert später auch am Ende des hedonistisch orientierten klassischen Utilitarismus stand. Die Hiebe Kants gegen die Klugheitslehren beziehen ihre Kraft allerdings allein aus der Gleichsetzung von (situativen) Ratschlägen mit (transsituativen) Regeln, von Hilfen zur Selbstorientierung mit schematischen Gebrauchsanweisungen fürs glückliche Leben. Aber diese Auffassung vertreten die meisten der von Kant gescholtenen Glückseligkeitslehren überhaupt nicht; daher geht die kantische Kritik sowohl an Kants zumindest zeitweiliger Einsicht in den artmäßigen Unterschied von pragmatischen und technischen Imperativen vorbei, als auch am Selbstverständnis der Maximenliteratur. Die kantische Kritik an den Klugheitslehren verwechselt zwei kategorial zu unterscheidende Formen der Beratung, nämlich einerseits die Kompetenzvermittlung, in der es darum geht, geeignete Mittel zu schon gesetzten Zwecken zu finden, mit der Beratung als Klärung des Willens, in der es ja darum geht, erst einmal zu bestimmen, welche Richtung jeweils mein Leben ja, welchen Sinn es haben soll.

Kants Reduktion der Klugheit auf Prinzipien der instrumentellen Vernunft ist gerade hier so deutlich wie unberechtigt. Es gibt, der früheren kantischen Einsicht gemäß, einen systematisch relevanten Unterschied zwischen einer Beratung in technischen und einer solchen in lebenspraktischen (eben: ‚pragmatischen‘) Fragen. Ein typischer Fall technischer Beratung ist die Steuerberatung, die, wenn sie gut ist, bestimmte Regeln auf den besonderen ihm als Problem geschilderten Fall so anwenden können muss, dass ein vom Ratsuchenden gewünschtes Endresultat erzielt wird. Die Regeln, nach denen hier in diesem besonderen Fall verfahren werden kann, sind vom individuellen Fall lösbar, und genau deshalb kann man Regelwerke erstellen, die man dann sogar auch „Ratgeber“ (etwa ‚1000 Steuertricks‘ usw.) nennen kann. Wichtiges Merkmal einer solchen technischen Ratgebung ist, dass durch sie keine handlungsorientierende Wirkung erfolgt, denn den Willen zur bestimmten Tat bringen die Ratsuchenden schon mit. Wir können hier leicht den Beratungstyp erkennen, den wir weiter oben ‚Beratung als Wissensvermittlung‘ genannt haben.

Wer aber nach Orientierung sucht und z. B. eine Lebensberatung aufsucht, wird hiermit unter Umständen schlecht bedient. Denn ein solcher Ratsuchender möchte ja vielleicht gar nicht ‚wissen‘, wie das, was er ohnehin schon will, optimal realisiert werden kann – also eine Expertenberatung in Anspruch nehmen –, sondern überhaupt erst einmal klären, was er ‚eigentlich‘ will. Hier hätten wir es also mit dem oben dargestellt zweiten bzw. dritten Typ von Beratung zu tun, der Beratung als intentional clearing und – falls es hier nichts zu klären gibt, weil nichts richtig gewollt wird – als existenziale Beratung. Für dieses ‚eigentliche Wollen‘ bzw. dessen Erfüllung kann man in vielen Kontexten einfach den Ausdruck ‚Glück‘ einsetzen. Für das, was ein Individuum ‚eigentlich‘ will, gibt es aber – abgesehen vielleicht von gewissen Grundbedürfnissen – wie wir oben sehen konnten, keine Regeln und keinen Experten.

Umgekehrt heißt dies aber, dass ‚Glück‘, auf das die individuelle Klugheit gerichtet ist, ganz im Sinne Kants eben auch nur individuell bestimmt werden kann. Es kann daher, und hier ist Kant recht zu geben, keine Meister des fremden Glücks, keine Eudaimonieexperten und Klugheitsgurus geben, denen man nur folgen müsste, um zum

Glück zu gelangen. Einen guten, d.h. klugen Ratschlag geben heißt daher aber auch nicht, gegen Kant, eine Regel der Entscheidung zwischen Handlungsoptionen zu instantiieren, sondern dem Beratenen die ihm eigenen, zu ihm und seiner Situation passenden Handlungsmöglichkeiten überhaupt erst zu eröffnen. Eine gute Beratung in diesem Sinne kann dann sogar ganz im Sinne der oben herausgestellten Orientierungsfunktion pragmatischer Imperative eine motivierende Kraft haben, weil eine Person bestimmte Handlungsmöglichkeiten plötzlich als von ihr zu ergreifende, zu ihrem Lebensglück gehörende und das heißt: realisierbare sehen kann und damit ,endlich weiß, was sie zu tun hat' – was in der Situation der Desorientierung gerade nicht der Fall ist.

Die Bestimmung der Orientierungsfunktion pragmatischer Imperative kann man nun offenbar nicht von dem investierten Verständnis dessen lösen, was ,Glück' bedeutet. Deswegen wird es nötig sein, diesen für eine Philosophie der Klugheit zentralen Begriff etwas näher zu beleuchten. Bis hierher hat sich gezeigt, dass die Opposition von Klugheit und Moral auf einer Reduktion der Klugheit auf Technik beruht. Die hier nun weiterführende These ist, dass diese Reduktion nur auf der Grundlage eines bestimmten, nämlich summativen Glücksverständnisses überhaupt möglich gewesen ist.

3. Das Glück

Eine wichtige Voraussetzung dafür, dass pragmatische Imperative bzw. Ratschläge der Klugheit technischen Imperativen, also Gebrauchsanweisungen subsumiert werden können – und damit eine Voraussetzung auch der modernetypischen Opposition von Klugheit und Moral – liegt in einem bestimmten Verständnis dessen, was Glück bzw. Glückseligkeit bedeutet. Nun ist der Begriff des Glücks ein zentraler Begriff der praktischen Philosophie, so dass von der Beantwortung der Frage, was denn das Glück sei bzw. worin es besteht, einiges für die Ethik, insbesondere für die Klugheitsethik abhängt. Er ist auch, neben dem ihm verwandten ‚Sinn des Lebens‘, einer der vieldeutigsten und schillerndsten, den die Individualethik überhaupt zu bieten hat.[1] Auch dies lässt sich anhand der kantischen Schriften zur Ethik sehr gut verfolgen. Zunächst: Kant verwendet das Wort ‚Glück‘ im Unterschied zu ‚Glückseligkeit‘ fast ausschließlich für das einem zufallende bzw. nicht zufallende, ‚äußerliche‘ Glück im Sinne des Zufalls bzw. Schicksals (griech. *eutychía*, lat. *fortuna*, engl. *luck*, frz. *bonne chance*), das Glück also, das man haben kann („Glück gehabt!“). Hier geht es um eine andere Bedeutung des Wortes: Glück ist danach etwas, das nicht ohne unsere Mitwirkung gedacht werden kann (griech. *eudaimonía*, lat. *beatitudo* bzw. *felicitas*, engl. *happiness*, frz. *bonheur*). Während man das erstgenannte Glück haben kann, ohne es zu wissen, ist dies beim letztgenannten nicht möglich, es ist ein Glücklich-sein. Die üblicherweise hier verwendete Charakterisierung des Glücks bzw. der Glückseligkeit als „seelischem Zustand“[2] präjudiziert allerdings schon viel zu viel über die Sache, die hier in Frage steht, wie wir sehen werden.

Auch Kants in vielen Varianten vorliegende Charakterisierung ist sehr eng, wenn er etwa Glück bzw. Glückseligkeit als das „Maximum des Wohlbefindens“[3] oder auch „die Befriedigung aller unserer Neigungen“[4], also ebenfalls als einen – wenn auch nur vorgestellten und niemals erreichten, aber eben immerhin doch denkbaren – Zustand auffasst.[5] Glückseligkeitslehren bzw. Eudämonologien gehen nach kantischem Verständnis davon aus, dass ein solcher Zustand durch die geeignete Wahl bestimmter Mittel, durch ein bestimmtes Handeln also, zu erreichen wäre. Zuständig für die Strategie der Glückssuche zeichnet die Klugheit, welche daher nach Kant auch nichts weiter ist als die „Geschicklichkeit in der Wahl der Mittel“[6] zur Maximierung

eigenen Wohlbefindens. Das von der Klugheit regulierte Glücksstreben ist daher identisch mit dem „Prinzip der Selbstliebe"[7]. Dies ist
die begriffliche Grundlage, auf der in der Tat kluges, d. h. glücksorien-
tiertes Vorgehen von einer ‚Glückstechnik' nicht unterschieden werden kann.[8]

Durchgängig im kantischen Verständnis von Glückseligkeit bleibt
zu allen Zeiten, dass es sich bei der Glückseligkeit um eine Art von
Ziel handelt, um einen irgendwie als erreichbar vorgestellten Zustand
im Leben einer Person. Mit ‚Glück' und ‚Glückseligkeit' dürfte aber
schon im alltäglichen Sprachgebrauch zumeist mehr gemeint sein als
nur maximales Wohlbefinden als umfassende Neigungsbefriedigung.
Zwar stimmt es, dass wir unter ‚Glück' immer ein Non-Plus-Ultra
verstehen, aber dieses Non-Plus-Ultra ist in noch zu klärender Weise
andersartig als ein hedonisches Maximum. Es ähnelt weniger einem
Berggipfel als vielmehr der Vollständigkeit einer Sammlung. Es ist
weniger ein datierbarer Zustand in der Zeit des Lebens als vielmehr
eine undatierbare Qualität des Lebens als einem ganzen.

Von der Beantwortung der Frage, wie das Glück zu denken
ist, hängt nun aber ab, wie die Klugheit als ‚Tugend' der Selbstorientierung gedacht werden kann. Hier müssen wir also genauer
hinschauen; es wird ein ganzes Kapitel brauchen, um zu zeigen,
dass das Glück kein Zustand im Leben einer Person ist, auf den
die Klugheit hinarbeitet, sondern die bestimmte Form des Lebens
selbst.

Den Satz „Alle Menschen streben nach Glück" haben – abgesehen
vielleicht von den Stoikern und Nietzsche[9] – fast alle Philosophen
unterschrieben. Das Glück, recht verstanden, wäre demnach die
Orientierungsinstanz schlechthin, also das, woran sich ein reflexives
Orientierungssubjekt immer schon orientiert. Aber darüber, worin es
besteht, gab und gibt es freilich keine Einigkeit. Es scheint mit dem
Begriff des Glücks ähnlich zu sein wie mit der Sache: Wer es greifen
möchte, dem entzieht es sich.

Der Versuch, eine Begriffsbestimmung von ‚Glück' zu geben,
ähnelt damit auffällig dem Versuch, eine Begriffsbestimmung von
‚Zeit' zu geben. Auch auf die Frage, was das Glück ist, könnte man
mit Augustinus antworten: „Wenn mich niemand danach fragt, weiß
ich es. Sobald mich aber jemand danach fragt, weiß ich es nicht."[10]
Diese Parallele von ‚Glück' und ‚Zeit' ist, wie weiter oben schon angedeutet, nicht zufällig, denn beide Begriffe beziehen sich schließlich auf
die Form, in der uns die Welt gegeben ist.[11] Wer nun aber versucht,
eine generelle Antwort auf die Frage zu finden, was das Glück resp.
die Zeit ist – im Falle des Glücks näherhin: worin es besteht –, sieht
sich sofort folgender Schwierigkeit gegenüber: Bei der Zeit und beim
Glück handelt es sich nicht um etwas, in das man einfachhin Einsicht

nehmen könnte, sei es durch Abstraktion aus empirischen Untersuchungen darüber, was die Leute unter Glück bzw. Zeit verstehen, sei es über eine Analyse des Begriffsgebrauchs. ‚Glück' ist, wie auch ‚Zeit', weder ein empirischer Begriff, der per Abstraktion aus einzelnen Glückserfahrungen abgezogen werden könnte – wobei hier freilich nicht Glück im Sinne des Zufalls-, sondern im Sinne des Lebensglücks gemeint ist – noch sind ‚Glück' bzw. ‚Zeit' Gattungsbegriffe, die verschiedene Artbegriffe unter sich fassen würde (so wie der Begriff ‚Obst' Äpfel, Birnen, Kirschen usw. als Artbegriffe umfasst). Es macht keinen Sinn, Arten des Glücks oder der Zeit zu unterscheiden, so wie man ‚Glück' auch nicht in den Plural setzen kann. So wie es nur eine Zeit gibt (bestimmte Zeiten bzw. Zeitdauern sind ja nur Teile der einen Zeit)[12], gibt es auch nur ein Glück.

Wir haben es also beim Glück mit einem singulären, ideellen Gegenstand zu tun, mit dem wir in einem gewissen Sinne auch keine Erfahrung machen können. Ist das Glück also etwas, das Kant eine *Idee* genannt hätte? Von einer Idee ließe sich aber zumindest sagen, dass sie eine regulative Funktion in Denken und Handeln hätte, wie z. B. die Ideen von Freiheit oder Gerechtigkeit. Eine (kantische) Idee ließe sich aber auch hinsichtlich ihrer Bedeutung analysieren, denn jede Idee hat einen bestimmten Inhalt, sonst ist sie keine. Selbst wenn sich in dem, was die Leute übers Glück sagen, gewisse Dinge durchhalten sollten, die eine Grundlage für die Abstraktion eines Glücksbegriff abgeben könnten, wird dies nie in einem philosophischen Sinne befriedigend sein. In diesem Sinne wäre das Glück nicht eine Idee der Vernunft, sondern, so wie auch das Schöne, ein „Ideal der Einbildungskraft"[13].

Fangen wir also lieber nicht damit an, zu bestimmen, worin das Glück oder das gute Leben materialiter besteht. Es ist nicht nur einfach sehr unwahrscheinlich, dass ausgerechnet in diesem Buch das Rätsel des Glücks gelöst werden könnte; wir sollten zudem besser davon ausgehen, dass es nicht nur keine materiale, anthropologisch fundierte Antwort auf die allgemeine Frage gibt, worin das Glück besteht, sondern auch gar nicht geben kann, wenn man die Logik sowohl des Begriffs als auch der Sache in Betracht zieht. Das Rätsel des Glücks stellt sich, ähnlich wie das Rätsel der Zeit, nur deswegen, weil wir eine bestimmte, substantiierende – Gegenständlichkeit unterstellende – Optik einnehmen – etwa, wenn wir das Glück als einen (erreich- oder unerreichbaren) Zustand auffassen.

Martin Seel hat in einem großangelegten Essay darauf hingewiesen, dass nur die *Form*, nicht die (möglichen) *Inhalte* des Glücksbegriffs – also das Wie des Strebens, nicht das Wonach – im Interesse der Skizzierung „der allgemeinen Konturen der fragilen Balance eines gelingenden Lebens"[14] Gegenstand einer philosophischen Untersuchung sein kann. Das ist angesichts der Aporien, in denen sich die Philosophie des (Lebens-)Glücks seit ihrem Anbeginn befindet, sicherlich richtig und überaus empfehlenswert. Die einzige formale Bestimmung, die sich bezüglich des Glücksbegriffs analysieren lässt, scheint mir nun aber gerade diejenige schon bei Aristoteles getroffene zu sein, nämlich dass durch ‚Glück' insofern ein höchstes Ziel benannt wird, als das Benannte nicht als eingesetztes Mittel gedacht werden kann – was, wie wir sehen werden, mit sich bringt, dass ‚Glück' auch kein oberster Zweck des Handelns sein kann. Es gehört zur modernen Moralphilosophie seit Bentham und Kant, den Individuen die Freiheit zu lassen, nach ihren Vorstellungen vom Glück zu leben.

Es gibt nun eine viel zu wenig beachtete Differenzierung des Glücksbegriffes, auf den im folgenden einiges ankommt. Die wirklich interessante Frage bezüglich des Glücks lautet:

3.1 Dominantes oder inklusives Ziel?

Unstrittig zwischen allen Glückssuchern und -forschern, seien sie nun Utilitaristen, Kantianer oder Aristoteliker, ist die formale Bestimmung des Glücks: Glück ist der Name eines intrinsisch Guten, das rein um seiner selbst willen gewollt wird und das zu nichts anderem zu gebrauchen ist. Es liegt daher im Begriff des (eigenen) Glücks, dass es (für mich) niemals Mittel zu einem anderen Zweck sein kann. Strittig ist neben der hier abgeblendeten Frage, worin das Glück besteht, der oft übersehene und hier nun wichtige Punkt, in welchem Verhältnis dabei ‚Ziel' und ‚Mittel' überhaupt zueinander stehen könnten.

Es lassen sich nun zwei grundverschiedene Glückskonzepte hinsichtlich des ihnen zugrundeliegenden Ziel-Mittel-Verhältnisses ausmachen. Nach der terminologischen Unterscheidung von W. F. R. Hardie kann man diese zwei Konzepte als „dominant-end-theory" und „inclusive-end-theory", zu deutsch also: Dominanz- und Inklusivtheorie des Glücks nennen.[15] Typisch für Kant, aber z.B. auch für den Utilitarismus wie überhaupt für die herrschende Glücksauffassung der Moderne ist nun der Dominanzbegriff des Glücks, der deswegen so heißt, weil sich dem Glück als höchstem Ziel menschlicher Bestrebungen alle anderen möglichen Ziele unterordnen lassen.[16] Handlungen können demnach als Mittel zur Erreichung des höchsten und idealen Zieles namens Glück angesehen werden.[17] Und es ist klar, dass dies die Voraussetzung für die Subsumtion der pragmatischen Imperative unter die technischen ist, denn unter dieser

Perspektive ist es leicht, Handlungen daraufhin zu bestimmen und zu bewerten, inwieweit sie dazu dienen können, zur Erreichung des Superziels Glück beizutragen. Zugleich werden die Begriffe ‚Ziel' und ‚Zweck' zumeist gleichbedeutend verwendet, so dass das Glück als der oberste Zweck des Handelns gilt, der allerdings, als ein *fiktiver* Zustand, nie realisiert wird, dem man sich nur unendlich annähern kann.

Anders der Inklusivbegriff des Glücks. Er verweist nicht auf einen übergeordneten Zweck ‚Glück', enthält aber natürlich – einfach, weil es überhaupt ein Glücksbegriff ist – die formale Bestimmung, oberstes Ziel des Handelns zu sein. ‚Oberstes Ziel' ist dabei aber nicht gleichbedeutend mit einem obersten (immer direkt intendierten) Zweck, dem bestimmte Handlungen als Mittel für dessen Realisierung subsumiert werden. ‚Oberstes Ziel' muss vielmehr so verstanden werden, dass die Handlungen schon insofern, als sie den Standards ihres Gelingens genügen, zum Glück gehören. Sie sind also nicht Mittel zur Erreichung, sondern selbst Teile des Glücks – und deswegen dem Glück ‚inklusiv'. Anders gesagt: Das Glück umfasst diese Handlungen und ist nicht deren Produkt oder auch überhaupt deren Zweck. Nach der Inklusivtheorie arbeiten wir demnach mit allem, was wir tun, immer schon an unserem Glück bzw. Unglück, nicht erst daraufhin.[18] Indem ich intendiere, die einer Handlung bzw. einer ganzen Praxis innewohnenden Standards zu erfüllen, intendiere und – falls es mir gelingt, diese Standards zu erfüllen – realisiere ich immer schon mein Glück.

Der wichtige Punkt hierbei ist nun der, dass unter der Voraussetzung eines inklusiven Glückskonzeptes das Glücksstreben nicht – anders als bei Kant – eine zusätzliche Motivationsquelle neben z.B. den moralisch-praktischen Vernunfterwägungen ist. Das Glück ist nach den Inklusivisten vielmehr ein Begleitphänomen des (auch moralischen) Lebens. Während der Dominanzler das Glück als einen Zustand denkt, ist es also beim Inklusivisten selbst ein Prozess, ein Auf-gehen in Tätigkeit: So verstanden, wächst und schwindet das Glück mit dem Leben des Individuums.

Die Lebenszeit als ganze ist uns dabei nicht nur in der Retrospektion gegenwärtig, wie z.B. Spaemann meint[19]; oder doch nur so, dass wir aus unserer Gegenwart heraus eine Antizipation unserer Zukunft so treffen, dass wir gleichsam auf unser Leben von der antizipierten Zukunft her – sozusagen im Futur II – zurückblicken. Ob wir in einem übergreifenden Sinn glücklich sind, können wir daher auch aus der Mitte unseres Lebens heraus beurteilen und nicht erst an dessen zeitlichem Ende. Aber sicherlich ist eine Voraussetzung dafür, in diesem Sinne glücklich zu sein, ein Bewusstsein von der Einheit der

Lebenszeit zu haben – ein Umstand, der für die Klugheitsethik von einiger Wichtigkeit ist.

Der Unterschied von Dominanz- und Inklusivbegriff des Glücks spiegelt sich darin, dass Dominanztheoretiker des Glücks wie Kant, aber z. B. auch Platon sowie die gesamte christliche Philosophie eine deutliche Affinität zur Idee der Unsterblichkeit haben, denn sie wäre schließlich eine Voraussetzung dafür, dass die Erfüllung des Glücksstrebens als das Erreichen eines Zustands zumindest denkbar bleibt. So ist die Idee der Unsterblichkeit etwa für Kant – im Zusammenhang seiner Lehre vom höchsten Gut[20] – ein notwendiges Postulat praktischer Vernunft, da nur unter dieser Idee der „unendliche Progressus" hin zu einer „völlige[n] Angemessenheit des Willens zum moralischen Gesetz"[21] denkbar ist. Nur unter der Prämisse seelischer Unsterblichkeit wird eine gerechte Entschädigung für die Mühen und das Leid des Lebens durch das Glück denkbar, wie überhaupt der Dominanzbegriff des Glücks in die Nähe des Lohnbegriffs rückt: Das Glück als Lohn der Mühsal oder der Tugend.

Inklusivisten wie Aristoteles[22], Spinoza[23] oder Heidegger lehnen dagegen charakteristischerweise sowohl die Vorstellung des Glücks als Lohn wie auch die Vorstellung eines Weiterlebens der Seele nach dem Tode ab; der Erlösungscharakter der dominant gedachten Glückseligkeit, auf die wir mit Kant nur „hoffen dürfen", ist ihnen, die Glück mehr als Eigenschaft denn Ziel eines selbständigen Lebens auffassen,[24] zu schön, um wahr zu sein. Es ist ein ideales, aber leider schon deswegen niemals anwesendes, ein immer fernes Glück; aus inklusiver Sicht handelt es sich aber beim Glück um etwas durchaus Reales. Diese beiden Glückskonzepte sind, wie unschwer zu sehen ist, kategorial verschieden und dürfen nicht verwechselt werden, wenn man in der Sache nur halbwegs Klarheit haben möchte.

Wenn Klugheit, das ist in beiden das Glück betreffenden Ansätzen unbestritten, die Ermittlung des Weges zum Glück betrifft, dann kann nach dem Dominanzbegriff des Glücks Klugheit, wie gesagt, nur eine Geschicklichkeit in der Wahl der Mittel, d. h. geeigneter Handlungen sein, um dieses Ziel zu erreichen. Aus der Perspektive des Inklusivbegriffs ist dagegen das Glück überhaupt nicht auf direktem Wege angehbar, erreichbar oder verlierbar. Auch ist die Klugheit nicht dafür zuständig, die Mittel zur Erlangung des Glücks zu finden (für den Inklusivisten wäre es gerade verfehlt, so vorzugehen), sondern vielmehr die Mittel zur Realisierung der einer gewählten Praxis inhärenten Ziele.[25] Das Glück *stellt sich ein*; und dies ist selbst nicht etwas, was im Sinne eines Superziels selbst intendiert werden könnte und wozu man nur geeignete Mittel finden müsste. Umgekehrt gilt: Klug ist der, welcher sich nicht ans versprochene Glück, sondern ans Tunliche hält. Wenn aber die Klugheit auf die Erlangung des Glücks nicht direkt, sondern offenbar nur indirekt ausgerichtet ist, kann sie nicht weiter auf eine technisch verfahrende Rationalität der Mittel reduziert werden. Das Glück des Klugen ist kein intendierter Zustand.

Die Scholastiker des Mittelalters gebrauchten eine Unterscheidung, die zur Klärung auch des Unterschieds der beiden angesprochenen Glückskonzeptionen taugt: ich meine die Begriffe *intentio recta* bzw. *directa* und *intentio obliqua*, die den erkenntnistheoretischen Unterschied zwischen einem direkten (perzeptiven) Gerichtetsein eines Bewusstseins auf einen (äußeren) Gegenstand, auch Primärintention genannt, von dem (apperzeptiven) Gerichtetsein auf die (innere) Gegenstandsvorstellung markieren, der sekundären Intention. Eine solche sekundäre oder *oblique* Intention wäre, auf den Bereich von Handlungsintentionen übertragen, nun so etwas wie eine zu den direkt intendierten Zwecken ‚querliegende‘ (= lat. *obliquus*) Neben-Absicht. Diese ist nicht zu verwechseln mit einer geheimen oder (gar dem Akteur selbst) verborgenen Absicht. Wenn jemand, um sich einen Vorteil zu verschaffen, jemanden anderen austrickst, indem er vorgibt, ehrlich zu sein, es aber tatsächlich nicht ist, haben wir es nicht mit einer obliquen Intention zu tun, sondern mit einer direkten Intention auf den Zweck der Vorteilsverschaffung unter Einsatz des Mittels ‚Täuschung‘. Oblique Intentionen sind dagegen solche Handlungsabsichten, die nur dann und dadurch in die Tat umgesetzt werden können, wenn andere, direkte Absichten in die Tat umgesetzt werden. Es sind also auch nicht einfach nur höherstufige direkte Intentionen, die sich auf die primären direkten Intentionen wie auf Mittel beziehen, die zur Realisierung der Zwecke obliquer Intentionen dienen würden. Im Gegenteil, in gewisser Weise macht es bei den indirekten, obliquen Intentionen keinen Sinn, hier überhaupt noch von ‚Zwecken‘ zu sprechen, wenn mit ‚Zweck‘ ein durch bestimmte Mittel herbeiführbarer Sachverhalt gemeint ist.

Man hat sich hier oft mit dem Begriff des ‚Selbstzwecks‘ beholfen, den eine Handlung haben muss, wenn sie Teil des Glücks sein soll. Dieser Ausdruck ist allerdings hochgradig missverständlich, weshalb ich ihn hier – zumindest nach diesem Absatz – auch nicht weiter gebrauchen will. Eine Handlung als ‚Selbstzweck‘ auszuführen, soll bekanntlich bedeuten, dass wir die Intention haben, sie um ihrer selbst Willen auszuführen, wie z.B. Rad fahren um des Rad Fahrens willen (und nicht z.B., um einen bestimmten Trainingseffekt zu erzielen). Aber hier überhaupt noch von einem Zweck zu sprechen ist im Grunde nicht sinnvoll, denn wenn diese Handlung Zweck ihrer selbst wäre, müsste sie auch Mittel ihrer selbst sein – was kompletter Unsinn ist.[26] Es gehört notwendigerweise zum Gebrauch der Worte ‚Mittel‘ und ‚Zweck‘, dass sie verschiedene Dinge sind, weshalb es gut wäre, hier überhaupt nicht mehr von Zwecken, also auch nicht von Selbstzwecken zu sprechen, denn Zwecke, Mittel und die dazugehörigen (direkten) Intentionen sind Ausdruck des dominanztheoretischen Auffassung des Glücks bzw. des Lebenssinnes und der dazugehörigen technischen Auffassung der Lebensführung. Wie soll man aber sonst über Lebensführung bzw. Glückssuche, ja überhaupt über Handlungen sprechen, wenn nicht in Termini von Zweck, Mitteln und direkten Intentionen?

In der Tat haben wir keine ausgereifte, alternative Begrifflichkeit zur Handlungsbeschreibung, was die Sache besonders schwierig macht. Wir müssen uns im Folgenden daher mit vielen Beispielen und einigen Metaphern begnügen. Die leitende Idee dabei ist, wie gesagt, dass das Glück nicht in dem Sinne erreicht wird wie ein gesetzter Zweck oder ein angestrebtes Ziel. Das Glück, wenn überhaupt, stellt sich ein und zwar gerade in der Zweck- und Mittellosigkeit des Tuns.

Oblique Intentionen haben nun, wie mir scheint, für die Diskussion der Gerichtetheit auf das Glück eine entscheidende Bedeutung; wir sind nicht gezwungen, der Dominanztheorie des Glücks zu folgen und anzunehmen, dass das Glück oberstes Handlungsziel in dem Sinne ist, dass ihm im Prinzip alle rationalen Handlungen als Realisierungsmittel zugeordnet werden können. Und wir sollten es auch nicht, weil wir damit die praktische Orientierungsfunktion der auf das Glück der Individuen abzielenden Ratschläge der Lebensklugheit aus den Augen verlieren. Denn, wie auch die Dominanztheoretiker – aber aus den falschen Gründen – wissen: Man erreicht das Superziel, man realisiert den Superzweck Glück niemals, oder wenn, dann immer nur für einen kurzen Moment. Dieser Umstand führt nun dazu, dass es über die Unbeständigkeit und Flüchtigkeit des (Dominanz-)Glücks zwar viele philosophische Lamenti gibt, schließlich aber der Begriff wegen Unbrauchbarkeit aus der praktischen Philosophie (immer mal wieder) verbannt wird.

Dies alles ist nicht nötig, wenn man die These vom Glück als dominantem Handlungsziel, dem alles als Mittel unterstellt werden kann, nicht unterschreibt. Schauen wir uns zur Veranschaulichung der obliquen Intentionen auf das Glück einige Beispiele an. Dann wird man sehen können, dass sich viele Rätsel, die sich um den Begriff des Glücks ranken, auflösen lassen.

3.2 Zenmeister, Pinballwizards, Nobelpreisträger, Goldmarien

Man kann sich den pragmatischen Unterschied von obliquen und direkten Intentionen an der berühmten zenbuddhistischen Kunst des

Bogenschießens (Kyudo) veranschaulichen. Hierzulande ist vor allem die von Eugen Herrigel gegebene Darstellung bekannt: Der wahre Meister trifft deswegen ins Schwarze – als dem einfachen und für alle sichtbaren Kriterium für gutes Bogenschießen – weil er es geschafft hat, seine direkten Intentionen (= seinen Willen), das Ziel zu treffen, abzulegen.[27] Der Meister des Bogenschießens versteht sich selbst gewissermaßen nur noch als Organ kunstvollen Schießens: In Abblendung der Handlungssubjektivität und ‚Selbstlosigkeit' des Vorgangs durchaus angemessen ausgedrückt, ‚lässt' er den Pfeil gewissermaßen ins Schwarze treffen. Wer hier nun sagt: „Guter Trick! Man muss also nur seinen Willen ablenken und schon hat man die Ruhe, die nötig ist, um das Ziel zu treffen", hat die Sache, um die es hierbei geht, nicht verstanden und liefe als Schüler eines Zen-Meisters Gefahr, die bei diesen Leuten üblichen heftigen Prügelstrafen zu beziehen. Denn jemand, der seinen Willen ablenkt, um die Ruhe zu erlangen, die nötig ist ... usw., hat natürlich nur wieder eine direkte Intention, indem er sich lediglich etwas ungewöhnlicher psychologischer Mittel bedient. Es wäre in der Tat nur ein Trick, nämlich die Kaschierung einer direkten Intention, nur eben in Bezug auf sich selbst. Der Meister der Kunst aber veranstaltet nicht ein solch raffiniertes Selbsttäuschungsmanöver, damit ihm das, was er direkt nicht erreichen kann, dann doch noch – sozusagen ‚hinten rum' – gelingt. Die Kunst, ins Schwarze zu treffen, wird letztlich nicht von demjenigen beherrscht werden, der lediglich so tut, als ob er nicht die Intention hätte, ins Schwarze zu treffen, sondern nur von dem, der sie in der Tat nicht mehr als direkte hat. Hierzu benötigen die Zen-Meister bekanntlich jahrzehntelange Übung.

Aber wäre es für jemanden, der gar nicht mehr ins Schwarze treffen will, dann nicht völlig witzlos, ins Schwarze zu treffen? Nun, die Kunst des Bogenschießens geht sicherlich nicht darin auf, die besten Mittel zu finden und die Fertigkeiten dazu zu entwickeln, um ins Schwarze zu treffen; der Zweck des Bogenschießens – zumindest auf der Kulturstufe, auf der es die japanischen Meister betreiben – liegt vielmehr darin, die Tätigkeit des Bogenschießens vollkommen auszuüben. Wer diese Kunst beherrscht, wird *dann auch* ins Schwarze treffen, und dies wird *Indiz*, nicht aber *Zweck* seiner meisterhaften Tätigkeit sein. Das Ins-Schwarze-Treffen ist damit eine Funktion der Kunst des Bogenschießens und nicht umgekehrt – und so kann man es auch mit dem Glück und der Lebensführung im allgemeinen sehen.[28]

Ein anderes Beispiel zur Verdeutlichung der Unterscheidung direkter und obliquer Intentionen im Handeln bieten Flipperautomaten. Ziel beim Flipperspielen ist es bekanntlich, eine Kugel solange wie möglich durch geschicktes Betätigen gewisser Tasten bzw. Hebel auf dem abschüssigen Spielfeld zu halten, auf dem die Kugel durch

ihre Berührung mit elektromechanischen Zählern Punkte macht, die
wiederum auf einer Zähltafel angezeigt werden. Beim Erreichen einer
bestimmten Punktzahl nun gibt es automatisch einen sogenannten
advantage bonus für offenkundig gutes Spielen. Ein solcher *advantage bonus*, den es natürlich auch in ernsteren Bereichen als dem des
Flipperspielens geben kann – man denke nur an Prämien-, Titel- und
Ordensverleihungen, Ehrungen für Verdienste aller Art usw. – ist also
so etwas wie das Sahnehäubchen auf dem schon für sich allein stehenden qualitätsvollen Agieren. Aber sein Erreichen kann nicht sinnvollerweise selbst Ziel des Spiels sein, jedenfalls nicht in demselben Sinne,
wie es das Erreichen einer möglichst hohen Punktzahl sein kann. Nun
könnte man hier aber doch fragen: Nun, was ist der *advantage bonus*
anderes als eine Belohnung und eine Belohnung kann man doch
direkt in seinem Handeln anstreben, so wie man arbeitet, um Geld zu
verdienen oder forscht, um den Nobelpreis zu bekommen?

Aber hier sind durchaus verschiedene Dinge gemeint. Natürlich
kann man arbeiten, um Geld zu verdienen. In dieser Hinsicht wäre es
aber gleichgültig, womit man sein Geld verdient. Etwas anderes ist es
schon mit dem Forschen, um den Nobelpreis zu bekommen. Vielleicht gibt es Leute, die tatsächlich eine solche Intention entwickelt
haben, aber es werden zum Glück die wenigsten auf diesem direkten
Weg ihr Ziel erreichen. Denn es geht den Preisverleihern schließlich
nicht darum, denjenigen zu ehren, der die besten Mittel gefunden hat,
den Nobelpreis zu erhalten, sondern denjenigen, der die besten For-
schungsergebnisse erzielt hat (wieder etwas anderes ist natürlich die
Preisverleihung bei einem Wettbewerb). Den Nobelpreis zu bekommen oder den *advantage bonus* beim Flipperspiel, ist natürlich ‚das
Höchste‘ – aber würde man deswegen sagen, es ist *Zweck* des Flipper-
spiels oder des Forschens, das (jeweils) Höchste zu erreichen? Der
advantage bonus, der Nobelpreis, der Treff in Schwarze sind weder
das ‚Glück‘ selbst, noch das, was zum ‚Glück‘ noch fehlt, sondern das,
was das ‚Glück‘ – die erfüllte Tätigkeit – in der Welt und für alle
offenbar macht bzw. manifestiert. Die ‚höchsten Ziele‘ dieser Tätigkeiten sind unlösbar an die gute bzw. erfolgreiche Tätigkeitsweise gekoppelt.

Ähnlich nun verhält es sich mit dem Verhältnis von guter Praxis
und Glück in der Praxis der Menschen überhaupt, also mit dem, was
man analog zur Kunst des Bogenschießens auch ‚Lebenskunst‘ nennen könnte.[29] Die Lebenskunst beherrschen hieße demnach, ins
Schwarze seines eigenen Lebens zu treffen. Die Analogie zur Kunst
des Bogenschießens oder des Flipperspielens bestünde nun gerade
darin, dass das Glück eben nicht ‚technisch‘, also *intentione recta*
unter Einsatz und Aufbietung aller Mittel – für Kant das Merkmal des
Willens überhaupt[30] –, sondern nur lebensklug bzw. praktisch-weise,

also *intentione obliqua* im Aufgehen darin, was zu tun ist, erzielt werden kann.

Das Verhältnis von Glück, Moralität und den obliquen Handlungsintentionen der Lebensklugheit kann kaum klarer veranschaulicht werden als durch das von den Brüdern Grimm nacherzählte Märchen von der Frau Holle. Wir erinnern uns: Die (lebenskluge) Goldmarie wird deswegen so reich durch Frau Holle beschenkt, weil sie sich, ohne Zwang und Absicht auf ihr Glück, an das Tunliche hält, anders als Pechmarie, die das Glück bzw. Gold direkt intendiert und es damit verfehlt. Als Goldmarie beim Backofen vorbeikommt und das Brot ihr zuruft: „Zieh' mich raus, sonst verbrenne ich" zieht Goldmarie es genauso selbstverständlich heraus, wie sie auch den Apfelbaum schüttelt, der ihr zuruft, dass alle seine Äpfel reif sind. Der Frau Holle schüttelt sie treu und regelmäßig die Betten auf, so dass die Federn fliegen und es in der Welt draußen schneit. Unter dem Tor, durch das sie zurück zur Welt gelangt, wird sie von Frau Holle über und über mit Gold beschüttet. Es ist ihre Einstellung zu den Menschen und Dingen, die Marie das Leben ‚vergolden' und ihr Glück ist nicht Entlohnung für das Gute, was sie tut und getan hat, sondern ein Surplus.

Die Fixierung auf den Lohn dagegen, die alles Handeln zu einem Mittel macht, ihn (den Lohn) zu erreichen, ist die Lebenseinstellung oder „Haltung" der Pechmarie. Als Goldmarie nach Hause zurückgekehrt ist, soll nun auch die Stiefschwester dieses Glück haben. Die Pechmarie stellt es auch scheinbar klug an, indem sie ihre (offenbar ohnehin geringen) Kräfte sparsam einsetzt und sich auf das Wesentliche konzentriert. So eilt sie achtlos an den vergeblich rufenden Bäumen und Backöfen vorbei direkt zur (vermeintlichen) Glücksquelle und erfüllt dort mit geringstmöglichem Aufwand und mehr schlecht als recht die mutmaßlichen Erfordernisse zum Glückserwerb. Ihr Lohn ist aber nichts weiter als der Eimer Pech, der zu ihrer Entlassung über ihr ausgegossen wird: genau der Dreck, um den sie sich bezüglich der Dinge schert, die um sie herum in der Welt passieren, indem sie diese nur als Mittel zur Realisation ihres Superziels Glück (=Gold) ansieht.

Pechmarie steht für die Glückstechnikerin, für die ‚Klugheit' im Sinne Kants; sie geht aus von dem, was sich an Wünschen und Bedürfnissen in ihr regt und strebt nach Erfüllung; die Welt ist der Bereich möglicher Optionen ihrer Präferenzerfüllung und das Glück wird zu einem auf Erden unerfüllbaren Ideal, denn jeder erfüllte Wunsch lässt einen neuen entstehen. Ganz im Gegensatz zur Lebens-Klugheit der Goldmarie, die im wahrsten Sinne des Wortes *wunschlos* glücklich ist. Sie ist darauf ausgerichtet, jeweils das tun zu können,

was in der Situation das von ihr zu Tuende ist – sie ist damit nicht das
Subjekt dessen, was „es braucht", sie wird gebraucht, damit die Welt
sein kann. Ihr Glück liegt vielmehr in der Welt draußen, in den Aufgaben, die sich ihr stellen, in ihrer Auffassung von der Welt als Bereich
möglicher Hilfe und Solidarität; sie fühlt sich verantwortlich für die
Welt. Ihr Urteil ist diesbezüglich auch völlig sicher, sie benötigt in diesen einfachen Fällen auch keinerlei Überlegung, sie hilft, wo Hilfe
benötigt wird, ohne zu zögern und Berechnungen darüber anzustellen, ‚was es ihr bringt'. Der Lohn ihrer Tugend ist die Tugend selbst:
der Idealfall nicht nur lebensklugen, sondern auch moralischen
Denkens und Handelns, während Pechmarie zwar ‚klug' im Sinne von
‚auf eigenen Vorteil bedacht' genannt werden kann, aber natürlich in
einem höherstufigen Sinne ‚dumm' ist.

Diese Analogien sollen veranschaulichen, was damit gemeint sein
könnte, dass die pragmatischen Imperative oder Ratschläge der Klugheit zwar immer auf das Glück bezogen sind, aber eben indirekt bzw.
oblique. Das Merkmal der Lebensklugheit ist die Indirektheit, während das, was heute in Anschluss an die kantische Reduktion von
Klugheit auf Geschicklichkeit unter dem Titel ‚Klugheit' firmiert,
geradezu das Gegenteil davon ist: Nämlich das technische Wissen um
Mittel zur Erreichung des gewünschten Glückszustandes – welches es
aus systematischen, die Logik des Glücks betreffenden Gründen nicht
geben kann. Wer pragmatische Imperative als technische auffasst, wer
also die Ratschläge der Klugheit als Glücksrezepte, Eigenschaften des
guten Lebens mit Mitteln zu dessen Erreichung verwechselt, kurz:
Wer in seinem Handeln auf das zu erreichende Glück schielt und es
damit direkt intendiert, wird es gerade deswegen verfehlen.

3.3 Zur ethischen Funktion des Glücksbegriffs

Warum ist es nicht möglich, allgemein verbindliche Aussagen darüber
zu treffen, worin das Glück besteht? Vielleicht ist dies die Antwort:
Der Begriff des Glücks ist ein *praktischer* Begriff, d. h. ein solcher, der
für unser Handeln, nicht für unsere Erkenntnis wichtig ist. Mit anderen Worten: Er ist Gegenstand eines Orientierungs-, nicht eines Ver-
fügungswissens. Das gute Leben ist nicht angewandte Glückstheorie,
selbst dann nicht, wenn sie als nur subjektiv verbindlich aufgefasst
wird. Zum guten Leben verhelfen keine Theorien, sondern, wenn
überhaupt, nur praktische Intelligenz bzw. Lebensklugheit.

Ein Verfügungswissen über das Glück, selbst wenn es noch so spezifisch auf die individuelle Person zugeschnitten wäre, könnte nicht
das leisten, was man sich von ihm verspräche. Alle Versuche, die in

der Geschichte der Philosophie und der Wissenschaften hierfür durchgespielt wurden, können das Bedürfnis, welches hinter der Frage nach dem Glück der Menschen steht, aus kategorialen Gründen nicht befriedigen. Deshalb muss man nicht wirklich traurig darüber sein, dass immer noch niemand herausgefunden hat, worin das Glück besteht. Denn selbst die großartigsten Schilderungen der Herrlichkeit des Paradieses wären nichts gegen einen kleinen Fingerzeig, wie man in es hinein gelangen könnte. Es ist vielleicht deswegen auch keine schlechte Idee, die Spekulation über die Eigenschaften des großen Zieles zu lassen, wo sie hingehören: in die Theorie des Glücks. Wenn es aber (auch, aber nicht nur) von philosophischem Interesse ist, wie die Praxis eines glückenden Lebens zu denken ist, dann ist eine andere Herangehensweise an das Thema angezeigt, nämlich die Reflexion über die Beschaffenheit der Wege zum großen Ziel – was immer dieses Ziel auch sei.

Aber geht das denn überhaupt? Kann man denn, um im Bild zu bleiben, wirklich über Wege sprechen, ohne zugleich über die Ziele zu sprechen, zu denen diese Wege führen?

Ja, man kann. Und in Bezug auf das Superziel ‚Glück‘ muss man es sogar. Sinnbild der Philosophie des Glücks ist in vieler Hinsicht die Suche nach dem Heiligen Gral. Kein Mensch weiß, was der Gral ist, aber jeder weiß, dass er irdisches und himmlisches Glück verleiht. Der Gral ist Projektionsort der verschiedensten Heils- und Erlösungsvorstellungen; und er ist nur bestimmten Auserwählten zugänglich, die allerdings viele Irrwege und Erfahrungen sammeln müssen, bis sie dermaleinst den Gral finden können. Auch die wunderprächtigste Ausmalung des Dinges ‚Gral‘ – ein Hostiengefäß wie bei Chrétien de Troyes beschrieben, ein bloßer, wenn auch wundersame Kräfte besitzender Stein wie bei Wolfram von Eschenbach oder selbst die Schale des Heiligen Abendmahles, in der auch das Blut Jesu bei der Kreuzigung aufgefangen wurde wie bei Robert de Boron und ihm folgend Richard Wagner – kann nicht eine wichtige Einsicht der Gralsritter verdecken, zu der sie auf ihren Irrwegen kommen: Dass sie selbst es sind, von denen Heil und Glück ausgeht. Sie selbst sind die Heilsbringer, nach denen sie in der Welt immer gesucht haben. Nur wer dies erkennt, findet den Weg zum Gral. Es ist dies nicht ein Weg, der in die weltabgewandte Innerlichkeit eines reinen puren Selbst führt – dort ist nur Leere – es ist der Weg zu sich, der mitten durch die Welt führt. Erst wer sich an die Welt verschenkt, kann sich – und damit das Glück – gewinnen. Sich an die Welt zu verschenken, heißt aber nichts anderes als Zwecke und Mittel des Lebens als einem ganzen zu verlieren, und für Ziele des Lebens als ganzem nicht seinen Richtungssinn zu opfern. Man kann vom rechten Wege abkommen, indem man ein Lebensziel verfolgt.

Glück ist etwas, das nur aus der erstpersonalen bzw. Teilnehmerperspektive erfahren werden kann. Es gibt strenggenommen kein Glück – außer dem hier nicht weiter interessierenden Zufallsglück (*fortuna*) natürlich! –, das ‚man' erfährt. Es kann den Teilnehmern einer Praxis auch nicht zugeschrieben werden, ohne dass sie es selbst erfahren; vielmehr ist Glück etwas, das nur (jeweils) ich als ich selbst erfahren kann. Das glückliche Leben, auch und gerade wenn es im Namen der Selbstlosigkeit und des Altruismus geführt wird, ist in jedem Falle ein selbstgeführtes, ein selbstverantwortetes, ein eigenes Leben. Das einzige, was man in puncto Glück daher philosophischbegrifflich untersuchen zu können scheint, sind die Formen, unter denen die Selbstaneignung des Lebens einer Person, als einer notwendigen Voraussetzung ihres Glücks vonstatten gehen kann. Wie die Beispiele der Goldmarie und der Gralsritter zeigen, kommt man zu sich nicht durch die Introspektion, sondern nur über die Welt auf sich zurück. Das Glück ist das Ideal vollgültiger Selbstorientiertheit, oder meinetwegen auch der ‚Sinn des Lebens'[31], d. h. dasjenige, worauf jede Ausrichtung, jedes Orientierungswissen letztlich bezogen ist.

Zu wissen, was das Lebensglück ausmacht, bedeutet vor allem, eine bestimmte, praktische Einstellung zu sich und der Welt gewonnen zu haben. Welcher Art diese ist, soll unter anderem der Gegenstand der folgenden Überlegungen sein. Es wird dabei nicht mehr danach gefragt, was das Glück selbst ist bzw. worin es besteht, auch nicht wie wir es erreichen können, ja nicht einmal auf welche (kluge) Weise wir nach ihm streben sollten, sondern vielmehr, wie wir konzeptuell in unserem Handeln auf das Glück bezogen sind als dasjenige, was selbst nicht um etwas anderen Willen gewünscht wird – was immer es auch für sich genommen sei.

Wenn es nun die Lebensklugheit bzw. die Klugheit als Tugend ist, die auf oblique Weise auf das Glück bezogen ist – benötigt sie nicht doch auch ein günstiges Milieu, damit sie aktiv werden kann? Was ist, wenn es Sachzwänge gibt, unter denen man in seinem Handeln steht, wenn die Tätigkeiten also nicht solche Luxusveranstaltungen sind wie Bogenschießen, Flipperspielen oder Forschen? Ist hier mit diesen Beispielen nicht ein falsches oder zumindest einseitiges Bild vom Leben gezeichnet worden, in dem es doch wohl eher so zugeht, dass vieles gar nicht um seiner selbst willen getan werden *kann*? Oder umgekehrt, zeigen die Beispiele nicht, dass Lebensklugheit etwas Apartes ist, was sich nur bestimmte Leute überhaupt leisten können? Kurz: Wie steht es um die Möglichkeit obliquer Intentionen auf das Glück, wenn die Umstände, unter denen sich das Leben abspielen muss, nicht freiwillig sind? Oder, um gleich das Extrem zu markieren: Wenn es sich um ein Leben unter Bedingungen des Zwanges handelt?

3.4 Der gespritzte Sisyphos

Ein markantes Sinnbild für das Leben unter Bedingungen des Zwangs ist zweifellos der Mythos von Sisyphos – wobei es sich natürlich um ein Leben nach dem Tode handelt, aber das ist an dieser Stelle vielleicht nicht so wichtig. Dieser Mythos wurde nicht von ungefähr immer schon gerne als Prüfstein für Philosophien des Glücks genommen, so auch hier. Zur Erinnerung: Sisyphos bekommt, wegen seiner im Leben begangenen Freveltaten, im Hades von den Göttern die Strafe auferlegt, einen schweren Felsblock den Berg hinauf zu wälzen. Damit nicht genug, der Fels wird jedesmal, kurz bevor Sisyphos mit ihm den Gipfel erreicht hat, so schwer, dass er wieder hinabrollt, und so bis in alle Ewigkeit.

Das sind sicherlich ziemlich schlechte Karten für das Glück, in welchem Verständnis auch immer. Die Lage der Fakten, so wie sie sich im Mythos darstellt, lässt einen Vergleich mit dem Flipperspiel allerdings durchaus zu. Nicht nur, dass es hier wie dort darum geht, einen abwärts rollenden Gegenstand auf einer schiefen Ebene immer wieder nach oben zu befördern, nein, auch die äußere Zwecklosigkeit des Tuns ähnelt dem Flipperspiel, wobei sie bei diesem freilich als angenehm, bei jenem als absurd empfunden wird.

Der Unterschied zwischen Sisyphos' Tätigkeit und Flippern kann daher nicht in der Unproduktivität liegen, denn auch Spiele sind in diesem Sinne unproduktiv oder ‚zwecklos‘ (wenn auch nicht unbedingt absurd). Und es ist auch nicht der Umstand, dass sie übermenschlich schwer ist, der uns seine Tätigkeit so sinnlos erscheinen lässt; denn auch übermenschlich schwere Tätigkeiten können ‚um ihrer selbst Willen‘ übernommen werden, wenn man sich nur bestimmte extremsportliche Betätigungen anschaut, die sich Leute glaubhaft rein aus Spaß an der Sache zumuten. Man müsste sich analog dazu nur eine entsprechenden Extremsportart „Felsenwälzen" vorstellen, um zu sehen, dass die Sinnlosigkeit des Tuns kein Problem mangelnder Kraft ist. Umgekehrt könnte man sich auch eine Leichtversion der Strafe des Sisyphos vorstellen, bei der dieser nicht bis in alle Ewigkeit einen Felsen wälzen, sondern einen Flipperautomaten bedienen müsste. Wir könnten uns in diesem Falle zwar leichter vorstellen, dass dies länger Spaß machen könnte, aber auf längere Sicht würden sich natürlich die nämlichen Absurditätsprobleme einstellen.

Nein, die Absurdität dieser Tätigkeit ensteht aus dem Zwang, dem Sisyphos unterliegt und der ihn in alle Ewigkeit an seinen zu wälzenden Felsen bindet. Sisyphos *spielt* nicht – ein wahrhaft gigantisches Unterwelt-Flipper, wenn er es täte! Was müsste passieren, damit Sisyphos so an seine Tätigkeit gehen könnte wie ein leidenschaftlicher Pinballwizard an die seine? Das äußere Kriterium wäre sicherlich,

dass er in der Tätigkeit des Steinewälzens seine Erfüllung fände –
allein damit realisierte er schon, analog den Beispielen des vorigen
Abschnitts, eine oblique Intention auf sein ‚Glück‘, verstanden als
tätigkeitsinklusiven *advantage bonus*. Aber – ist das unter den gegebenen Zwangsbedingungen möglich, und wenn ja, wie?

Richard Taylor, den ich im Folgenden als Vertreter einer nonkognitivistischen Glücksauffassung diskutieren will, entwirft zu Klä-
rungszwecken eine simple Variation des Mythos: Stellen wir uns vor,
die Götter injizierten Sisyphos aus Barmherzigkeit eine Substanz,
durch die er auf einmal nichts anderes mehr begehrt, als nur noch
Felsen zu wälzen. Freudig geht er an das zu seinem Glück nie endende
Werk. Wichtig ist auch hier: An der Tätigkeit selbst ändert sich dadurch nichts, nur an der ‚Einstellung‘ zu ihr. Taylor zeigt mit diesem
Beispiel sehr deutlich, dass die Frage, ob eine Tätigkeit oder auch das
ganze Leben sinnlos ist oder nicht, durchaus von der Perspektive
abhängt, die wir darauf einnehmen. Das Problem der Sinnlosigkeit
des Daseins rührt von der Einnahme einer Perspektive her, die unbe-
rücksichtigt lässt, was wir jeweils wollen, also von einer reinen
Außen- oder Beobachterperspektive auf das betreffende Leben. Wir
sehen bloß Sisyphos den Stein wälzen und können uns aus dieser
Beobachterperspektive nicht vorstellen, dass jemand in der Arbeit
einer solchen Art Erfüllung finden könnte.

Aber aus der Innen- oder Teilnehmerperspektive – es ist dies natürlich die Perspektive der ersten Person – ist dieses Tun nach Taylor
nicht zwangsläufig sinnlos. Felsenwälzen unterscheidet sich nicht
grundsätzlich von der Bearbeitung des täglichen Geschirr- oder
Wäscheberges, bei dem wir schließlich auch nicht zu Sinnlosigkeits-
unterstellungen gezwungen sind (auch wenn sie dort häufig auftreten
mögen). Aber letztlich hat auch Geschirrspülen, wenigstens im Normalfall, zumindest den Sinn, dass das Geschirr gespült ist, so wie
Sisyphos' Felsenwälzen zumindest den Sinn hat, dass der Felsen
gewälzt ist. Und genau deswegen ist es möglich, dass Leute dies tun
wollen, zusammen mit einer obliquen Intention auf das Glück. Die
Gebundenheit von ‚Sinn‘ an die Teilnehmerperspektive bedeutet auch,
dass es *den* Sinn des Lebens nicht geben kann – zum Glück! sagt
Taylor, denn „der Sinn des Lebens kommt aus unserem Inneren, er
wird uns nicht von außen auferlegt"[32]. Der tiefere Sinn der Tätigkeiten und des Lebens überhaupt liegt nach Taylor in ihnen selbst
oder nirgends. Der Sinn des Lebens soll also das jeweilige Leben
selbst sein, nicht primär die Erlangung der in ihm gesteckten Ziele,
und dies gilt im Prinzip für jede Tätigkeit, auch für scheinbar sinnlose
wie die des Sisyphos. So gesehen ist der Mythos von Sisyphos
dann auch kein Bild des Zwanges mehr – und heraus springt: ein
glücklicher Sisyphos!

Taylors einfache Lösung der Lebenssinnfragen ließe sich damit in zwei Slogans zusammenfassen: *Just do it!* Oder, komplizierter ausgedrückt: Tue das, was zu tun ist, um seiner selbst willen! Die zu erfüllende Voraussetzung hierfür ist einzig und allein: *Get into it!* Oder, komplizierter ausgedrückt: „Wechsle von der Beobachterperspektive auf Dein Leben und Deine Tätigkeiten in die Teilnehmerperspektive!"

So weit, so gut. Leider ist Taylors Auffassung vom menschlichen Leben viel zu beschaulich, um wahr zu sein. Es ist zwar richtig, dass aus einer von der Praxis abgehobenen Beobachterperspektive, also für jemanden, der ‚nicht drin' ist, eine bestimmte Tätigkeit oder auch ein ganzes Leben sinnlos und absurd erscheinen mag. Sinn und Rechtfertigung eines Tuns und des jeweiligen Lebens erschließen sich, ganz so wie die Handlungs- und Lebensorientierung, in der Tat nur aus einer (erstpersonalen) Teilnehmerperspektive.[33] Taylor schreibt daher zu Recht, dass die Frage nach dem Sinn des Lebens selbst der merkwürdigsten und (uns stupidest erscheinenden) Lebensformen uns in einem ganz anderen Licht erscheinen würden, „wenn es uns irgendwie gelänge, eine Innenansicht ihres Daseins zu gewinnen."[34] Entsprechend behauptet er, dass sich bestimmte Fragen wie die nach dem Sinn und Zwecke des eigenen Daseins nicht mehr stellen, wenn es uns nur gelingt, ein „tiefes Interesse" für die Dinge aufbringen, „die wir gerade zu tun haben"[35]. Und umgekehrt gilt: So, wie es für die Zugvögel, die „jedes Jahr den halben Globus umfliegen"[36], keine Erlösung wäre „wenn sie in einem Käfig ein Zuhause mit viel Futter und Sicherheit vorfänden"[37], so ist es auch für die Menschen, wie z. B. dem von den Göttern fröhlich gespritzten Sisyphos: Im Grunde ist das, was zählt „nicht der Gewinn, den sie sich aus ihren Tätigkeiten erhoffen"[38], sondern das „Tun und Machen"[39] selbst. Von ihnen gilt:

> Mit ihrer endlosen Tätigkeit, die zu nichts führt, immer weiter fortzufahren, ist genau, was sie wollen. Das ist die Rechtfertigung und der ganze Sinn ihres Lebens.[40]

Gerade dies gilt aber *nur* von solchen Wesen, die immer schon ‚auf etwas aus' sind, d.h. die fixierte direkte Intentionen haben, sei es durch ein genetisches Programm, sei es durch eine injizierte Substanz oder durch eine feste (unreflektierbare) Bestimmung. Die Frage nach Sinn und Lebensglück ist aber – gegen Taylor – nicht gleichbedeutend mit der Frage danach, was wir eigentlich wollen, so, als wollten wir immer schon etwas und müssten es nurmehr entdecken.

Wenn wir die Frage nach Lebensglück und -sinn als Ausdruck einer Desorientierung, einer Ungerichtetheit des Willens einer Person nehmen, gibt es für diese, wie wir im ersten Kapitel sehen konnten, durchaus verschiedene Gründe. Der Mangel an Wissen (in diesem Fall des Wissens über das, was man will) ist dabei nicht der einzige und auch nicht der typische Fall von Desorientierung. In allen Fällen von Desorientierung gilt als deren Merkmal bzw. Charakteristikum: Unser Willen hat noch keine Richtung in der praktischen Wirklichkeit. Aber die Gründe dafür, weshalb wir nicht wissen, was wir (tun) wollen, sind verschiedener Art, denn es kann einerseits daran liegen, dass wir in der Tat nicht wissen, was wir eigentlich wollen, und es lediglich in einem Klärungsprozess herausfinden müssen. Andererseits können wir nicht wissen, was wir wollen, wenn wir überhaupt nichts oder nichts richtig wollen. Nach unserer Terminologie von Kapitel 1 hat Taylor hier nur den Typ einer Desorientierung aufgrund einer Unsicherheit über die ‚wahren' Instanzen der Orientierung im Blick (in diesem Falle eben das, was ein jeder jeweils eigentlich will in seinem Leben). Sein Ratschlag fällt dementsprechend unter den Beratungstyp ‚intentionale Klärung' (durch Einnahme der Teilnehmerperspektive).

Ein anderer Grund dafür, dass wir nicht wissen, was wir wollen – und das ist der weitaus schwierigere Fall –, ist aber, dass wir überhaupt nichts wollen (bzw. ‚nichts richtig' oder ‚nichts eigentlich' wollen). Hier kann es keine intentionale Klärung geben, weil es nichts gibt, was zu klären ist. Der wirkliche ‚hard case' der Lebenssinnfrage ist die berüchtigte innere Leere, der gegenüber ein Rat wie derjenige, doch mal das Leben von der Innenseite zu betrachten, geradezu wie Hohn gelten muss. Denn die Erfahrung der Absurdität ist es ja gerade, dass auf der Innenseite des Lebens nichts zu sehen ist. Die Situation der Absurdität bzw. der Sinnlosigkeit des Daseins unterscheidet sich von der Situation einer bloßen Unkenntnis über das, was man eigentlich will. Dass das Leben nichts anderes will, als die Dinge des Lebens am Laufen zu erhalten,[41] ist eine These, die gerade in Situationen generellen Lebenssinnverlustes äußerst fragwürdig wird.

Wenn unser Problem aber ist, dass wir nicht eigentlich etwas wollen, hat dies zur Folge, dass wir die Teilnehmerperspektive gar nicht einnehmen *können*. Dieses Problem mangelnden Lebenssinns ist demnach eines der Indifferenz gegenüber den Dingen der Welt und die Empfehlung, Interesse für das Tunliche zu nehmen, kommt daher der Empfehlung „Leute, lebt glücklich!" gleich. Weiter kann Taylor aufgrund seiner eigenen Voraussetzungen aber auch gar nicht kommen, die im wesentlichen die Voraussetzungen des Nonkognitivismus mit einer strikten Trennung von Tatsachen und Werten, von Intellekt und Willen und eben von Beobachter- und Teilnehmerperspektive sind.

So schön daher das Bild auch ist, das Taylor von Lebenssinn und -glück zeichnet, so sehr es auch dem weiter oben herausgestellten inklusiven Konzept entsprechen mag, es zeigt doch nur die halbe Wahrheit. Richtig ist, dass das Glück, wenn es außerhalb der jeweiligen Lebensorientierungen der Einzelnen thematisiert wird, eine abstrakte Angelegenheit ist, ein bloßer Schatten. Es gibt kein Glück an sich. Aber damit ist noch nicht alles gesagt, denn es folgt daraus nicht schon, dass die Einnahme der Innenperspektive auf das eigene Leben hinreichende Bedingung des (inklusiv verstandenen) Glücks wäre. Denn, um im Bild zu bleiben und als Gegenthese formuliert: Sisyphos ist nicht schon dadurch ein glücklicher Mensch, dass er in seiner (von außen betrachtet absurden) Tätigkeit aufgeht, sondern erst dadurch, *dass er weiß*, dass er in seiner Tätigkeit aufgeht. Es gibt einen irreduziblen kognitiven Rest in der Glückserfahrung. Dies erst ist die ganze Wahrheit über das Glück und man wird im (nun folgenden) letzten Abschnitt dieses Kapitels vielleicht deutlicher sehen können, dass die Erfahrung der Absurdität des eigenen Lebens in gewisser Weise sogar erforderlich ist, um glücklich sein zu können.

3.5 Das Glück der Erde

Taylors Analogie zwischen dem Leben der Zugvögel – obwohl wir wohl nicht so recht wissen können, wie es ist, ein Zugvogel zu sein – und dem Leben des gespritzten Sisyphos, der seine Erfüllung allein darin sieht, Steine zu rollen, ist triftig; aber die Analogie zwischen dem Leben des gespritzten Sysiphos und den Zugvögeln einerseits, und andererseits dem (menschlichen) Leben insgesamt ist schief. Worauf es hier ankommt, ist Folgendes: Damit weder der gespritzte Sisyphos noch die Zugvögel ihr ‚Glück‘ oder den ‚Sinn ihres Lebens‘ verlieren, *dürfen* sie nach Taylor nicht die Beobachterperspektive auf ihr Leben einnehmen. Denn wenn der gespritzte Sisyphos dies könnte oder sogar täte, dann würde sich sein Sinn-Problem erneut stellen. Er würde sich früher oder später fragen müssen: „Was soll das eigentlich, erst wird man gespritzt und dann will man ständig Felsenwälzen! Ist doch idiotisch! Okay, ich mach’ es gerne, aber trotzdem, es ist völlig sinnlos!“ (Man stelle sich die entsprechenden Aussagen bei sprechenkönnenden Zugvögeln vor). Taylors Glückskonzept ist zwar tätigkeits- und nicht zustandsbezogen, aber es ist letztlich doch nur ein Lotophagenglück, ein Glück ohne Ich und Du, d.h. ohne diejenigen, die es erleben, ein Nirvana.

Im Grunde fasst Taylor die Erstpersonalität des Glücks – den Umstand, dass Glück nur in der Innen- bzw. Teilnehmerperspektive am eigenen Leben erfahrbar ist – nicht radikal genug. Zwar wird die Entscheidung darüber, was das Glück oder der Lebenssinn ist, an die Innen- oder Teilnehmerperspektive der Individuen delegiert; aber was das Glück letztlich ist, behält sich der Philosoph weiterhin vor, *sub specie aeternitatis* bestimmen zu können, bei Taylor eben in einem inklusiven Sinne à la ‚Glück ist, wenn ich das, was ich tun will, tue'.[42] Ob dies zufällig ist oder nicht, kann dabei eigentlich keine Rolle spielen. Wenn es aber stimmt, was Taylor sagt – und es stimmt! –, dass es Lebenssinn und Glück nur auf der Innenseite des (tätigen) Lebens geben kann, muss dann derjenige, der etwas darüber sagen will, was das Glück ist oder worin es besteht, sich nicht auch auf die Innenseite des (tätigen) Lebens begeben? Und würden sich dem nicht völlig disparate Dinge zeigen? Das Glück kann erfahren werden sowohl im Genuss eines Schokoriegels, als auch im Gießen einer Betonplatte, im Schreiben eines Gedichtes wie im Geruch von Thymian oder von Benzin, im Anblick der Zahnlücke meiner Tochter wie im Hören der verzerrten Rückkopplung einer E-Gitarre, also in fast allem, was Gegenstand konkreter tätiger Welterfahrung ist. Wie könnte man aber von dort aus wieder auf die Ebene einer ‚Theorie des Glücks' o. ä. gelangen, wenn sie mehr sagen soll, als dass das Glück die Erfüllung dessen ist, was die Leute jeweils wünschen und wollen? Es ist doch auffällig, dass unter all den Dingen und Tätigkeiten, die als mögliche ‚Inhalte' des Glücks auf der Innenseite des Lebens genannt würden, sicherlich nicht „Erfüllung dessen, was ich mir wünsche – egal was" genannt würde, aus dem einfachen Grund, weil es mir auf der Innenseite des Lebens nicht egal ist, was.

David Wiggins[43] hat diese Perspektiveninkohärenz nonkognitivistischer Positionen – wie diejenige Taylors, aber auch Hares oder Parfits – auf den Punkt gebracht: Er meint,

> dass die ganze Plausibilität des wertfunktionalen Ansatzes davon abhängt, dass er auf der theoretischen Ebene die innere Perspektive ablehnt, sie aber zugleich als die einzig mögliche Perspektive auf den Sinn des Lebens empfiehlt.[44]

Deswegen ist es völlig unplausibel, einerseits wie Taylor zu behaupten, dass Lebenssinn und Glück nur ‚von innen' zu bestimmen sei, dann aber selbst an einer Glücksbestimmung ‚von außen' festzuhalten.

Der Hintergrund für Taylors Überlegungen ist ein nonkognivistischer Werte-Subjektivismus, der kurz und formelhaft auf der These beruht: Etwas stellt einen Wert für uns dar, weil es gewollt wird. Auf ‚Glück' bezogen bedeutet dies: Eine bestimmte Tätigkeit ist deswegen Teil des (bei Taylor inklusiv verstandenen) Glücks, weil diese Tätigkeit gewollt wird (so wie die Zugvögel ziehen und nichts anderes ‚wollen' als dies, und der gespritzte Sisyphos Felsen wälzt, und nichts anderes tun will als dies). Der entgegengesetzte Standpunkt zum nonkognitivistischen Wertfunktionalismus, der nicht unbedingt deswegen schon ‚kognitivistisch' genannt werden müsste,[45] sagt: Etwas wird gewollt, weil es ein Wert ist. Auf das Glück bezogen hieße die entsprechende These: Etwas wird deswegen gewollt, weil es ein Teil des (inklusiv verstandenen) Glücks darstellt.

Nun dürfte der Widerstreit zwischen diesen Positionen nur so lange bestehen, so lange nicht die entsprechenden Perspektiven hinter ihnen kenntlich gemacht werden: Denn aus der Außenperspektive auf das (auch eigene) Leben, also auf der Ebene der Theorie und der Beobachtung lässt sich in der Tat nicht viel mehr sagen als: Glück ist eine Funktion dessen, was die Leute wollen. Klar, was sonst! Aber aus der Innen- bzw. Teilnehmerperspektive, auf der Ebene der Praxis und der Wertphänomene verhält es sich genau umgekehrt, nämlich so, dass das jeweils Gewollte der Leute, also das jeweilige intentionale Objekt ihrer Bestrebung nicht ‚Präferenzerfüllung‘ heißen kann.

Wiggins hierzu:

> Wenn die Außenansicht uns die Sicht von innen zu Recht empfiehlt, muss sie den Unterschieden, die von innen wahrgenommen werden, auch Rechnung tragen. Aber da sie diese Unterschiede gering schätzen muss, kann sie ihnen keine Wichtigkeit beimessen, die mit dem Gewicht vergleichbar wäre, das die nonkognitive Theorie vom Sinn des Lebens der Innenperspektive aufbürdet.[46]

Aus der erstpersonalen Perspektive, die Taylor zur Glückssuche anempfiehlt, erscheinen nun eben Werte, wie gesagt, gerade nicht so, als wären sie nur deswegen Werte, weil sie von der Person gewollt werden. Aus der Innenperspektive sind Werte etwas ‚Objektives‘, nämlich etwas, was um seiner selbst willen gewollt wird. Dem muss eine Philosophie des Glücks Rechnung tragen, wenn sie nicht die Philosophie des Glücks *an sich* – des Glücks, das es für niemanden gibt – sein will. Wer in nonkognitivistisch-wertfunktionaler Auffassung das Glück bzw. den Sinn des Lebens in alleiniger Abhängigkeit von dem sieht, was eine Person will, mag daher zwar eine einfache, klare und durchsichtige Theorie vertreten, die aber leider phänomeninadäquat ist und daher weder etwas erklärt, noch irgend zu praktisch-klugen, d. h. situationsadäquaten Ratschlag verhelfen könnte.

Bei genauerer Betrachtung von Taylors glücklichem Sisyphos zeigt sich zudem, dass er, genauso wie ein Zugvogel, gar nicht das erstpersonale Verhältnis zu seinem eigenen Leben einnimmt und zwar aus dem einfachen Grund, weil er *überhaupt kein* Verhältnis zu seinem Leben mehr einnimmt bzw. einnehmen kann. Taylors gespritzter Sisyphos verschwindet gleichsam in der Unmittelbarkeit der von ihm direkt intendierten Tätigkeit. Er lebt, wie ein Zugvogel, einfach geradeheraus. Oder anders gesagt: Er weiß nicht, ja, er kann nicht wissen, dass er glücklich ist. Die entscheidende Frage ist hier, ob die Reflexivität ein konstitutives Moment zumindest des inklusiven Glücksverständnisses ist. Die Antwort ist: Ja. Auch wenn der gespritzte Sisyphos auf die Frage „Wie geht's?“ sagen könnte: „Danke, gut, es läuft alles nach Wunsch!“ kann er nicht deswegen schon sagen: „Ich führe ein glückliches Leben". Warum nicht? Nun nehmen wir an, der Inklusivismus in Bezug auf das Glück hat Berechtigung. Wer ein inklusives Glückskonzept vertritt, wer also Glück nicht als einen Zustand, sondern als ein Aufgehen in Tätigkeit, als In-Deckung-kommen des Lebens mit sich selbst beschreiben will, der müsste nun in irgendeiner Weise den Zusammenhang von Teilnahme und Teilnahmebewusstsein in Bezug auf das eigene Leben thematisieren können. Dieses Selbstverhältnis ist nicht einfach zu beschreiben; man hat es traditionell unter dem Titel ‚(Lebens-)Klugheit' thematisiert; es war und ist die Klugheit eines Menschen, die ihm erlaubt, das drittpersonale Verfügungswissen in ein erstpersonales Orientierungswissen zu transformieren. Dass eine Person in ihrer Tätigkeit aufgeht, ist ihr nicht durch ihre Teilnehmertum allein zugänglich. Ein glücklicher Mensch muss daher, um einer zu sein, sich selbst als jemanden erfahren können, der in seiner Tätigkeit aufgeht. Diese minimale Distanz zu sich aber ist ein Konstitutivum des (inklusiv verstandenen) Glücks.

Die Frage danach, was das Glück ist und worin es besteht, kann nach wie vor nur jeder selbst beantworten. Darin liegt die radikale Erstpersonalität des Glücks und damit auch der Klugheit als Verwalterin des Orientierungswissens. Worin das Glück inhaltlich besteht, ist daher eigentlich auch kein philosophisches Thema, denn es lässt sich hier per definitionem nichts Allgemeines sagen, und auf dieser Ebene hat der Nonkognitivismus daher auch seine tiefe Berechtigung. Aber er geht nicht weit genug in der Verfolgung des Gedankens, dass das Glück erstpersonal ist: Denn auch die Konstatierung des Glücks, d.h. die Bedingungen seines Sich-Einstellens sind erstpersonal und nicht Sache der (drittpersonalen) Anwendung einer Glückstheorie. Das bedeutet wie gesagt nicht, dass keine allgemeinen *formalen* Aussagen über das Glück – sagen wir im Rahmen einer Philosophie der Klugheit – möglich wären; philosophisch reflektiert gesprochen werden kann dort allerdings nur über die Bedingungen, unter denen erstpersonale Bestimmungen dessen, worin das Glück besteht, sich vollziehen müssen. Und hier ist festzustellen, dass die Frage nach (seinem) Lebenssinn und -glück nur derjenige beantworten kann, der ein Selbstverhältnis zu sich besitzt, das ihm erst erlaubt, an seinem Leben teilzunehmen (und nicht nur in ihm aufzugehen). Es ist hier ein irreduzibles Element des Einnehmens einer Perspektive in Bezug auf das Lebensglück unabdingbar, ganz so, wie es in der räumlichen Orientierung für die Bestimmung der eigenen Position immer einer (wenn auch noch so rudimentären) Übersicht über die topographischen Begebenheiten bedarf. Auch die erstpersonale Teilnehmerperspektive ist eine Perspektive und erzeugt daher eine Differenz zwischen dem Teilnehmer und dem, woran er teilnimmt.

Um ein glücklicher Mensch zu sein, müsste Sisyphos also nicht nur in seiner Arbeit aufgehen, sondern auch darum wissen, dass er in seiner Arbeit aufgeht. Glück impliziert ein Verständnis des guten Lebens.[47] Gerade die radikale Erstpersonalität des Glücks macht es erforderlich, dass die betreffende Person selbst auch noch für die Feststellung des Glücks die letzte Instanz ist.

Durch diesen Beobachtungsvorbehalt bezüglich des je eigenen Glücks kommt aber die Absurdität des Lebens wieder durch die Hintertüre in die Philosophie des Glücks und der Lebensklugheit hineingeschlichen – und das ist gut so. Denn nun ist die Möglichkeit der Absurditätserfahrung, die ja an die Außen- und Beobachtungsperspektive auf die eigene Tätigkeit und das eigene Leben gekoppelt ist, nicht nur unvermeidlich, sondern für ein glückliches Leben notwendig erforderlich. Die Sinnlosigkeit des eigenen Lebens und des Tuns, die von der Einnahme dieser Beobachtungswarte abhängt, ist demnach nicht einfach (zu vermeidendes) Gegenteil des Glücks, sondern paradoxerweise ein Konstitutivum des Glücks. Es gibt kein Glück – jedenfalls kein inklusiv-tätigkeitsbezogen verstandenes – ohne die grundlegende Erfahrung der Absurdität. Glücklich kann nur sein, wer radikal die Kontingenz seines Daseins erfährt und dieser eingedenk die Nähe zur Welt gewinnt.

Albert Camus schrieb im letzten Abschnitt seines mäandernden Textes *Le Mythe de Sisyphe*, der den Titel „Fluch und Seligkeit" trägt, dabei die radikale Erstpersonalität des Glücks in aller Deutlichkeit herausstellend:

> Glück und Absurdität entstammen ein und derselben Erde. Sie sind untrennbar miteinander verbunden. Irrtum wäre es, wollte man behaupten, dass das Glück zwangsläufig der Entdeckung des Absurden entspringt. Wohl kommt es vor, dass das Gefühl des Absurden dem Glück entspringt [...].[48]

Es kommt nicht von ungefähr, dass Camus' Essay über die Sinnlosigkeit bzw. ,das Absurde' mit dem Satz beginnt: „Es gibt nur ein wirklich ernsthaftes philosophisches Problem: den Selbstmord."[49] Denn der Selbstmord, sowohl der reale wie auch der ,philosophische' der Existentialisten, gegen die sich Camus absetzen möchte, scheint prima facie eine Konsequenz aus der Sinnlosigkeit des Daseins zu sein. Es ist der Versuch, der Absurdität durch einen Sprung – beim philosophischen Selbstmord entsprechend durch einen kierkegaardschen ,Sprung' in eine absolute Sinnsphäre – zu entkommen.

Ein solcher ,Selbstmord' wäre nach Camus nichts anderes als die Flucht des Daseins vor seiner Absurdität und damit deren Sieg. Die wahren Helden sind nach Camus aber diejenigen, die es schaffen, gerade in dieser Sinnlosigkeit ihres Daseins zu bestehen, und ihr nicht zu entfliehen suchen. Diese hierfür notwendige Haltung nennt Camus

‚Auflehnung' (frz. révolte)[50] und sie drückt sich paradoxerweise gerade in dem ‚Wort' aus: „Ich finde, dass alles gut ist"[51]. Camus:

> Dieses Wort ist heilig. Es wird in dem grausamen und begrenzten Universum des Menschen laut. Es lehrt, dass noch nicht alles erschöpft ist, dass noch nicht alles ausgeschöpft wurde. […] Es macht aus dem Schicksal eine menschliche Angelegenheit, die unter Menschen geregelt werden muss. Darin besteht die verschwiegene Freude des Sisyphos. Sein Schicksal gehört ihm. Sein Fels ist seine Sache.[52]

Der berühmte letzte Satz des Essays lautete dementsprechend: „Wir müssen uns Sisyphos als einen glücklichen Menschen vorstellen."[53] Glücklich ist er, weil er es angesichts der Sinnlosigkeit seines beobachtbaren Tuns dennoch vermag, so in seiner Tätigkeit aufzugehen, dass ‚der Stein', d. h. seine von ihm zu verrichtende Arbeit, der seinige ist. Der Weg zum Glück – inklusiv verstanden als das Aufgehen in der je eigenen Tätigkeit – führt mitten durch die Sinnlosigkeit des Daseins hin zur Aneignung der eigenen Situation. Glücklich, wer die Aufgabe, die sich ihm stellt, als die seinige anzusehen vermag, so dass ihm klar wird, dass die Welt ihn braucht und er Verantwortung für sie trägt und damit der Fels, den er zu rollen hat, zu seiner Sache wird.

4. Phrónêsis bei Aristoteles

In diesem und den nächsten Kapiteln sollen einige Positionen aus der Geschichte der Klugheitsethik vor dem Hintergrund der Bestimmung der Klugheit als Selbstorientierungskompetenz mit der indirekten Intention auf ein inklusiv verstandenes Glück vorgestellt werden. Dies geschieht nicht nur in historischer, sondern auch in systematischer Absicht, denn natürlich ist die Geschichte der Klugheit ihr nicht äußerlich und viele Momente des einstmals reicheren Konzeptes der Klugheit sind verstreut in anderen Tätigkeitsfeldern der praktischen Vernunft zu entdecken. Die zur Sprache kommenden Klugheitsethiken sind dabei, was Themenwahl und Problemstellungen angeht, durchaus als Vor- und Zuspiele einer zeitgemäßen Klugheitsethik zu verstehen.

In der Neuzeit und vollends in der Moderne löst sich die Ethik schrittweise von den teleologischen – die Bestimmungen des Menschen betreffenden – Rahmenvorstellungen ab. Verbunden mit Namen wie Hobbes und Kant, Vertretern eines antiteleologischen, d.h. autonomistischen Ethiktyps, werden Handlungsziele primär als vom Handlungssubjekt gesetzte *Zwecke* konzipiert. In der Ethik geht es daher zunehmend um die Frage, wie bestimmte Zwecksetzungen gerechtfertigt werden können. Klugheit betrifft seither vor allem die effektive Realisierung der Zwecke durch die Wahl geeigneter Mittel; klugheitsethische Überlegungen besitzen durch diese Verlagerung nurmehr einen sekundären, abhängigen Status. Klugheit wird tendenziell nicht mehr als Tugend, sondern als bloße Fähigkeit bzw. ein Vermögen aufgefasst, langfristig die eigenen Interessen im Sinne der Selbsterhaltung zu wahren. Im Grunde besitzen diese Fähigkeit auch die Tiere, wie schon bei Hobbes zu lesen ist. Die Konsequenz ist: „prudence [is] no part of philosophy"[1] – die Position, die letztlich auch von Kant vertreten wird.

Wie wir in Kapitel 2 und 3 sahen, wurde die Klugheit aus der Ethik eskamotiert, weil die pragmatischen als besondere technische Imperative angesehen wurden. Diese Subsumtion der Ratschläge der Klugheit unter die technischen Regeln – ein Vorgang, den man auch ‚Technisierung der Klugheit' nennen kann – war nur möglich und sogar unumgänglich unter den Bestimmungen eines Begriffes von Glück als dominantem Ziel des Lebens. Ratschläge und Empfehlungen, die im Interesse der Gestaltung einer Praxis situationsvariant ergehen – ob es sich hierbei um die Geschäftsführung eines Betriebes, die politische Führung eines Landes oder um die je eigene Lebensführung handelt – werden damit zu transsituativen (und folglich in ihrer Triftigkeit fraglichen) Gebrauchsanleitungen für das geschäftliche, politische oder überhaupt für das Leben. Nur einem Universalzweck namens ‚Glück' können (im Prinzip) beliebige Handlungen als Mittel koordiniert werden. Dies ist die entscheidende, hier zur Revision anstehende Weichenstellung gewesen, durch die der Zug der Klugheitsethik auf das Abstellgleis der unmöglichen Glückstechniken geleitet wurde, während allein der Zug der Moralphilosophie in den Kopfbahnhof der modernen Ethik einfuhr.

Nun ist das ‚Glück' – formal definiert als dasjenige, was um seiner selbst willen gewollt wird – aber gar nicht unbedingt als ein ‚Zweck', aufzufassen, auch nicht als ein letzter oder äußerster, wenn doch die Rede vom ‚Zweck' (mindestens) dreierlei impliziert, nämlich erstens, dass es sich dabei um ein gesetztes und zweitens zu einem bestimmten Zeitpunkt zu erreichendes, d. h. datierbares Ziel handelt und drittens, dass es Mittel gibt, dieses Ziel zu erreichen. Es steht zu vermuten, dass diese ‚technische' Auffassung des Glücks wie des Handelns überhaupt viel zu kurz greift, um das fassen zu können, worum es den Menschen im Leben tatsächlich geht.

Versuchen wir nun, aus der Geschichte der Ethik mehr darüber zu erfahren, welche näheren Bestimmungen der Glückskompetenz namens „Klugheit" zugeschrieben wurden. Als zum Verständnis notwendiger Vorbegriff kann uns der aristotelische Tugendbegriff dienen, dem zufolge die Klugheit einen durch Übung und Erfahrung angeeigneten vernünftigen Habitus einer Person darstellt, durch den sie die (durchaus auch anderweitig vorgegebenen) Ziele situationsangemessen und individuell realisiert und in einen (allgemein geteilten) Gesamtentwurf des guten, d. h. sittlich-tugendhaften Lebens integriert. Die Klugheit, in diesem Wortsinn, war historisch gesehen deswegen ein zentrales Thema der Ethik, weil nur durch sie das Streben nach Verwirklichung der keimhaft angelegten Möglichkeiten des Menschseins gelenkt werden konnte. Sie war als Tugend selbst eine bestimmte, den lebensinhärenten guten Zielen zugeneigte Haltung, d. h. weder bloße Gewohnheit, welche die Sensibilität und Aufmerksamkeit für die bestimmenden Faktoren einer Handlungssituation gerade überdecken würde, noch bloße Fähigkeit, die beliebig einsetzbar wäre, so wie bei Hobbes und Kant.[2] Bis weit ins 17. Jh. hinein wurde die Klugheit deswegen sogar als die höchste der Kardinaltugenden angesehen, weil nur durch sie das Gute (als was auch immer dieses näher bestimmt sein mochte) auch konkrete Realität in einer menschlichen Praxis besitzen konnte. ‚Klugheit', verstanden als Tugend, benennt also eine Existenzform, d. h. die Weise, wie eine Person ist, nicht eigentlich eine bestimmte Anwendung von Wissen.

Wichtig ist hier nun auch, dass die Klugheit als Tugend in den teleologischen Rahmenkonzeptionen der Ethik nicht etwa moralisch-universalistischen Prinzipienfragen konträr gegenübersteht, so wie dies oft aus einem modernistischen Vorurteil heraus missverstanden wird. Vielmehr werden im Rahmen teleologischer Ethiken ‚moralische Fragen‘, d. h. solche, die die Geltung universaler Prinzipien betreffen, durchaus diskutiert, nämlich in den Gerechtigkeitstraktaten, d. h. unter dem Titel einer besonderen, nämlich sich auf die Form der Interaktion mit anderen beziehenden Tugend. Gerade dort ist aber auch die Klugheit stark präsent und gefragt, etwa in Überlegungen zu Angemessenheits- und Billigkeitsfragen (griech. *epieíkeia*, lat. *aequitas*). Klugheit fungiert dort als ein „Sinn für Angemessenheit"[3], und impliziert damit auch und gerade einen „verantwortungsvollen Umgang mit Normen"[4].

Die Orientierungsfunktion der Klugheit als Tugend haben Kant und Hobbes, stellvertretend für maßgebliche Positionen neuzeitlicher Ethik, insofern bei weitem unterschätzt, als sie sie letztlich nur als besondere Geschicklichkeit abqualifizierten, sich selbsterhaltend am besten durchs Leben zu schlagen bzw. sich dafür andere Menschen zum eigenen Vorteil zunutze machen zu können. Diese hobbesianisch-kantische Idee der Klugheit liegt wie ein Riegel vor dem Zugang zur Tradition der Klugheitsethik. In dieser Tradition liegen aber, wie ich in den nächsten Kapiteln zeigen möchte, einige Schätze vergraben, die nicht zu heben eine Dummheit eigener Art darstellen würde.

Wenn nach Whitehead die Geschichte der Philosophie eine Sammlung von Fußnoten zu Platon ist, besteht die Geschichte der Klugheitsethik im Wesentlichen aus Kommentierungen der aristotelischen Fußnote zur *phrónêsis*. Denn schon bei Platon lässt sich der Begriff der *phrónêsis* als eines untechnischen Wissens um die Bedingungen der Realisierung des Guten finden, so etwa in der berühmten Stelle im *Phaidon*, wo er Sokrates davon sprechen lässt, dass alle Tugenden wie Besonnenheit in Bezug auf die Lüste (*sophrosýnê*), Tapferkeit in Bezug auf die Ängste (*andreía*), Gerechtigkeit in Bezug auf die zwischenmenschlichen Verhältnisse (*dikaiosýnê*) nichts wert sind ohne die Vernünftigkeit, die *phrónêsis*.[5] Nur durch die *phrónêsis* sind die Tugenden ‚echte‘ Charakterzüge der jeweiligen individuellen Seele und nicht bloß vorgespielte Schattenbilder.[6]

Auch der Begriff der *sophrosýnê*, um den der Frühdialog *Charmides* kreist, scheint ein Vorbild des aristotelischen *phrónêsis*-Konzeptes gewesen zu sein.[7] Aristoteles selbst stellt den engen Zusammenhang von *sophrosýnê* und *phrónêsis* heraus, wenn er behauptet, die *sophrosýnê* ‚bewahre‘ die Urteilsfähigkeit und damit die

Vernünftigkeit bzw. *phrónêsis*,[8] weil im Bereich praktischen Urteilens ‚unkontrollierte' Erregungen, Begierden usw. durchaus zu Urteilen führen können, die unüberlegt und also unklug sind. Die *phrónêsis*, so könnte man umgekehrt sagen, ist gerade das, was wir bei den Besonnenen, Tapferen und Gerechten als Orientierungs- bzw. Urteilskraft unterstellen, das also, was im Sinne des Wortes für das konkrete Handeln gemäß der Tugend maßgeblich ist.

Dabei ist wichtig, dass es sich bei der *phrónêsis* nicht um das Befolgen von klugen Regeln handelt; das Charakteristische des Klugen und Besonnenen ist vielmehr, dass er mit sich zu Rate geht, abwägt, die Besonderheiten der Situation sieht und damit auch beurteilen kann, wann der richtige Zeitpunkt und der richtige Ort ist, in einer bestimmten Weise aktiv zu werden. Um klug im Sinne der *phrónêsis* zu sein, bedarf es also auch so etwas wie der Selbsterkenntnis, eines Wissens darum, wer man ist, wo man steht und was man kann.

Schon Platon hatte im *Charmides* als eines der wesentlichen Merkmale eines besonnenen Menschen seine Selbsterkenntnis gekennzeichnet: Besonnen sein heißt (unter anderem), ‚das Seinige tun' und zu wissen, was ‚das Seinige' ist[9] – wobei Platon sich völlig im Klaren darüber war, dass die begrifflichen Schwierigkeiten damit allererst anfangen.

Man kann nun das aristotelische Konzept der *phrónêsis* als einen Lösungsversuch der Probleme um den Zusammenhang von Selbsterkenntnis und Handlungsorientierung, Vernünftigkeit bzw. Besonnenheit und Gestaltung der Praxis begreifen, wie ich dies im Folgenden Schritt für Schritt darlegen will. *Phrónêsis* heißt bei Aristoteles die Optimalform praktischer Vernunft und damit die vollgültige Selbstorientierungskompetenz in Denken, Handeln und im Leben einer Person. Sie ist das geübte „Auge der Seele"[10] und damit so hochgestellt wie bei kaum einem anderen Philosophen der Tradition. Sowohl dies als auch der Reichtum der Bestimmungen der *phrónêsis* bei Aristoteles legen es nahe, nicht nur aus historischen, sondern auch aus systematischen Gründen eine Geschichte der Klugheit mit Aristoteles – gleichsam als Gegenpol zur kantischen Auffassung der Klugheit – beginnen zu lassen.[11]

4.1 Die dianoëtischen Tugenden

Am Anfang der klugheitsethischen Tradition steht die aristotelische Ethik und die Bestimmungen der in ihr eine zentrale Funktion innehabende praktische Tugend der *phrónêsis*. Sie wird in diesem Kapitel ausführlich in ihren wesentlichen Bestimmungen dargestellt werden und es werden auch einige Interpretationslinien und Schwierigkeiten dabei zur Sprache kommen, weil diese, so gering sie scheinen, wichtige Konsequenzen in der Sichtweise der Tugend Klugheit nach sich ziehen.

Zentral für das Thema Klugheit bzw. Vernünftigkeit des Handelns und Lebens sind die Ausführungen des Aristoteles im sechsten Buch der *Nikomachischen Ethik*. In ihm werden die sogenannten dianoëtischen, d.h. die Einstellungen der Vernunft betreffenden Tugenden analysiert, die, im Unterschied zu den ethischen bzw. Charaktertugenden auf ‚Wahrheit' (*alêtheia*) aus sind. Das sechste Buch handelt zunächst von zwei ‚Teilen' bzw. Funktionsweisen der Vernunft: diejenige, die sich auf Wissen bezieht (*epistêmonikón*) und diejenige, die sich auf Überlegung bzw. Beratung – wir können auch sagen: auf Selbstorientierung – bezieht (*logistikón*). Gegenstandsbereich der theoretischen Ausrichtung der Vernunft ist nun dasjenige, was nicht anders sein kann, also das Notwendige, während der Gegenstandsbereich der überlegenden bzw. beratschlagenden Vernunftfunktion dasjenige ist, was sich so, aber auch anders verhalten könnte, also vor allem Handlungen. Denn niemand, so Aristoteles, stellt Überlegungen über notwendig Seiendes an, sehr wohl aber über kontingentes, welches die konkrete Wirklichkeit des Handelns betrifft.[12]

Diesen beiden Weisen, vernünftig zu sein, entsprechen bestimmte Optimalformen. Insofern die Vernunft auf Wissen beruht und auf Wissenserwerb gerichtet ist, heißt ihre Optimalform die Weisheit (*sophía*), die sowohl systematisches Wissen (*epistêmê*), als auch intuitive Prinzipienerkenntnis (*noûs*) umfasst. Insofern die Vernunft überlegend auf Lebensführung und anstehende Handlungsweisen gerichtet ist (man könnte sie auch hier etwas verkürzend ‚praktische Vernunft' nennen), ist ihre Optimalform die *phrónêsis*. Das Existenzideal der theoretischen Weisheit, der *sophía*, wie es Aristoteles im Buch X als Paradigma eines glücklichen Lebens herausstellt, darf nicht darüber hinwegtäuschen, dass das Philosophenleben ein Beispiel für die Ausübung einer *prâxis* ist, nämlich die der Kontemplation kosmischer Zusammenhänge. Mit *bios theorêtikós* ist nicht ein rein theoretisches Leben ohne allgemein menschliche Praxis gemeint; solcherlei Purismus war den Griechen fremd und würde, wie Gadamer es ausdrückt, „das Göttliche im Menschen von allem Menschlichen im Göttlichen ausschließen"[13], was erst durch und mit dem Christentum möglich wurde.

Nun nennt Aristoteles das spezifische Werk der Vernunft, deretwegen sie sich überhaupt betätigt, ganz allgemein: die Wahrheit (*alêtheia*) – freilich, wie schon gesagt, in einem weiteren Sinne als demjenigen, in dem man heutzutage unter Philosophen ‚Wahrheit' versteht. Aristoteles kennt, anders als in unserem heutigen Verständnis, verschiedene Formen von Wahrheit, unter anderem eine ,praktische Wahrheit', die wir leicht als Gegenstand des Orientierungswissens identifizieren können. Unserem heutigen Verständnis von (Aussagen-),Wahrheit' entspräche bei Aristoteles die Wahrheit der *epistêmê*; wenn man so will: die ,bloß gewusste', die theoretische Wahrheit. Verbindet sich das epistemische Wissen mit der Evidenzwahrheit des *noûs*, dann haben wir es mit Weisheit zu tun, welche die umfassende Wahrheit der notwendigen Zusammenhänge des Ganzen besitzt.[14] Während nun die drei dianoetischen Tugenden *epistêmê*, *noûs* und *sophía* insgesamt das Feld der theoretisch einsichtigen, d. h. der notwendigen Wahrheiten entdecken, haben es die zwei Tugenden praktischer Vernunft mit den nicht-notwendigen praktischen Wahrheiten zu tun: Besitze ich eine bestimmte *téchnê*, so weiß ich, wie man etwas Bestimmtes richtig macht bzw. herstellt, besitze ich *phrónêsis*, so weiß ich, was hier und jetzt das für mich Tunliche ist.

Bevor wir dieses Hauptmerkmal aristotelischer Handlungstheorie, den Unterschied von ,Tun' (*prâttein* bzw. *prâxis*), welches der Klugheit, und ,Machen' (*poieîn* bzw. *poíêsis*), welches der Technik unterstellt ist, genauer betrachten, schauen wir zunächst einmal auf die Gemeinsamkeit von *téchnê* und *phrónêsis*. In ihrer Bezogenheit auf praktische Wahrheiten handelt es sich bei beiden Grundhaltungen um etwas, ,worauf man sich versteht'. Es handelt sich, mit Ryle gesprochen, um ein knowing-how, also ein Wissen als Können, das empraktisch gewusst und ebenso auch, im Sinne des ,learning by doing' gelernt wird.

Im Unterschied zum Wissen der *phrónêsis* ist nun eine begrenzte Explikation des technischen Könnens möglich (und beim epistemischen Wissen ist die Explikationsfähigkeit sogar notwendig, wenn man von einem Wissen sprechen will). Technisches Können kann allerdings nicht in einem expliziten Wissen aufgehen, denn dann würde es sich nur um *epistêmê* handeln, um bloße Theorie, wenn man so will. Wer eine bestimmte Technik beherrscht, sagen wir, die des Töpferns, der beherrscht sie auch ohne dazu die Kunstregeln explizit zu kennen – im Sinne von ,Sagen-können' –; ganz so, wie jemand grammatikalisch völlig korrekt sprechen kann, ohne auch nur eine einzige Regel der Grammatik hersagen zu können.

Zwar bezieht sich die Kunstfertigkeit, also das technische *know-how*, so wie die Klugheit bzw. die Selbstorientierungsfähigkeit auf mögliche Handlungen, d. h. auf etwas, was nicht notwendigerweise so ist, wie es ist; aber im Unterschied zur *phrónêsis* kann die *téchnê* auf Regeln, nämlich solche der kunstgerechten Herstellung, bezogen werden, wodurch eine über die jeweilige Situation hinausgehende Explikation dieser Regeln – kantisch gesprochen: der technischen Imperative – möglich wird und umgekehrt die Ausübung einer Kunst als

Aktualisierung (oder auch Durchbrechung) entsprechender Regeln aufgefasst werden kann. Die *phrónêsis* dagegen bezieht sich – so wie die pragmatischen Imperative in unserer Darstellung im Kapitel 2 – auf die Bestimmung des in einer bestimmten Situation angemessenen Tuns. Für Angemessenheit aber gibt es keine Regel. So wie Anstand, Geschmack, Takt oder Milde ist sie etwas, was mit einer bestimmten (einzuübenden) Wahrnehmungsfähigkeit (*aísthêsis*) für die Besonderheit einer Situation zu tun hat: Alle Praxis gehört zu diesem nicht verallgemeinerbaren Einzelnen und damit zum theoretisch unhintergehbaren ‚Letzten‘ (*éschaton*)[15].

4.2 Präxis und Poíêsis

Wir können, so Aristoteles, eine jede Handlungsweise unter zwei fundamental verschiedenen Gesichtspunkten beschreiben: Wenn die Handlungen als Mittel zur Erreichung von bestimmten, der Tätigkeit äußerlichen Zwecken aufgefasst werden, haben wir es mit einer *poíêsis* zu tun, einem ‚Machen‘ oder ‚Herstellen‘ (griech. *poieîn*, lat. *facere*), das durch ein Fachwissen (eben die *téchnê*, lat. *ars*) geleitet und eingesetzt wird. Hierbei wird in der Tat über Handlungen als Mittel zu beliebig qualifizierten Zielen disponiert. Die Bestimmung der Kunstregel, nach denen sich eine Herstellungshandlung vollzieht, steht dabei in Abhängigkeit von der Bestimmung des handlungsexternen Produkts (was kein Gegenstand im engeren Sinne sein muss, man kann hier ruhig auch an Flüchtiges wie etwa eine Rede oder ein Musikstück denken). Gäbe es dieses handlungsexterne, öffentlich zugängliche Produkt nicht, könnten wir keine solche Regel explizieren. Durch diese technisch-regelartige Auffassung ist aber das Handeln, betrachtet unter dem Gesichtspunkt der *práxis*, d. h. des ‚Tuns‘ bzw. des konkreten Vollziehens der Handlung (griech. *práttein*, lat. *agere*), nicht erfasst. Für das Handeln als *práxis* ist es dagegen charakteristisch, dass der Zweck der Handlung, anders als beim Handeln als *poíêsis*, nicht als tätigkeitsextern unterstellt wird: tätig kann man nämlich auch allein um der Tätigkeit willen sein.

Hierbei ist wichtig, dass sich strenggenommen keine Regeln dafür angeben lassen, wie man etwas tut. Wir können zwar sagen bzw. Regeln dafür angeben, wie man sich z.B. bewegen muss, um zu schwimmen. Dies betrifft den technischen Aspekt einer Handlung, oder das, was bei Aristoteles *poíêsis* heißt. Aber wir können nicht sagen bzw. eine Regel dafür angeben, wie man die Arme und Beine tatsächlich so, wie vorgeschrieben bewegt (hier bleibt nur das Ausprobieren, welches offensichtlich durch keine technische Regel angeleitet wird). Dies betrifft den Aspekt der Handlung, den Aristoteles *prâxis* nennt. Auch als Lehnwort im Deutschen hat ‚Praxis‘ diese Bedeutung: Wenn wir z.B. sagen, dass jemand zwar viel weiß, ihm aber ‚die Praxis fehlt‘, dann meinen wir damit, dass er sein Wissen nicht situationsadäquat in ein Tun umsetzen kann, wofür man eben Erfahrung und Übung braucht.

Hier ist ein weiteres Beispiel für die unterschiedlichen Gesichtspunkte von *prâxis* und *poíêsis*, unter denen wir eine Handlung betrachten können: Nehmen wir an, jemand spiele die Mondscheinsonate von Beethoven. Diese Handlung kann nun unter poietischem Aspekt z.B. bedeuten, dass ein Pianist gerade die Mondscheinsonate übt, um sie (etwa zu einem bestimmten Konzerttermin) perfekt aufführen zu können. Die konkrete Handlung ‚Mondscheinsonate spielen‘ würde damit der ‚Herstellung‘ z.B. eines guten Konzertes dienen. Ein anderer Fall, aber genauso unter poietischem Aspekt betrachtet, wäre es, wenn der Spieler das Klavierstück spielt, weil er im Rahmen einer musiktherapeutischen Behandlung seinen Gesundheitszustand wiederherstellen will usw. Unter dem Gesichtspunkt der Praxis gesehen können alle diese Herstellungshandlungen aber *auch* als Tätigkeiten begriffen werden, die, wie im Falle des Musikmachens, einen durchaus praxisinternen Zweck verfolgen: Der praktische Sinn des Musikmachens liegt allein darin, dass Musik gemacht wird, ‚einfach so‘.[16]

Es handelt sich bei *prâxis* und *poíêsis* zwar, wie Aristoteles sagt, um eine gattungsmäßige Verschiedenheit,[17] aber nicht um eine solche zweier verschiedener Klassen von Handlungen, sondern um eine solche zweier Beschreibungsweisen von Handlungen, wobei die entsprechenden Grundhaltungen des Denkens bzw. Einstellungen zum Handeln *phrónêsis* und *téchnê* sind. ‚Praktisch‘ und ‚poietisch‘ sind demnach intensionale Bestimmungen und können extensional auf dieselbe Handlung (als act-token) bezogen werden[18]. Kurz gesagt: Man versteht eine Handlung im Sinne der *poíêsis*, wenn man weiß, für welchen Zweck sie ein Mittel darstellt; man versteht eine Handlung im Sinne der *prâxis*, wenn man weiß, inwiefern sie einen Teil des Lebensvollzuges darstellt.

Die Selbstorientierung im Leben und Handeln einer Person hat nun etwas mit dem Praxisaspekt des Handelns zu tun, d.h. seinem Vollzugscharakter, weniger mit dessen ‚Zweckmäßigkeit‘ oder Nützlichkeit. Deswegen ist es auch kein Charakteristikum für die praktische Überlegung, dass sie Handlungen als ‚Mittel‘ zu (etwa durch eine bestimmte Präferenzordnung vorgegebenen) Zielen bzw. Zwecken (etwa einem dominanzartig vorgestellten Glück) findet. Dies ist ein Missverständnis, das entsteht, wenn man an dieser Stelle dem Aristoteles das heute gängige handlungstheoretische Zweck-Mittel-Intention-Schema unterstellt. Die praktische Überlegung richtet sich natürlich auf die konkreten Einzelziele von Handlungen. Nur die *eudaimonía* als inklusiv gedachter Sinn der Tätigkeit ist nicht fraglich. So wie der Arzt nicht überlegt, ob er die Gesundheit (von wem auch immer) befördern solle oder lieber nicht, denkt der Kluge nicht darüber nach, ob er die *eudaimonía* befördern solle oder lieber nicht; das bedeutet aber – sowohl für den Arzt wie für den Handelnden überhaupt – nicht im mindesten, dass er in seiner Tätigkeit nur über beliebige Mittel, um gesund bzw. glücklich zu werden, nachdenkt; vielmehr geht es im Rahmen der Gesundheits- bzw. Eudaimoniebeförderung natürlich vor allem darum, die richtigen Handlungsweisen selbst zu bestimmen, denen dann geeignete Mittel (und dann auch Mittelchen) zugeordnet werden können.[19]

Technische Regeln reichen zur Charakterisierung einer Handlung demnach nicht aus; denn eine Regel kann nicht zugleich die Bedingungen ihrer Anwendung/Umsetzung in eine Praxis, d. h. in ein Tun regulieren, wie umgekehrt konkretes Handeln nicht von einer Regel initiiert werden kann. Der *téchnê*, dem regelkundigen Sachverstand, der sich als Kunstfertigkeit habitualisieren kann, entspricht diejenige Verfassung der praktischen Vernunft, welche die Herstellungshandlungen (*poíêseis*) ‚wahr‘ – und das heißt hier nichts anderes als: ‚kunstgerecht‘ – macht.[20] Die *phrónêsis* dagegen ist diejenige Verfassung bzw. Grundhaltung (*héxis*), die ein vernünftiger Mensch einnimmt, um seine Handlungsvollzüge (*práxeis*) und damit letztlich sein ganzes Leben zu ‚wahren‘; weniger im Sinne der Selbsterhaltung, als vielmehr im Sinne von so etwas wie ‚Selbstverwirklichung‘.

Die *phrónêsis*, als Lebensklugheit, entdeckt also mitten im praktischen Leben das, was im Horizont des eigenen Lebens zu tun sinnvoll und angebracht ist. Sie ist verantwortlich dafür, dass der Vollzugscharakter des Handelns mit und durch Vernunft erhalten und erweitert wird, so dass das Leben gut – und das heißt: selbstorientiert, mit einer gewissen Linie – verläuft. Dies scheint mir der tiefere Sinn dessen zu sein, was Aristoteles über die *phrónêsis* sagt, nämlich dass sie eine auf das praktische Leben bezogene Einstellung ist, die das jeweils für den Menschen Gute und Schlechte einsichtig macht.[21]

Nun gibt es bei Aristoteles innerhalb der praktischen Vernunft offenkundig einen Primat der *phrónêsis* vor der *téchnê*, so wie es ähnlich auf der Seite der theoretischen Vernunft einen Primat der *sophía* vor der *epistêmê* gibt. Hier spielt jeweils die Mitwirkung des *noûs* eine entscheidende Rolle. Während die Weisheit geradezu in einer Verbindung von epistemischem Wissen mit einer Intuition fürs Erste und Letzte, eben dem *noûs*, besteht, scheint *noûs* schon integraler Bestandteil der *phrónêsis* zu sein, wie Aristoteles in NE VI, 9 andeutet, wenn

er darauf hinweist, dass die Klugheit sich einerseits mit dem schlechthin Einzelnen konkreter – wir können ergänzen: nur erstpersonal
erfassbarer – Handlungssituationen beschäftigt, von denen es keine
Wissenschaft, sondern nur noch Wahrnehmung (*aísthêsis*) gäbe.[22]
Diese ist freilich keine sinnliche, sondern eben eine intellektuelle, eine
Evidenzerfahrung, wie wir sie etwa haben, wenn wir ohne weiteren
Beweis schlicht durch eine Art Intuition einsehen, dass Dreiecke die
,letzten' oder ,ersten' elementaren geometrischen Gebilde sind. Solche
intellektuellen Evidenzerlebnisse sind aber die Domäne des *noûs*,
weshalb Gadamer den Punkt gut getroffen hat, wenn er zu dieser
Stelle kommentierend schreibt, dass die konkrete Handlungs-
entscheidung für das ,Gute' „nicht nur Sache einer Argumentation"
sein kann, sondern „die Evidenz des Richtigen, die am Ende den
Entschluss trägt"[23], erforderlich macht. Eine rein ,technische' Auffassung des Handelns sowie des Lebens überhaupt kann dagegen niemals
zu einer solchen Evidenz gelangen, denn hier sind es ja nur bestenfalls
gut begründete, aber doch immer schon vorab bestehende Regeln, die
dann (mit ein bisschen bestimmender Urteilskraft) im und durch das
Handeln angewendet werden. Mit ihrer *phrónêsis* aber, so könnte man
sagen, erfindet die handelnde Person die Regel für die jeweilige Situation neu und sie findet eine auf die Situation passende Regel in fremden und eigenen Erfahrungsschätzen.[24]

Sachverstand und Lebensklugheit, mithin das praktische Wissen
der *téchnê* und das der *phrónêsis* unterscheiden sich darin, dass letzteres nicht in irgendeiner Weise vorgegeben werden kann. Es gibt keine
Standards der Lebensführung, so wie es Standards des Handwerks
oder der Kunst gibt, oder jedenfalls nicht in demselben Sinne; sicherlich gibt es Beispiele guter Lebensführung, aber an Beispielen kann
man sich nicht messen. Das Wissen der Klugheit ist anderer Art als
das Wissen der Kunst.[25]

Anders als bei den Gegenständen der *téchnê*, der kunstvoll verfer-
tigten Dinge des Lebens – bis hin zur Gestalt des Lebens selbst, wie
etwa in den späteren Lebenskunstlehren –, kann es beim ,Gegenstand'
der *phrónêsis*, nämlich der (immer auch gemeinschaftlich erfolgenden)
Selbstorientierung, Beratung und Erwägung des zu Tuenden keine an
irgendeinem Material sich manifestierende Meisterschaft geben. Daher kann es auch, wie wir weiter oben schon in Bezug auf das Glück
sagten, keine Experten des guten Lebens geben, denn das gute Leben
ist etwas nur je individuell Bestimmbares. Die mit der Klugheit
durchgeführte Beratung über das Tunliche kennt strenggenommen
keine Standards, also auch keine Meisterschaft. Im Grunde ist es also
auch von Anfang an verfehlt, das Leben meistern zu wollen; die *phrónêsis* manifestiert sich nicht in Meisterwerken der Lebenskunst, sondern gerade umgekehrt in der Auflösung von Fixierungen an be-

stimmte Vorstellungen vom Leben, sie zielt nicht auf ein Werk (*ergon*), sondern auf die Beförderung des Lebensprozesses (*enérgeia psychês*).

Ob ein Ratschlag, den der Kluge sich und anderen im Interesse der Aufrechterhaltung und Beförderung der „Tätigkeit der Seele gemäß der ihr eigenen Tugenden"[26] gibt – nichts anderes bedeutet nach dem ersten Buch der *Nikomachischen Ethik*: *eudaimonía* oder das gute Leben –, gut oder schlecht ist, kann dabei, wie schon mehrfach betont, nicht unabhängig von der (Lebens-)Situation, in der sie erfolgt, bestimmt werden. Anders als mit ihrer *téchnê* müssen die Menschen sich in und mit ihrer *phrónêsis* nicht an widerständigem Material abarbeiten. Weil die technische Meisterschaft in gewisser Weise dem Zufallsglück ausgeliefert ist[27] – man kann poietisches Gelingen nicht lernen,[28] so wie man lernen kann, seine Schuhe korrekt zuzubinden – bleibt der Kluge in der Ausübung seiner *phrónêsis* als Handlungsorientierung gewissermaßen ,bei sich‘ bzw. ist sich selbst genug. Dazu gehört, dass das ,Werk‘ des Klugen, d. h. sein Tätigsein und die Realisierung seiner Lebenskräfte, niemals ein schlechtes sein kann, das Werk im Sinne der Technik aber sehr wohl. Ein schlechter Schuhmacher ist immer noch ein Schuhmacher und damit Träger einer *téchnê*, der Mensch aber, der ein schlechtes Leben führt, kann unmöglich ,klug‘ genannt werden, er ist kein Träger von *phrónêsis*.[29] Umgekehrt gilt daher auch, dass ein Fachmann, der in seiner Kunst bewusst einen Fehler macht, dem, der ihn unfreiwillig macht, vorzuziehen ist, während dies im ethischen Handeln gerade umgekehrt ist.[30] So wie bei manchen persischen Teppichknüpfmeistern, die absichtlich Webfehler produzieren, um vor Allah nicht als anmaßend zu gelten, sind bewusste Fehler natürlich generell Ausdruck höchster technischer Meisterschaft bzw. der Kompetenz, den Fehler auch unterlassen zu können.

Bei alledem aber wird deutlich: Das Gelingen des Lebens, die *eudaimonía*, ist kein technisch-poietisch zu produzierendes Gut, denn es kann hier keine Meisterschaft geben. Das Glück bzw. der Sinn des Lebens ist im Prinzip unabhängig von der Zufälligkeit der Umstände der Lebenssituation zu sehen; der Kluge weiß sich (und anderen) in jeder Situation zu helfen, auch dort, wo es keine Regeln oder Standards gibt, an denen er sich orientieren kann.

4.3 Eudaimonía

Entsprechend wird die *eudaimonía*, das Gute für den Menschen, von Aristoteles als „kat’aretên enérgeia psychês"[31] definiert, als die individuelle Seelentätigkeit in ihrer Bestform. Dies ist nicht als eine empirische These zu verstehen, auch nicht als Realdefinition des Glücks, sondern als ein begriffsanalytischer Zusammenhang, als eine Nominaldefinition (im Sinne von: „Wir nennen ‚Glück‘: optimalen Lebensfluss"). Dies wird gerne übersehen, wenn *eudaimonía* vorschnell mit ‚Glück‘ oder ‚happiness‘ übersetzt und dabei Glück als ein Superzweck des Handelns unterstellt wird, dem die Handlungsvollzüge als Mittel koordiniert werden.[32] ‚*Eudaimonía*‘ ist aber zunächst einmal nichts anderes als die formale Anzeige des Umstands, dass es Dinge gibt, über die wir beim Handeln nicht nachdenken, z. B. darüber, ob wir unsere jeweils besten Daseinsmöglichkeiten realisieren wollen bzw. sollen oder nicht. ‚*Eudaimonía*‘, so wie das Konzept zu Beginn der *Nikomachischen Ethik* eingeführt wird, bedeutet zunächst einmal nichts anderes als „das bestmögliche Leben"[33] – ergänze: insofern es geführt wird, d. h. nicht als (End- oder Ziel-)Zustand vorgestellt, sondern als ein Prozess. *Eudaimonía* ist kein Resultat eines wie immer auch guten Handelns, sondern das gute Handeln (*euprâxía*) selbst, nicht der Lohn für das gute Leben, sondern das gute Leben (*eu zên*) selbst. Sie betrifft nicht einen Zustand im Leben, sondern die Form des Lebens oder bestimmter Lebensabschnitte als ganzer. *Eudaimonía* kann daher bei Aristoteles als umfassendes und übergeordnetes Handlungsziel gar nicht zur Diskussion stehen, denn es ist ein begriffsanalytischer Zusammenhang, der hier konstatiert wird.[34] Es ist unsinnig, Überlegungen darüber anzustellen, ob man besser ein (in beliebiger Hinsicht) gutes oder lieber ein (in beliebiger Hinsicht) schlechtes Leben führen möchte. Wenn man das tut, hat man nicht begriffen, was ‚gutes Leben‘ bedeutet. Zu diesem gehört es wesentlich, dass es seine Ziele und damit seinen ethischen Lohn in sich trägt und mithin ‚autark‘ ist.

Deswegen handelt es sich bei der *eudaimonía* überhaupt nicht um einen obersten „Zweck" des Handelns, wenn es sich bei diesem um einen durch das Handeln herbeiführbaren Sachverhalt handelt. Im aristotelischen Sinn ist *eudaimonía* kein Sachverhalt wie es z. B. die ‚Abwesenheit von Schmerz‘ oder die ‚Befriedigung all unserer Neigungen‘ oder aber, wie es die hellenistischen Nachfolger des Aristoteles bis hin zu heutigen Lebenskunstphilosophen behaupten, die Schönheit eines zu schaffenden Lebens-Kunstwerks[35] wären. Bei allen Bestimmungsversuchen von *eudaimonía* unter dem *poíêsis*-Aspekt, d. h. überall dort, wo Glück dominanztheoretisch als ein (oberster) Zweck des Handelns aufgefasst wird, der durch geeignete Mittel gemäß der *téchnê* (bzw. der *ars vivendi*) realisiert wird, behält die kantische Kritik am Eudaimonismus als Glückstechnik recht. Aristoteles ist hier sehr ausdrücklich: „Das Leben ist Praxis, nicht Poiesis"[36]. Für die Erhaltung und Erweiterung möglicher Praxis, der Handlungsvollzüge also, ist die *phrónêsis* zuständig. Auch und gerade von ihr ist abhängig, ob das Leben ‚glückt' oder nicht.

Was bedeutet aber Seelentätigkeit in bestmöglicher Form, wenn es doch mehrere Bestformen bzw. Tugenden gibt? Dann, so Aristoteles, muss die *eudaimonía* die Lebensaktivität „im Sinne der vorzüglichsten und vollendetsten"[37] (*teleiótaton*) Tüchtigkeit bzw. Tugend (*aretê*) sein. Diese Ergänzung – zusammen mit der direkt darauf folgenden, dass die *eudaimonía* mindestens eine Teilspanne – eine Zeitform also, keinen datierbaren Zustand – des Lebens betrifft – hat viele Interpreten nach der einen Lebensform und der einen Tugend suchen lassen, die vollgültige *eudaimonía* beinhalten würde und die daher klugerweise anzustreben wäre. Nun lässt Aristoteles keinen Zweifel, dass er die *sophía* und entsprechend das Leben des Philosophen, den *bíos theoretikós*, als eine Idealform des Lebens ansieht.[38] Meint Aristoteles damit, dass es *eudaimonía* nur für den Philosophen gibt?

Nein, das wäre ein Kurzschluss. Zwar spricht Aristoteles im Buch X der *Nikomachischen Ethik* ausführlich über den *bíos theoretikós* und seine Eignung für ein glückliches Leben, aber das darf nicht dazu führen, hier ein Glücksrezept herauslesen zu wollen, das da hieße: „Maximiere den Anteil an Kontemplation in Deinem Leben."[39] Das Leben des Philosophen ist nicht nur deswegen glücksschwanger, weil es typischerweise darin besteht, Dinge zu betreiben, die zu nichts anderem nütze sind, als sie zu betreiben – wie zum Beispiel Denken, Kontemplieren, Theoretisieren usw. Das Philosophieren besitzt als autarke, selbstgenügsame, in sich ruhende Tätigkeit vielmehr einen solch hohen Stellenwert bei Aristoteles, weil es reflexiv auf sich bezogen ist, modern gesprochen: immer auch mit Bewusstsein ihrer selbst verbunden ist. *Eudaimonía* lässt sich überhaupt nicht mit einer bestimmten Lebensform oder der Ausübung einer bestimmten Tugend identifizieren. Das „teleiótaton" muss inklusiv verstanden werden, also so, dass die höchste und vollendetste Tugend diejenige ist, die alle anderen Einzeltugenden *umgreift*, also nicht einfach die höchste der Tugenden ist, sondern die komplette Tugend. Wir können den Nachsatz der *eudaimonía*-Formel ruhig so verstehen, dass es bei einer Pluralität von möglichen Bestformen der Seelentätigkeit – für die Seelentätigkeit des Theorietreibens die *sophía*, für den Umgang mit Ängsten die *andreía* (Tapferkeit), für den Umgang mit Lüsten die *sophrosýnê* (Besonnenheit), für den Umgang mit anderen Menschen einerseits *philía* (Freundschaft), andererseits *dikaiosýnê* (Gerechtigkeit) usw. – darauf ankommt, diese Daseinsmöglichkeiten möglichst wenig einseitig auszubilden. Wer z. B. Theorie im Sinne der *sophía* nur auf Kosten z. B. der Gerechtigkeit betreiben kann, wird genausowenig ein glückliches Leben führen können wie z. B. wie derjenige, der sich

Lust auf Kosten der Gesundheit verschafft. Es geht beim *teleiótaton* um das Ganze der Tugend, nicht um eine einzelne Tugend.[40]

Das Leben in Kontemplation ist daher nur ein sehr gutes Beispiel, d. h. ein Paradigma selbstgenügsamen, autarken Lebens. Aber damit ist nicht gesagt, dass alle Menschen danach streben würden oder sollten. Aristoteles selbst weist darauf hin, dass das Philosophenleben ein Ideal ist, weil ein solches Leben „höher ist, als es dem Menschen als Menschen zukommt."[41] Die Menschen müssen sich dagegen an Tätigkeiten halten, die „menschlicher Art"[42] sind und die, sofern sie Teil des glücklichen Lebens sein sollen, den Tugenden der Tapferkeit, der Gerechtigkeit, der Besonnenheit usw. entsprechen müssen. Die *phrónêsis* hat dabei gewissermaßen die Funktion, die Menschen auf dem Boden der individuellen Voraussetzungen bleiben zu lassen und damit zu gewährleisten, dass die *eudaimonía* als Seelentätigkeit auch tatsächlich realisiert wird. Jedes einzelne Individuum muss hier aber jeweils für sich bestimmen, wie die ‚Tätigkeit der Seele gemäß der ihr eigenen Tugenden‘, also die *eudaimonía* jeweils realisiert werden kann.

Deshalb kann es für das gelungene Leben auch keine allgemeinen Regeln geben, die wir dem Leben abschauen könnten. Das Erfahrungswissen des Klugen, noch einmal, ist kein technisch-schematisches Regelwissen.[43] Das Glück bzw. der Lebenssinn eines Menschen ist eine Funktion der Gesamtheit seiner Praxis.[44] Das Thema der aristotelischen Ethik ist daher nicht die theoretische Erkenntnis des Guten (und dann gegebenenfalls die Anwendungen dieser theoretischen Erkenntnis auf die Praxis), sondern die Realisierungsformen der Praxis selbst.[45]

Von einem Menschen zu sagen, er führe ein gutes Leben, heißt dann eben nicht nur, dass er bestimmte Handlungen und Handlungsweisen vollführt. Die *eudaimonía* betrifft höherstufige Sachverhalte, die mit der Weise, wie jemand Handlungen und Handlungsweisen vollführt, zu tun haben. Von jemandem sagen, er führe ein gutes Leben, kann etwa heißen, dass er seine individuellen Möglichkeiten realistisch einschätzt, dass er sich nicht durch sein Handeln in Sachzwänge bringen lässt, dass er nicht unentschlossen und wankelmütig, aber auch nicht stur und verbohrt in seinem Vorgehen ist usw. Es geht hierbei also um die Formung der Praxis als ganzer und diese Formung kann nicht wiederum Ziel einer bestimmten Handlung oder Handlungsweise sein. Dementsprechend können unsere Handlungen selbst dabei nur indirekt auf das ‚Glück‘ bezogen sein, denn das ‚Glücken‘ (Gelingen) einer Praxis – ob es sich hierbei um Einzelhandlungen oder um ein ganzes Leben handelt – ist nicht sinnvollerweise als Zweck dieser Praxis anzusprechen. Auf die Frage, warum er die Mondscheinsonate spielt, wird der Pianist kaum antworten: damit ihre Aufführung gelingt. Das konkrete Ziel seiner Handlung ist viel-

mehr (ob unter poietischen oder praktischen Aspekt), die Mondscheinsonate zu spielen, eventuell noch: sie gut zu spielen. Aber es
gehört nicht zur Handlung dazu, dass sie in jedem Falle gelingt. Mit
anderen Worten: das Gelingen der Aufführung wird oblique intendiert. Vielmehr muss die Handlung ‚Mondscheinsonate spielen‘ sogar
scheitern können, damit man sie überhaupt als solche identifizieren
kann.

Die *phrónêsis* oder Klugheit ist nun, wie gesagt, dafür zuständig,
Wege zu finden, die Handlungsvollzüge bzw. Praxen individuell zu
realisieren. Ein gutes Leben ist daher gleichbedeutend mit einem klug
geführtem Leben, wobei das faktische Scheitern oder Gelingen nicht
entscheidend ist.[46] Worin besteht nun aber konkret die Leistung der
Klugheit? Wie tritt sie in Aktion? Wie findet sie die Wege zur ‚richtigen‘ und angemessenen Realisierung einer Praxis?

4.4 Die Klugheit in Aktion

Wir haben gesehen: Erfüllung bzw. Glück, d. h. die *eudaimonía* als das
für den Menschen Gute, kann nach Aristoteles nur im Gelingen der
Praxis, in der *eupraxía* liegen. Diese ist nicht identisch mit gelingender
poíêsis: Strenggenommen kann man sein Glück nicht ‚machen‘. Ein
Handwerker kann noch so meisterhaft sein und dennoch keine Erfüllung in seiner Tätigkeit sehen (etwa, weil er vielleicht immer etwas
anderes werden wollte). Auch wenn dies für Aristoteles keine gebotene Vorstellung war, es spricht umgekehrt nichts dagegen, dass nicht
auch ein minder begabter Handwerker völlig in seiner Tätigkeit (qua
prâxis) ‚aufgehen‘ kann. *Eupraxía/eudaimonía* kann nur im gelingenden Vollzug einer Handlung, also bestenfalls in der Produktion (aber
auch und vor allem in ‚unproduktiven‘ Tätigkeiten wie z. B. Spielen),
nicht im Produkt liegen. Das Mindestkriterium ‚gelingender Praxis‘
(wohlgemerkt: als ganzer) ist demnach die Stabilität dieser Praxis im
Hinblick auf das Leben als ganzem, d. h. der Umstand, dass die Handlungsfähigkeit durch sie mindestens nicht beschädigt wird. Kein Wunder also, dass Aristoteles als Beispiele für *prâxeis* Handlungen anführt,
bei und in denen bestimmte Fähigkeiten geübt (und damit verbessert)
oder Lebensprozesse aufrechterhalten werden: Kithara spielen, Spa-
zierengehen, Kinder zeugen usw.

Das Kriterium der Aufrechterhaltung und Erweiterung biologi-
scher und psychologischer Lebendigkeit spielt dementsprechend auch
in der aristotelischen Lehre von den ethischen Tugenden als Mitten
(*mesótês*) zwischen Extremformen des Handelns die zentrale Rolle.
Extremformen des Handelns sind eben gerade daran erkennbar, dass

sie längerfristig die Praxis als Ganze (bzw. damit auch ‚sich selbst‘) tendenziell zerstören. So ist die Mäßigung (*sophrosýnê*) als Tugend diejenige durch Gewöhnung (*ethismós*) zu einem Charakter (*héxis*) herangebildete Haltung, durch die eine Mitte zwischen dem einen Extrem des Übermaßes (z. B. süchtiger Abhängigkeit) und dem anderen Extrem der Enthaltsamkeit gehalten wird.[47] Entsprechend ist im Bereich des Umgangs mit Angst die Tugend der Tapferkeit eine Mitte zwischen Leichtsinn/Tollkühnheit einerseits und Feigheit andererseits.[48]

Durch die Bestimmung der ethischen Tugend als einer Mitte zwischen Extremformen des Handelns umgeht Aristoteles die Schwierigkeiten der ‚ideellen‘ oder definitorischen Bestimmungsversuche bestimmter Tugenden, wie sie bei Platon zumeist aporetisch bleiben mussten. Schon Platons Analysen bestimmter Tugendbegriffe kommen, wie beispielweise in den Frühdialogen wie dem *Laches* (bezüglich der Tapferkeit) oder dem *Charmides* (bezüglich der Besonnenheit) zu dem ‚Ergebnis‘, dass wir keine generellen Aussagen darüber treffen können, was Tapferkeit, Besonnenheit usw. *an sich* sind. Wir können einigermaßen sicher sagen, was sie nicht sind – Tapferkeit ist (selbstverständlich) nicht Feigheit, aber eben auch nicht Tollkühnheit, Besonnenheit ist (selbstverständlich) nicht Unmäßigkeit, aber eben auch nicht Schamhaftigkeit – aber wir können sie zumindest theoretisch nicht auf den Punkt bringen. Aus dieser definitorischen Not macht Aristoteles eine Tugend, eben die Meta-Tugend *phrónêsis*, welche die geforderte Exaktheit dessen, was genau besonnen, tapfer, gerecht usw. bedeutet, zwar nicht theoretisch ein-für-allemal, aber dafür praktisch je-und-je zu liefern imstande ist. Was genau Gerechtigkeit heißt, können wir nicht sagen, wir können es nur paradigmatisch sehen, es zeigt sich in der je individuellen Praxis eines (klugen) Menschen. Solange wir von den Tugenden an sich, also unabhängig von den Menschen, deren Tugenden sie sind, sprechen, solange können wir nach Aristoteles in der Ethik nicht weiterkommen.

Die lediglich allgemeinen und umrisshaften (*týpoi*) ethischen Bestimmungen, die sich systematisch in einer Wissenschaft namens ‚Ethik‘ treffen lassen, sind also hinsichtlich ihrer Umsetzung in konkrete Praxis gleichsam „ungesättigt“[49] und bedürfen einer durch praktische Schritte vollzogenen Konkretisierung.[50] Diese Konkretisierung vollzieht die *phrónêsis* mit zwei ihr wesentlichen Teilakten, nämlich der Beratschlagung oder Überlegung (*boúleusis*) und dem im Lichte der durch die Beratschlagung entdeckten praktischen Evidenz erfolgenden Entschluss (*prohaíresis*). Im Lichte der Überlegung wird das konkrete Handlungsziel erst erfassbar, wählbar und sodann praktisch in einen Handlungsvollzug umgesetzt. Durch die Wiederholung dieses Prozesses, durch die Ausübung dieser durch die Klugheit situativ bestimmten Handlungsvollzüge – also durch das Tun und nicht durch Wissen, wie Platon nach aristotelischer Meinung dachte – bildet eine Person individuelle Charaktermerkmale aus,[51] für die sie also, zumindest ab einem bestimmten Alter, in gewisser Weise selbst verantwortlich ist.

Der Prozess der Bildung eines bestimmten Handlungsentschlusses kann mit Hilfe einer Analogie beschrieben werden: Vom Überlegen zum Handeln kommt man durch eine Art ‚Schlussverfahren‘, dem sogenannten ‚praktischen Syllogismus‘. Auch wenn Aristoteles den Terminus „praktischer Syllogismus" gar nicht kennt, so exponiert er doch im siebten Buch der *Nikomachischen Ethik* im Zusammenhang mit dem sogenannten Willensschwäche- bzw. *akrasía*-Problem (s. u.) eine nach dem Modell des logischen Syllogismus gebildete Figur praktischen Folgerns. Wie beim theoretischen gibt es beim praktischen Folgern einen allgemeinen Obersatz, der hier allerdings in einer Präskription besteht (das können subjektive Grundsätze/Maximen, Gebote, allgemeine Normen usw. sein). Des weiteren gibt es einen partikularen deskriptiven (Unter-)Satz, der die konkrete Handlungssituation betrifft – dieser wird durch die Klugheit bestimmt –, und eine ‚Schlussfolgerung‘, die nicht, was oft missverstanden wird, in einem weiteren (präskriptiven) Satz, sondern in der konkreten Ausführung einer Handlung besteht – so wie man auch umgangssprachlich sagt, man ‚ziehe die Konsequenzen‘ aus einem bestimmten Sachverhalt, womit dann ein konkretes Handeln, nicht ein Urteil gemeint ist.

Das Modell des praktischen Syllogismus scheint mir nun geeignet dafür, die Unterschiede verschiedener historischer Klugheitskonzeptionen auch systematisch unterscheiden zu können. Das folgende Beispiel ist für Aristoteles von einiger Wichtigkeit: die sokratisch-platonische *phrónêsis* als oberste Form der Erkenntnis wäre im praktischen Syllogismus sowohl für Ober- wie auch für die Untersätze zuständig; daher kommt es, dass in dieser Vorstellung tatsächlich ein Wissen um das Gute direkt auf die Handlungsebene ‚durchschlagen‘ kann. Wenn dies nicht der Fall ist, kann man nach sokratisch-platonischer Vorstellung sowohl beim Unentschlossenen und Unbeherrschten (Akratiker), als auch beim Lasterhaften (Akolastiker) sagen, dass sie ‚Unwissende‘ sind, einfach deswegen, weil wir sonst ja sagen müssten, dass es möglich ist, dass jemand wissentlich das (für ihn) Schlechte tut. Das aber ist, wie Platon von Sokrates behaupten lässt, unmöglich.

Aristoteles polemisiert nun an mehreren Stellen[52] gegen den sokratisch-platonischen Intellektualismus, der das Phänomen der Willensschwäche bzw. der Unentschlossenheit anscheinend auf eine *epistemische* Unwissenheit zurückführen zu können glaubt. Weitaus phänomengerechter meint Aristoteles, dass der Akratiker theoretisch

sehr wohl um das Gute weiß, ja, sogar die einschlägigen Präskriptionen anerkennt; seine Schwäche aber vielmehr darin besteht, dass er
diese von ihm in ihrer Gültigkeit anerkannten Präskriptionen nicht
praktisch in die Tat umzusetzen vermag. Typisch für die Akrasie ist,
dass Entscheidungen über das zu Tuende nicht zu entsprechenden
Entschlüssen führen, dass ‚die Konsequenzen nicht gezogen werden'.
Der Akratiker ist jemand, der (praktisch) nicht tut, was er (theoretisch) zu tun weiß.[53] Darin besteht seine Unklugheit. Dies liegt nun in
der Tat daran – von daher ist der sokratischen These zuzustimmen –,
dass dem Unentschlossenen ein ‚Wissen' fehlt, nämlich dasjenige der
phrónêsis. Dieses ist aber eben gerade nicht mit der theoretisch-episte-
mischen Vernunft zu identifizieren, sondern mit der ins Handeln
überleitenden genuin praktischen Vernunft. Dem Unentschlossenen
fehlt also nicht wie in der sokratischen Unterstellung das (epistemische und allgemeingültige) Wissen um das Gute bzw. das Wesen der
Tugend, sondern das (praktische) Wissen um die Konkretisierung des
Guten. Inkonsequenz ist also eine Form von Dummheit, so überein-
stimmend Platon und Aristoteles; aber sie ist, so Aristoteles gegen
Platon, eine andere Art der Dummheit als die epistemische Unwissenheit. Mit der Terminologie aus Kapitel 1 gesprochen: Dem Akratiker
fehlt es an Orientierungs-, nicht an Verfügungswissen.
　　Wenn diese Beschreibung das Phänomen des *akratês* besser trifft
als die sokratisch-platonische – die im Übrigen auch den Lasterhaften
vom Unentschlossenen nicht zu unterscheiden vermag –, dann ist
auch von hier aus schon klar, dass es sich beim praktischen Syllogismus nicht um eine ‚logische' Angelegenheit handelt. Vielmehr wird in
ihm Meinung (*dóxa*) – ob wahr oder falsch sei dahingestellt – und
Streben (*órexis*) vermittelt, so dass eine *prohaíresis* – eine Vorzugswahl
im Sinne des Entschlusses, etwas zu tun – vollzogen und damit ein
Handeln initiiert wird. Die *prohaíresis* ist daher nicht eine Entscheidung darüber, was zu tun am besten ist (im Sinne einer über Optionen
kalkulierenden Wahl), sondern vielmehr als ein „überlegtes Streben"
bzw. eine „strebende Vernunft" aufzufassen; dies betrifft eher die
Ausrichtung des Willens vor jeder dann im Lichte eines gebildeten
Willens stattfindenden Optionswahl.[54]
　　Die spezifische Leistung der Klugheit besteht also gerade darin,
einer Person zum Handeln gemäß ihrer Einsicht zu verhelfen, sie ist
nichts anderes als eben diese Kompetenz. Handlungstheoretisch ist
dieser Übergang, wie gesagt, an der Erzeugung eines Handlungsentschlusses, einer *prohaíresis* festzumachen. Aristoteles stellt hierbei
deutlich die affektive Basis des Handelns heraus: ohne Streben kein
Handeln. Freilich reicht das Streben allein nicht aus, es muss auf eine
bestimmte Weise orientiert sein, wenn wir von Handeln im Sinne der
Praxis sprechen. Die habituelle Ausrichtung des Strebens in den Tu-

genden bzw. Lastern geschieht wiederum durch den *ethismós*, d.h. durch Gewöhnung. In den jeweiligen, durch die *phrónêsis* durchgeführten Entscheidungen, wird gleichsam das Streben ausgerichtet und durch wiederholtes Entscheiden werden bestimmte Grundmuster verinnerlicht bzw. habitualisiert.

Man kann hier eine enge Verschränkung von Klugheit und ethischer Tugend sehen: Ohne ethische Tugend gibt es keine Klugheit, ohne Klugheit aber auch keine ethische Tugend. Dies ist so zu verstehen, dass ohne die allgemeine Zielvorgabe der ethischen Tugenden (nämlich tapfer, gerecht, mäßig, großzügig usw. zu sein) die Klugheit keine Ausrichtung auf das Gute hat: nur der ethisch Tugendhafte kann aber klug genannt werden, weil nur er im Interesse des Praxiserhaltes und der Praxiserweiterung und damit letztlich und per obliquer Intention auf *eudaimonía* gerichtet handelt. Umgekehrt gilt aber: Keine Tugend ohne Klugheit, denn sittliche (ethische) Tugend ist ein ‚mit rechter Vernunft verbundener‘ (*metá lógou*) und nicht bloß ‚ihr gemäßer‘ (*katá lógou*) Habitus. Ethische Tugend als affektiver Habitus manifestiert sich also nur in den durch die Klugheit situationsadäquat orientierten Handlungsweisen, die wiederum auf den Habitus zurückwirken.

Klug ist also weder der, der nur weiß, was das Gute ist, es aber nicht in die Tat umzusetzen vermag – weil er z.B. durch die Leidenschaften korrumpiert ist, wie im Falle der *akrasía* – noch ist klug derjenige, der zwar effektiv seine Vorhaben umsetzt, aber nach falschen Prinzipien handelt, wie im Falle der *akolasía*. Ja, noch nicht einmal derjenige ist klug zu nennen, der sowohl nach richtigen Prinzipien handelt als auch sie situationsangemessen in die Tat umzusetzen vermag, dabei aber seiner affektiven Struktur zuwider handelt: Dies ist der Fall des (nur) ‚Beherrschten‘, des *enkratês*,[55] der sich nur enthaltsam zeigen kann, indem er sich mit Gewalt gegen seine eigene affektive Struktur durchsetzt.[56] Der Kluge, der *phrónimos* oder *spoudaîos*, also der Tugendhafte (und deswegen eben auch Besonnene) zeichnet sich dagegen gerade durch die Eigenschaft aus, das sittlich Richtige in der Situation *angemessen*, d.h. zur richtigen Zeit und zum richtigen Ort und überdies ‚mit Freuden‘ – also nicht ‚unwillig‘, sondern in einem gewissen Sinne *gut gelaunt* – zu tun. Ein Person trifft sichere Handlungsentscheidungen nicht aufgrund einer Abwägung der Eigenschaften bestimmter Handlungsziele, sondern aus einer bestimmten festen Grundhaltung heraus, aus der Handlungsziele überhaupt erst in den Skopus ihres Interesses rücken, während andere, ‚an sich‘ erwägenswerte Ziele erst gar nicht zur Diskussion stehen.[57]

4.5 Autotelie der Klugheit

Klugheit arbeitet im Interesse der Praxis, d.h. derjenigen Handlungen, die um ihrer selbst willen gewollt und ausgeführt Teile einer *eupraxía* bzw. der *eudaimonía* sind. Seine Klugheit lässt einen Menschen das Augenmerk auf denjenigen Aspekt anstehender Handlungsweisen lenken, der sie nicht technisch-‚poietisch‘, d.h. als gegebenenfalls in Kauf zu nehmendes Mittel zum Zweck, sondern lebensklug-‚praktisch‘ betrachtet, d.h. so, dass der hedonische, ästhetische, ethische oder auch religiöse Eigenwert des Handlungsvollzuges sichtbar wird. Der Handlungsvollzug wird dadurch letztlich zu einem Teil des Lebensweges, die Handlung integriert in das Leben der handelnden Person, in etwas also, das sie nicht nur tut, sondern auch tätig erlebt. Es findet unter der Leitung der *phrónêsis* so etwas wie eine Aneignung des Tuns bzw. einer Praxis durch die handelnde Person statt, weshalb es völlig richtig ist, ihr eine lebensgestaltbildende Funktion zuzurechnen.[58] Durch sie und mit ihr gelangen die Individuen zu ihrer je individuellen praktischen Selbstorientierung, d.h. ihrer Lebens- und Handlungsausrichtung und damit auch zu ihrem ‚Lebenssinn‘. Hierin kann die Klugheit des Einzelnen nicht anders als selbstständig verfahren, denn als die orientierende Kraft ist sie nicht ihrerseits eine zu orientierende.

Die Selbstständigkeit der *phrónêsis* – am Ende muss man sogar sagen: Sie ist nichts anderes als Selbstständigkeit in Urteil, Handlungs- und Lebensweise – liegt also nicht in der Bestimmung von Orientierungsinstanzen. Ob etwas überhaupt eine Orientierungsinstanz ist bzw. sein kann oder nicht, ist Sache des *noûs*. Die Orientierungsinstanzen sind zudem, mindestens bei Aristoteles, im Wesentlichen durch die Wertstruktur einer Gemeinschaft, etwa in Form bestimmter Tugendideale vorgegeben. Die Selbstständigkeit der *phrónêsis* liegt vielmehr einerseits in der Bestimmung des Verhältnisses der verschiedenen möglichen Orientierungsinstanzen für die generelle Handlungsorientierung eines Individuums,[59] was also die Gestaltung des Lebens als eines ganzen angeht; andererseits in der Bestimmung – oder besser: im Wahrnehmen, im Gespür (*aísthêsis*) – für den rechten Augenblick (*kairós*) eines bestimmten Tuns. Eine kluge Person verfährt in beiden Aufgaben souverän, denn es kann aus logischen Gründen hierfür keine transsituativen Regeln geben; es ist ein je individueller Weg, den die betreffende Person hier wählt, selbst wenn dieser sich mit dem Weg vieler anderer Menschen decken sollte. Es geht nicht um Originalität, sondern um Authentizität, um das Tun des (jeweils) Seinigen.[60]

Damit ist aber nicht der ethischen Beliebigkeit das Tor geöffnet; Kriterium für das kluge, vernünftige Handeln ist vielmehr die *eupra-*

xía bzw. *eudaimonía.* Diese ist allerdings, wie wir wissen, strikt an die Erstpersonalität gebunden, so dass hier keine drittpersonalen Vorschriften oder moralischen Forderungen im Sinn technischer Handlungsanweisungen ergehen können. Die eigentlich praktische Fragestellung ist diejenige nach der (jemeinigen) Realisierung des Guten hier-und-jetzt. Und es ist diese Realisierung des Guten hier und jetzt, das kairologische Gespür, welche die Habitualisierungen bestimmter ethischer Tugenden nach sich zieht. Am Beispiel der Besonnenheit, wie wir es weiter oben im Zusammenhang mit dem *akrasía*-Problem diskutiert haben, lässt sich dies besonders gut nachvollziehen: Anders als der (,bloß‘) Beherrschte, der *enkratês*, der seinen Begierden die Enthaltsamkeit entgegensetzt und damit die handlungsinitiierende affektive Struktur seiner Persönlichkeit unter Kontrolle bringt und eben beherrscht, ist *sophrosýnê* als kluge Mäßigung durch ein gelöstes, sozusagen unverkrampftes Handeln gekennzeichnet: Der Kluge weiß um den rechten Zeitpunkt, die Zügel locker zu lassen bzw. anzuziehen, wann es angebracht ist, enthaltsam zu sein oder wann es angebracht ist, sich auch mal etwas gehen zu lassen. Die *phrónêsis* ist auf den *kairós*, den rechten Augenblick für ein bestimmtes Tun bezogen;[61] in keinem Buch der Welt aber kann stehen, wann der rechte Augenblick für ein bestimmtes Tun gekommen ist, genausowenig, wie das, was aus (jeweils) mir werden soll. Weil dies so ist, kann es keine Regeln der Klugheit im Sinne technischer oder moralischer Imperative geben. Eine lebenskluge Person verfährt in der Bestimmung sowohl des rechten Augenblicks als auch ihres Selbstseins souverän und nur so auch kann sie sich selbst orientieren.

Diese ethisch-handlungsorientierende Funktion der *phrónêsis* ist nicht immer gesehen worden. Die Geschichte der Rezeption der aristotelischen Ethik kennt das Problem der ,mangelnden Zielbestimmungskompetenz‘ der Klugheit, die in einem scheinbaren Widerspruch steht zu ihrer bei Aristoteles zentralen Stellung als der Bestform praktischer Vernunft. Im Wesentlichen haben sich nun zwei gegensätzliche Interpretationslinien bezüglich dieses Problems herausgebildet: Die eine, letztlich auf Albertus Magnus zurückgehend, unterstellte der *phrónêsis* bei Aristoteles dann doch, dass sie Handlungsziele auswählt bzw. Zwecke setzen würde; man versuchte damit gewissermaßen, ihre offenkundig als nicht-technisch charakterisierte Vorgehensweise und ihre Eminenzstellung philosophisch zu retten.[62] Diese Interpretation lässt sich, zumindest in ihrer starken Variante, in der die *phrónêsis* als autonome Zwecksetzungskompetenz, als praktische Vernunft schlechthin auftritt, aufgrund der aristotelischen Texte nicht halten. Die andere, letztlich auf Thomas zurückgehend, nimmt Aristoteles beim Wort und bestreitet eine Funktion der *phrónêsis* bei der Bestimmung der Endziele des Handelns.[63] Das notorische Problem dieser zweiten Interpretationslinie bestand nun allerdings genau darin, zu erklären 1. was die *phrónêsis* von der *téchnê* eigentlich unterscheidet, 2. wie eine kluge Person als selbstständig agierende gedacht werden kann und 3. woher, wenn nicht aus der *phrónêsis*, den Handlungszielen ihre ‚Richtigkeit' zuwächst.

Anselm Müller und Martin Rhonheimer haben nun auf unterschiedliche Weise gezeigt, dass das Fehlen einer Zielbestimmungsfunktion der *phrónêsis* bei Aristoteles eigentlich nur dann ein Problem ist, wenn man den ihr eigenen grundsätzlich intentionalen Charakter übersieht.[64] Klugheit ist eben nicht einfach nur praktische Anwendung einer (theoretisch ermittelten) Erkenntnis über das zu Tuende. Auch wenn Klugheitsüberlegungen in der Tat nicht solche über Ziele sind, so sind die Handlungsziele doch im Akt der Klugheit präsent, insofern sie wesentlich zielgerichtet ist. Und zielgerichtet ist die Klugheit – will heißen: die Person, insofern sie klug ist – von sich aus. Das bedeutet zunächst zwar, dass hier immer schon als gut anerkannte Ziele vorausgesetzt werden müssen, aber es bedeutet weder, dass die Klugheit selbst keine ethisch-moralische Dimension besitzt, noch, dass sie fremdbestimmt ist. Denn ihre Selbständigkeit besitzt sie ja in ihrer Funktion, die Handlungssituationen auf zu realisierende Handlungsmöglichkeiten zu durchleuchten und die als gut anerkannten Ziele bestmöglich in die Tat umzusetzen. Hierbei kann sie nicht von den Zielen bestimmt werden, diese sind vielmehr notwendige Voraussetzungen, damit sie überhaupt in Aktion tritt. Der Kluge ist also nicht fremdbestimmt in seiner Tätigkeit der Applikation eines moralischen Wissens auf die konkrete Handlungssituation, auch wenn er dieses moralische Wissen aus anderen Quellen bezieht, sei es aus der Vernunftnatur wie bei den Stoikern, sei es aus dem Gewissen, wie bei Augustinus, Abaelard oder Luther, sei es durch gnadenvolle göttliche „Information" wie bei Thomas usw. Wäre er allein dadurch fremdbestimmt, dass er seine allgemeinen Handlungsziele (wie dasjenige, ein gutes Leben zu führen oder tapfer, gerecht und mäßig zu sein) nicht selbst gesetzt hätte, könnte man genausogut sagen, dass der Kluge fremdbestimmt von den Umständen der Handlungssituation sei, die er (jedenfalls großteils) ebenfalls nicht produziert hat.

Einen terminologischen Vorschlag Franco Volpis aufgreifend, ließe sich von der Klugheit sagen, dass sie ‚autotelisch' verfährt, im Unterschied zur ‚heterotelischen' technischen Vernunft.[65] Das bedeutet, dass wir im Sinne der Klugheit zwar nicht Ziele setzen, aber zwischen gesetzten Zielen auswählen, gewichten, abwägen usw. Daher haben die Prinzipien des moralisch guten Handelns aus der Klugheitsperspektive noch nicht eine direkte und konkrete handlungsanleitende Funktion. Sie sind lediglich Fluchtpunkte, auf die das Handeln klugerweise hin ausgerichtet werden kann, und daher auch immer nur *prima-facie*-Regeln. Sie fungieren daher aus der Perspektive der Klugheit ähnlich den Leitsternen oder Leuchttürmen in der Seefahrt: Es sind (notwendige) Orientierungspunkte, die sinnvollerweise auch nicht in Zweifel stehen dürfen, die aber nicht schon *bewirken*, dass die Schiffe in ihre Bestimmungshäfen einlaufen. Es sind die Seeleute, nicht die Leuchttürme oder die Sterne, die den Kurs der Schiffe vermögens ihrer Klugheit und Erfahrung steuern. Hierin handeln sie durchaus nicht fremdbestimmt.

Die Orientierung an bestimmten Werten und Idealen, so sagten wir, muss aus der Perspektive der Klugheit vor allem dem Kriterium des Praxiserhaltes und der Praxiserweiterung im Sinne der *eupraxía* entsprechen. Da dies in den weitaus meisten Fällen in einer eingespielten Sittlichkeit der Fall ist, tritt diese kritische Funktion der Klugheit nicht in Erscheinung. Was aber in Situationen, wo mögliche Kandidaten für den Obersatz des praktischen Syllogismus konfligieren, etwa in tragischen Situationen, die Aristoteles sicherlich zu wenig in seiner Ethik beachtet hat, oder in historischen Umbruchszeiten, wo nicht auf eine normative Struktur einer eingespielten Sittlichkeit zurückgegriffen werden kann, wie etwa im Hellenismus? Hier scheint mir die aristotelische *phrónêsis*-Konzeption allerdings ergänzungsbedürftig, aber auch erweiterungsfähig zu sein.

Dass die Klugheit nicht moralindifferent ist, lässt sich im Übrigen auch aus der aristotelischen Ethik selbst entnehmen. Ich meine die Stelle im sechsten Buch der *Nikomachischen Ethik*, in der Aristoteles die *phrónêsis* von der *deinótês* (‚Geschicklichkeit‘, ‚Cleverness‘) und der *panourgía* (der ‚Gerissenheit‘ dessen, der ‚zu allem fähig‘ ist) abgrenzt.[66] Die *phrónêsis* unterscheidet sich von der *deinótês* – als der (technischen) Geschicklichkeit, zu irgendwelchen Zielen geeignete Mittel und Wege zu finden – eben durch die Qualität der Ziele. Deshalb fasste Pierre Aubenque die *phrónêsis* als die „*deinótês* des Tugendhaften"[67], während die *panourgía* (Rolfes/Bien übersetzen ‚Durchtriebenheit‘) entsprechend die *deinótês* des Lasterhaften ist. Dies würde allerdings bedeuten, dass die *phrónêsis*, als eine Art der *deinótês* neben der *panourgía*, selbst wiederum nur als Vermögen betrachtet wird, nicht aber als habituell ausgebildete Realisierungsweise dieses Vermögens, d. h. als Tugend. Entgegen Aubenques Auffassung, was diesen Punkt betrifft, kann die Klugheit ein Habitus, d. h. eine Realisationsform, aber schon rein logisch keine Art eines Vermögens sein.[68] Auch Aubenque besitzt hier demnach einen verkürzten Begriff der Klugheit, indem er sie zu einer bloßen Geschicklichkeit im Dienste der Tugend betrachtet, von der man sich allerdings fragen muss, warum sie in diesem offensichtlich heteronomen Charakter für Aristoteles so lobenswert sei. Demgegenüber muss die *phrónêsis* nicht als eine Art, sondern als ein qualitativ bestimmter Modus der *deinótês* aufgefasst werden (neben der *panourgía*, die einen anderen Modus darstellt). Der Kluge bedient sich nämlich nicht eines auf gute Ziele ausgerichteten Vermögens – denn aufgrund welcher Kriterien könnte er das? –, sondern er hat als Kluger sein Vermögen der *deinótês* in dieser Weise bestimmt, d.h. verwirklicht bzw. konkretisiert, dass es sich auf gute Ziele richtet (was immer diese auch seien).[69] Der Kluge ist also nicht einfach auf eine bestimmte Weise geschickt, sondern hat seine ursprüngliche Geschicklichkeit in Klugheit modifiziert.

Mit dieser Interpretation der *phrónêsis* kann mit einem Dogma gebrochen werden, welches besagt, dass aristotelische Ansätze in der Ethik notwendigerweise konservativ-unkritisch bezüglich der Handlungskontexte der Akteure verfahren müssten, weil Klugheit nur unter schon anerkannten bzw. gegebenen Werten, Normen u.ä. überhaupt arbeiten könne (s.o.). Die Klugheit verfährt *autotelisch*, nicht heterotelisch, d.h. obwohl sie auf *irgendwelche* anerkannten Orientierungsinstanzen angewiesen ist, um nicht blind zu verfahren, bedeutet dies nicht zugleich, dass sie auf *bestimmte* festgelegt wäre (vor allem in den Kapiteln 6 und 7 wird dies wichtig werden). Im Gegenteil, weil es ihr wesentlich um die Aufrechterhaltung und Optimierung der Lebenspraxis der Menschen geht, impliziert die Klugheit eines Menschen immer einen gewissen Umgang *mit* Institutionen. So ist es sicherlich in vielen Situationen klug, sich institutionenkonform zu verhalten, aber schon um sich oder anderen den (situationsangemessenen) Rat geben zu können, sich institutionenkonform zu verhalten, bedarf es einer reflexiv zu erreichenden Distanz zur betreffenden Institution. Diese reflexive Distanz zu den Institutionen ist konstitutiv für die Tugend Klugheit, d.h. für die Fähigkeit, sich selbst zu orientieren, sein Leben und damit sich selbst zu ,gestalten'.

Schon Anselm Müller hat sehr deutlich gezeigt, dass sich die *phrónêsis* bei Aristoteles und mit ihr das praktische Folgern – dessen ,Schlüsse' eben nicht gewusste Sätze, sondern die Handlungen selbst sind – als „Selbstgestaltung" eines Akteurs beschreiben lassen.[70] Diese „Gestaltung" des Lebens ist nun zwar immer kontextrelativ, insofern die Entscheidungen zwischen Handlungsmöglichkeiten nur in einer letztlich historisch-kulturell bestimmten Situation prädisponiert sind, aber sie ist nicht notwendig auf diese Situation festgelegt oder gar von dieser determiniert, wie dies immer wieder in Bezug auf Aristoteles behauptet wird. Freilich gibt es von Aristoteles selbst hierzu kaum Überlegungen; um so wichtiger ist das Ergebnis der hier vorgenommenen Rekonstruktion des Begriffs der *phrónêsis*: Es besteht keine Kontextdeterminiertheit der Klugheit. Der Klugheit des Einzelnen – die es ihm erlaubt, ein gutes Leben unter bestimmten gegebenen Be-

dingungen zu führen – muss daher nicht unbedingt nur eine sittlichkeitsbewahrende, weitgehend unkritisch die bestehenden Ordnungen
konservierende Funktion zugesprochen werden, sondern darüberhinaus auch eine kritische auf der moralischen Ebene – wobei eine
„Selbstgestaltung" im Poliszusammenhang sicherlich anders aussehen
wird als eine solche unter den Bedingungen pluralistischer Großgesellschaften. In beiden Fällen wird allerdings die Kontextbezogenheit
und Situativität der Klugheit einerseits, ihre Autotelie andererseits
nicht in Frage stehen.

Weil die Klugheit aber nicht nur die gesellschaftlichen Zustände
reproduziert, in deren Verhältnisse sie eingelassen ist, sondern eine
diese übersteigende kritische Dimension aufweist, ist kluges Handeln
im Prinzip auch in gesellschaftlich desolaten Zuständen möglich. Gegen Adornos Diktum kann es daher durchaus ein ‚richtiges Leben im
Falschen' geben: Zu weiten Teilen könnte es daraus bestehen, gemeinsam mit anderen zu versuchen, das als ‚das Falsche' identifizierte zu
ändern.

5. Prudentia

Aristoteles' Ethik bildet sicherlich den Fluchtpunkt einer jeden Rekonstruktion der Philosophie der Klugheit. Aber die aristotelische *phrónêsis*-Lehre kann freilich nicht umstandslos in die heutige Zeit transplantiert werden; dafür ist der ethische Problemhorizont, in dem wir uns bewegen, zu verschieden. Aristoteles verschwendet keinerlei Aufmerksamkeit auf das die heutige Moralphilosophie umtreibende Problem der Reflexion von Geltungsbedingungen von Präskriptionen. Er interessiert sich im Rahmen der Ethik ebenfalls nicht für das Problem, woher die obersten Normen – deren Existenz immerhin eine Funktionsbedingung der Klugheit ist – überhaupt kommen, denn auch dies ist für ihn kein ethisches, d.h. praktisch-philosophisches, sondern eben ein begründungstheoretisches oder vielleicht auch geographisches Problem. Weiterhin schert er sich nicht um den Umfang des Adressatenkreises seiner Ethik; offensichtlich ist aber doch, dass Aristoteles materialiter eine aristokratische Klassenethik vertritt, die sich kaum mit demokratischen Ansätzen wird vertragen können.

Wer allerdings die fehlende Behandlung dieser ‚Normprobleme‘ bei Aristoteles kritisiert, hat vielleicht nicht bemerkt, dass sich ein solches Normproblem im Rahmen der aristotelischen Ethik gar nicht stellen *kann*. So kann es in der Ethik für ihn keine Antwort auf die Frage geben, woher die Obersätze der praktischen Syllogismen, mit denen wir uns durchs Leben schlagen,[1] kommen; es gibt sie „immer schon". Dieser Normpositivismus (andere nennen dies missverständlicher Weise einen Naturalismus) ist nicht nur ein Nachteil der aristotelischen Ethik, da er durchaus eine adäquate Phänomenologie des moralischen Alltagslebens ermöglicht. Denn tatsächlich stellen wir im Alltag normalerweise nicht ständig und überall die Fragen nach Begründungen von Normen, im Gegenteil. Ganz zu schweigen davon, dass wir auf diese Fragen jederzeit Antworten parat hätten oder erschließen könnten. Wenn es um das Handeln geht, interessiert es uns im Allgemeinen gar nicht, *warum* es möglichst vermieden werden soll, andere Leute zu schädigen oder *warum* wir unter Umständen zur Nothilfe verpflichtet sind. Für den im praktischen Leben Stehenden sind dies einfach gegebene institutionell normative Voraussetzungen, ohne die ein ‚Handeln geradeheraus‘ gar nicht ohne weiteres möglich wäre. Wer zuerst eine ethische Begründung fordert, bevor er sich ans konkrete Handeln machen will, *hat* schon ein Orientierungsproblem.

Das Bedürfnis nach Begründung ist Ausdruck einer Orientierungskrise und eines generellen Verlustes an Vertrauen in die Kraft der Selbstorientierung und also der *phrónêsis*.

Historisch gesehen wäre das Begründungsunternehmen Moralphilosophie also nichts anderes als ein Krisenmanagement aufgrund des allgemeinen Verlustes der Tugend Klugheit? Ich will hier keine geschichtsphilosophischen Betrachtungen anstellen, aber es kann sein, dass diese Krise unvermeidlich gewesen ist. Die Frage nach den Prinzipien des guten Handelns, welche die nacharistotelische Ethik bis heute umtreibt, war, wie gesagt, für Aristoteles eine rein theoretische Angelegenheit, die gar nicht in einer Ethik zu klären ist. Denn in diesem ganz andersartigen Typ von Wissenschaft geht es vornehmlich darum, wie sich unser Orientierungswissen praktisch realisiert, was die Bedingungen hierfür sind, welche Beziehungen zwischen den Begriffen von Tugend, erfülltem Leben, Streben usf. bestehen. Entsprechend heißt es in der aristotelischen *Topik*, dass nicht jeder Zweifel in praktischer Hinsicht auch einer ethischen, also praktischphilosophischen Behandlung bedarf. So wie derjenige, der ernsthaft daran zweifelt, dass Schnee weiß ist, nicht einen Mangel an Vernunft, sondern einen der Sinne aufweist, verdiene derjenige, der fragt, ob und warum die Götter oder die Eltern geachtet werden sollen, eine Zurechtweisung und nicht eine philosophische Auseinanderlegung.[2]

Obwohl die Ausdünnung des Klugheitskonzeptes und die damit verbundene ethische Abqualifizierung ,in the long run' nicht bestritten werden kann, muss doch eine Geschichte der Klugheit nicht als zunehmende Klugheitsdämmerung erzählt werden, wie dies fast ausschließlich geschieht.[3] Eine andere – wie ich finde: interessantere – Geschichte kann von den Umstellungen des Denkens über Praxis erzählt werden, mit denen eine Reduktion im Klugheitsbegriff vorgenommen wurden. Die verschiedenen konstitutiven Momente der Lebensklugheit wie etwa die ,Willensstärke', das Erfassen von Handlungssituationen auf deren inhärente Handlungsmöglichkeiten hin oder der irreduzible Bezug des Handelns auf die Gemeinschaft wurden über ihre mehr als zweitausendjährige Geschichte hinweg mehr und mehr aus dem aristotelischen Konzept herausgebrochen und traten selbstständig unter anderen Namen (wie z.B. ,Gewissen', ,Willen', ,moral sense' usw.) gleichsam maskiert und meist in Kontrast zum entsprechenden Residualbegriff von Klugheit auf. Ihre Maskierung ist immer dort erforderlich, wo die Klugheit einer Technik angeglichen, d.h. auf operative Schemata bzw. drittpersonal-allgemeine Regeln abgezogen werden soll. Die Geschichte der Klugheit ist die Geschichte ihrer Technisierung. Von einer Verfallsgeschichte würde sich eine solche Geschichte vor allem dadurch unterscheiden, dass sie nicht nach Art resignativ-larmoyanter Kulturkritik Verluste zu beklagen hätte,

sondern vielmehr mögliche Neuintegrationen der im Technotop ver-
sprengten Teile der Tugend Lebensklugheit aufzeigen könnte.

Interessant in diesem Zusammenhang ist die Interpretation des
aristotelischen *phrónêsis*-Konzeptes durch Heidegger, weil sie ein
Licht vom Ende der Geschichte der Klugheit auf die Weichenstellun-
gen wirft, die sich bei der Transformation des griechischen ins christliche Denken ergeben. Mit dieser Interpretation wird deutlich, wie
wichtige Dimensionen der *phrónêsis* im Laufe ihrer Technisierung an
andere Instanzen, in diesem Falle des Gewissens, übertragen werden.

In seinem frühen Text *Phänomenologische Interpretationen zu
Aristoteles (Anzeige der hermeneutischen Situation)* von 1921 übersetzt Heidegger in seiner Auseinandersetzung mit dem sechsten Buch
der *Nikomachischen Ethik phrónêsis* mit „fürsorgende Umsicht"[4],
also mit einem Ausdruck, der die existenziale Analyse des Daseins in
Sein und Zeit anklingen lässt. Im Unterschied zur *téchnê*, die die Welt
auf ihre Werkhaftigkeit (im Sinne des griech. *érgon*), d.h. auf ihr
„Fertigsein"[5] hin interpretiert – daraufhin also, wie etwas gemacht ist
–, und daher alles in der Welt Vorfindliche als ein Werk-Zeug ansieht,
geht es der *phrónêsis* darum, wie diese Bewegung des Lebens selbst
(im Sinne des griech. *enérgeia*) vonstatten geht, anders gesprochen:
um die Art und Weise, wie man hier beim „Zuwerkegehen"[6] in der
Welt unterwegs ist. Bei Heidegger lautet dies:

> Die *phrónêsis* bringt das Worauf des Umgangs menschlichen Lebens mit ihm
> selbst und das Wie dieses Umgangs in seinem eigenen Sein in Verwahrung.
> Dieser Umgang ist die *praxis*: Das sich selbst Behandeln im Wie des nicht her-
> stellenden, sondern nur je gerade handelnden Umgehens. Die *phrónêsis* ist die
> das Leben in seinem Sein mitzeitigende Umgangserhellung.[7]

Die „Besprechung" – äquivalent mit den in diesem Buch gebrauchten
Ausdrücken ‚Überlegung' bzw. ‚Beratung' – ist dabei schon eine
„Richtungnahme"[8]. Die *phrónêsis* verfährt dabei, wie Heidegger sagt,
epitaktisch, also hin- bzw. vorausweisend, indem sie das „Seiende im
Charakter des zu Besorgenden"[9] anschaulich macht. Damit bringt sie
zugleich die Praxis, d.h. den Lebensvollzug bzw. -umgang „in die
Grundhaltung der Bereitschaft zu […], des Losbrechens auf […]".[10]
Die *phrónêsis* wird daher von Heidegger ganz in unserem Sinne als
Selbstorientierungskompetenz interpretiert, die im Unterschied zur
technischen Einstellung zur Welt das Augenmerk auf die Richtung
und Qualität des Handlungsvollzuges, nicht so sehr auf dessen Ergebnis legt. Das in einer bestimmten Situation zu Tuende, das *prâktón*,
welches durch die *phrónêsis* erhellt wird, ist dabei etwas, was noch
nicht da ist, aber im antizipierten Kontext des jeweiligen Lebens – der
als *eudaimonía* vorgestellt wird – schon seinen Platz hat. Dies ist auch
die Keimzelle der Struktur personalen Selbstseins, wie sie Heidegger
später in *Sein und Zeit* als ‚Sorge' bezeichnen wird. Das personale Da-

sein ist damit ganz allgemein dadurch charakterisiert, dass es immer schon „sich-vorweg" ist, d. h. sich auf sein Leben als Ganzes bezieht, andererseits aber sich genau dadurch in der Welt situieren bzw. verorten kann, in die es mit den anderen gemeinsam „geworfen" ist.[11] Das, wodurch diese paradoxal anmutende Struktur möglich ist, ist nichts anderes als die mit der *phrónêsis* angesprochene Zeitlichkeit personaler Existenz.[12]

Wie wir im vorigen Kapitel sehen konnten, hat die *phrónêsis* als praktische Vernunft selbst für die lebensorientierenden („existenziellen") Entscheidungen eines Menschen das letzte Wort. Dies hat nun eine gewisse Ähnlichkeit mit dem, was die christliche Tradition das *Gewissen* nannte, denn auch dieses bildet ja für den Einzelnen eine unhintergehbare, letzte Instanz der Situationsbewertung. Es war nun eine These des jungen Heidegger, die für Furore sorgte, als er behauptete:

> Die *phrónêsis* ist nichts anderes als das in Bewegung gesetzte Gewissen, das eine Handlung durchsichtig macht,[13]

und damit die konkreten einzelnen Seinsmöglichkeiten aufdeckt.[14] Der Sache nach ist dies nichts anderes als das, was in *Sein und Zeit* „eigentliches Selbstsein" bzw. Eigentlichkeit heißt.

Obwohl die These der Identität von Gewissen und der *phrónêsis* etymologisch unhaltbar und ideengeschichtlich zumindest problematisch scheint, ist sie doch von großem systematischen Interesse für die Frage, wie eine Klugheitsethik unter den Bedingungen der Moderne auszusehen hätte. Der maßgebliche Unterschied zwischen der *phrónêsis* und dem Gewissen, wie es gemeinhin in der christlichen Tradition verstanden wird, ist natürlich der: Im Gewissen wird ein *Urteil* gefällt, es hat also eher richterliche Kompetenzen, während es für die Klugheit als Tugend ja charakteristisch ist, dass sie eine *Handlungsmotivation* zu erzeugen im Stande ist, d. h. die Willensschwäche überwindet. Das Gewissen kommt für eine Handlungsmotivation dagegen immer zu spät.

Aber Heidegger wäre nicht Heidegger, wenn er das Wort ‚Gewissen' im alltäglichen, durch die christliche Vorstellung geprägten Sinn verwenden würde. So bedeutet ‚Gewissen' bei Heidegger sehr viel mehr als nur das schlechte Gewissen einer (nachträglichen) Beurteilung der eigenen Tat; dies ist bei ihm nur eine abgeleitete, dem ursprünglichen existenzialen Begriff des Gewissens nachrangige Bedeutung. Andererseits ist der Gebrauch, den Heidegger vom Ausdruck ‚Gewissen' macht, auch nicht einfach willkürlich. Es ist etwas dran an der Sache; ja, es gibt, auch und gerade historisch gesehen, sogar eine tiefe Berechtigung, Klugheit/*phrónêsis* an den Gewissensbegriff anzunähern, denn beide zielen ja in der Tat, wie Heidegger sagt, „auf das

Sein des menschlichen Daseins"[15], auf die jeweilige personale Existenz
als einer ganzen ab. Und so ist es auch das Paradigma eigentlicher
bzw. authentischer personaler Existenz, dem zu folgen, was das Gewissen (oder ‚das Herz‘) einem sagt.

Wenn wir uns die Geschichte der Klugheit vergegenwärtigen, so
fällt auf, dass die Technisierung der Klugheit auffällig koinzidiert mit
dem Aufkommen des Begriffes des Gewissens etwa bei den Stoikern.
Die These liegt nahe, dass es sich bei dem, was wir Gewissen nennen,
um eine Abspaltung aus dem Begriff der Klugheit handelt: Je lauter die
innere Stimme bzw. die *vox dei* (Seneca) spricht, desto leiser scheint
die Stimme der Lebensklugheit zu werden; die Klugheit als pruden-
tielle Rationalität ist vollends verstummt. Was hätte sie auch bei der
Handlungsbestimmung zu sagen, wenn ihr die Zwecke „heterotelisch" vorgegeben sind und sie nur die geeigneten Mittel bereitstellt,
diese Zwecke zu realisieren? Umgekehrt zeigt dies, dass wichtige
handlungsorientierende Funktionen, wie wir sie dem Gewissen unterstellen, dem Klugheitskonzept entstammen. Das Gewissen erscheint
so fast wie eine Maskierung der Klugheit. Was Heidegger mit seiner
Identifizierung von *phrónêsis* und Gewissen unternimmt, ist nichts
anderes als die Umkehrung dieses begriffsgeschichtlichen Prozesses,
sozusagen eine Demaskierung der *phrónêsis*; er versucht (mit Recht)
dem Verständnis der praktischen Vernunft das zu vindizieren, was ihm
durch die Einführung des Gewissenskonzept abhanden gekommen
ist. Darauf kann ich an dieser Stelle nicht näher eingehen.

Wie auch immer: Der Prozess der Technisierung der Klugheit, wie
man ihn vor allem bei den Stoikern beobachten kann – ihm werden
wir uns in diesem Kapitel zunächst zuwenden – ist alles andere als ste-
tig; auf scheinbar erfolgreiche Versuche der Technisierung von Funktionen der Klugheit als Tugend erfolgen immer wieder Neubelebun-
gen der Klugheit als Selbstorientierungsfähigkeit des Menschen. Ja,
schon die eben dargestellte aristotelische Position kann im Versuch
der scharfen Unterscheidung von Technik und Klugheit als Reaktion
auf die Tendenz der Klugheitstechnisierung (bei den Sophisten) und
-theoretisierung (bei Platon) interpretiert werden. Ein weiteres gutes
Beispiel – und zudem gänzlich unabhängig von Aristoteles – stellt die
Prudentia-Allegorie des Alain de Lille dar, die zu Ende des 12. Jahrhunderts verfasst wurde. Vor allem der zentrale Gedanke eines Schulungsweges des individuellen Menschen unter der Leitung der Klugheit nimmt wesentliche Punkte neuzeitlicher Klugheitslehren vorweg.
Während in den meisten Abrissen zur Geschichte der Klugheitsethik
als Repräsentant mittelalterlicher Klugheitslehre zumeist – und, was
die Wirksamkeit angeht, sicherlich zu Recht – Thomas von Aquins
Klugheitstraktat in der *Summa theologiae* genannt und besprochen

wird, werde ich Thomas als luziden Interpreten des Aristoteles etwas
zurückstellen und verweise auf die Arbeit Martin Rhonheimers, der
nicht viel hinzuzufügen sein dürfte.[16] In den darauf folgenden Kapiteln 6 und 7 werden dann die neuzeitlichen Klugheitslehren vor Kant
im Zentrum des Interesses stehen.

5.1 Wie die Klugheit zur Technik wurde

Wie steht es mit der Orientierungskraft der Klugheit und der Sicherheit ihrer Urteile, wenn die Selbstdefinitionen der Menschen als Teilnehmer bestimmter Wertegemeinschaften zunehmend fraglich werden, wie etwa in den hellenistischen Großreichen, in denen die
polis-gebundenen Wertesysteme gegeneinander immer durchlässiger
wurden? Kann die Klugheit als Tugend, so wie es Aristoteles ja implizit vorauszusetzen scheint, nur in einigermaßen stabilen und ge-
schlossenen gesellschaftlichen Strukturen agieren, weil für ein Individuum nur in solchen Strukturen überhaupt sichtbar werden kann, was
gute *prâxis* ist? Wie ist unter wertpluralistischen Bedingungen –
Bedingungen, von denen wir grosso modo annehmen wollen, dass sie
auch solche unserer Lebenswelt sind – die Ausübung der Lebensklugheit und damit *eudaimonía* möglich?
    Mit dem Horizont einer bestimmten Wertegemeinschaft ver-
schwindet auch die Sicherheit und das Vertrauen in deren orientierende Kraft. Die Philosophen des Hellenismus, ob Skeptiker, Epikureer
oder Stoiker konnten noch viel weniger als Platon und Aristoteles auf
verlässliche Urteile gegenüber den Dingen des Lebens zurückgreifen
und gingen dazu über, die Menschen jenseits ihrer Einbindung in
konkrete Praxen zu sehen. Menschen sehen sich nicht mehr primär als
Bürger einer bestimmten Polis, wie etwa Sparta oder Athen, sondern
entweder als Einzelindividuen, die ihre Lebensgemeinschaften aus
Eigeninteresse privatim bilden (wie dies bei Epikur gedacht wird),
oder aber als Bürger der Welt, als nurmehr universalen Prinzipien
unterstehenden Kosmopoliten, wie etwa der Kyniker Diogenes und
den Kynikern folgend, die gesamte Stoa (auch dies eine Individualisie-
rung besonderer Art). Die Klugheit der Menschen wird damit ,entpo-
litisiert' und steht nicht länger im Dienste gemeinschaftlicher Praxis,
sondern im Dienste individueller Selbstvervollkommnung. Eine *ars
vivendi*, eine *Lebenskunst* wird dadurch denkbar.
    Die aristotelische Klugheitsethik war, wie wir sagten, dagegen
keine Fachkunde in Sachen Glück; ja, sie wird einer Eudämonie-
technik geradewegs entgegengesetzt. Ganz anders etwa bei den
Stoikern. Aus der Klugheit als Optimalform einer selbstständig agie-

renden, sprich: ‚autotelischen‘, weltimmanenten und erfahrungsbasierten, gemeinschaftsbezogenen praktischen Vernunft, d.h. aus der Klugheit als je individuell ausgebildeter, universaler Lebens- und Handlungsorientierungskompetenz, deren Ausübung nichts anderes als *eudaimonía* ist, wird in der stoischen und der ihr in weiten Teilen folgenden christlichen Ethik ein allgemeingültiges transsituatives, d.h. ‚drittpersonales‘ Wissen (*epistêmê*) darüber, was gut und übel ist.[17] Die Klugheit ist daher schon bei den Stoikern nicht mehr für den ‚erstpersonalen‘ Entwurf individuellen Lebens im Sinne einer Selbstorientierung zuständig, sondern für die Einpassung des Menschen in einen (göttlichen) objektiven Heilsplan. Daher kommt es, dass die Klugheit nicht mehr nur im Dienst des guten Lebens im Sinne der *eudaimonía* steht, dessen Gestalt je schon gesellschaftlich vorgebildet ist, sondern im Dienste eines Lebens, das auf den ganzen Kosmos und dessen Gesetzlichkeit bezogen ist.

Die Handlungstheorie der Stoiker ist, im Gegensatz zur peripatetischen Position, in Rückgriff auf die sokratische Lehre von der Tugend stark intellektualistisch, insofern affektbegründetes Handeln als rundweg nicht der Logos-Natur des Menschen entsprechend angesehen wird. Zudem beruhen Affekte nur auf falschen Urteilen über den Wert von *adiáphora*, also Dingen, die von sich her keinen Wert haben; sittlichen Wert hat allein die Tugend. Anders als Aristoteles sehen die Stoiker die Funktion der Klugheit bzw. der praktischen Weisheit nicht in der Selbstorientierung einer Person (inklusive ihrer gesamten affektiven Motivationsbasis) an richtigen Handlungszielen (nämlich solchen, die den Praxisaspekt des Lebens in möglichst großem Umfang befördern), sondern in der weitgehenden Befreiung von handlungsinitiierenden Affekten.

Die Stoa hat damit die aristotelische Unterscheidung zwischen der (theoretisch orientierten) *sophía* und der (praktisch orientierten) *phrónêsis* weitgehend zurückgenommen. Ein weiterer Grund dafür ist das Desinteresse der Stoiker an rein theoretischem Wissen; der Ausdruck *sophía* wurde weitgehend synonym mit *phrónêsis* in einem praktischen Sinne verwendet;[18] auch die berühmte Idealgestalt des stoischen Weisen wird mal *sophós*, mal *phrónimos* genannt. In *De officiis* übersetzt Cicero *phrónêsis* mit *sapientia*[19]. Auch dies zeigt an, dass es sich bei der *phrónêsis* der Stoiker nicht um die aristotelische Tugend pragmatischer Selbstorientierung, sondern um die sokratisch-platonische Höchstform intellektueller Betätigung handelt.[20] Ein Vorgang der Funktionalisierung der Klugheit lässt sich hier ablesen, insofern der Weise sein Handeln möglichst so einrichtet, dass es dem Heilsplan der Welt entspricht.[21] Die Stabilität des Handelns wird in der Stoa dementsprechend auch unabhängig von der Geltung bestehender Sittlichkeitszusammenhänge als Übereinstimmung mit der (Vernunft-)Natur, oder auch als Übereinstimmung mit sich selbst konzipiert.[22]

Die Stoa reagierte, wie schon angedeutet, in ihrer Ethik auf die politischen Auflösungserscheinungen im Hellenismus, indem sie die Prinzipien sittlicher Art nicht mehr an die vergänglichen politischen Systeme, sondern an Strukturen des Kosmos selbst zurückband. Durch das so gewonnene sichere Fundament in Sachen Ethik gelten die Stoiker nicht zu Unrecht als die ersten Universalisten; so hat der kosmopolitische Egalitarismus der Menschenrechte ganz klar stoische Wurzeln. Der Mensch ist nicht mehr nur und überhaupt eigentlich kein *zôon politikón* wie bei Aristoteles, sondern ein *zôon koinônikón*. Die Menschen sind nicht nur in politischen Verhältnissen aufeinander bezogen, sondern auch in ontologischen: Sie nehmen – per *oikeíôsis*, d.h. aus einer Selbstzueignung heraus – teil am Schicksal der anderen.[23] Panaitios, und ihm folgend Cicero, gehen davon aus, dass es eine natürliche Vertrautheit unter den Menschen gäbe, so dass es in seiner Natur läge „sich auch um das Wohl von seinesgleichen zu kümmern."[24]

Die mit dieser ‚Verinnerlichung' des Moralischen einhergehende Egalisierung der Individuen sowie die Betonung universaler Rechte des Menschen als Menschen zieht der Klugheit als Tugend der gemeinschaftlichen Beratung über die Form der Institutionen bzw. der Gesetzgebung enge Grenzen.[25] Zwar kann die bei Aristoteles offen gebliebene Frage der Herkunft der Obersätze des praktischen Syllogismus, nach denen die Klugheit bei der Handlungsorientierung operiert, in einem solchen Rahmen gelöst werden: Sie sind eben überpositiv, d.h. nicht durch menschliche Setzung von einer natürlichen, allgemeinen, auch dem Menschen von Natur aus zugeeigneten Weltvernunft gegeben. Die Erfüllung des Handelns ist daher die Bewahrung dessen, was dem Menschen zugeeignet ist. Mit der Rückbindung an solche der individuellen Vernunft nicht verfügbaren Instanzen liegt aber in der Tat die schon angedeutete Tendenz einer Technisierung der Klugheit, da die Prinzipien dabei so gedacht werden, als entströmte ihnen selbst eine bindende Kraft – eine Figur, wie sie sich bezeichnenderweise v. a. bei Kant etwa mit dem Gedanken der absoluten Erhabenheit des Sittengesetzes wiederfinden lässt.[26]

Das Richtmaß aller Dinge bei den Stoikern ist der den Kosmos wie ein ‚erzeugendes Feuer' (*pyr technikón*) durchwaltende *lógos*. Da dieser sich als Prozess vollzieht und der stoische Weise diejenige Idealfigur ist, die diesem Prozess voll und ganz durch seine Weisheit bzw. Klugheit zu entsprechen vermag, kommt hier gegenüber Aristoteles eine weitere Bestimmung des Klugen zum Tragen: Der *phrónimos* besitzt die *eukairía*, das ist die zur Tugend ausgebildete Fähigkeit, das Richtige im richtigen Moment und zwar in einem *objektiven* Sinne auszuführen.[27] Dies ist überhaupt nur möglich, wenn es schon einen Welt- oder Heilsplan gleichsam hinter dem Rücken der Akteure gibt, in den der Einzelne sich mehr oder weniger gut einpassen kann. Zwar verfährt auch bei Aristoteles ein kluger Mensch mit ‚kairologischem Gespür‘, insofern er den günstigen Moment für eine Handlung bestimmen kann. Aber ob ein Moment günstig ist oder nicht, ist im Rahmen der aristotelischen Ethik prinzipiell nicht vorab bzw. anhand äußerer Kriterien entscheidbar; weshalb eine *eukairía*, eine Tugend des Handelns im rechten Augenblick, hier gar nicht denkbar ist, denn man kann aus kairologischen Fehleinschätzungen nicht lernen. Aus aristotelischer Sicht ist die ‚Augenblicklichkeit‘ lediglich *Merkmal* der Tugend Klugheit, nicht aber eine eigens trainierbare Charaktereigenschaft. Der stoische Weise hat dagegen geradezu mantische Fähigkeiten, d. h. er kann aus den nach Gesetzen ablaufenden Prozessen der Welt Vorhersagen über die günstigen Zeitpunkte treffen, und sei es aus dem Vogelflug oder aus den Eingeweiden der Opfertiere. Viel wichtiger noch: Es existiert seitdem die Idee, dass es eine im Prinzip erlernbare Kunst ist, sein Leben zu führen. Der Kluge ist somit zu einem Techniker des Glücks geworden,[28] die Klugheit hat ihre Autotelie verloren.

5.2 Die christliche Klugheit

Die kosmologische Begründung der Ethik bei den Stoikern brachte es mit sich, dass die im klassischen Wissenschaftssystem strikt getrennten Gebiete von Physik, Logik und Ethik sich im Verlauf der Entwicklung der stoischen Schule mehr und mehr auflösten und eine Ethisierung des gesamten Weltgeschehens sich abzeichnete; ein Grund dafür, weshalb viele stoische Elemente sich in der christlichen Ethik wiederfinden lassen. Bezeichnend hierfür ist die weitgehende Äquivalenz der Begriffe *phrónêsis* und *sophía*. Nicht mehr das konkrete menschlich-weltliche Gute steht im Interesse der Ethik, sondern die kosmischen Zusammenhänge, in denen ein – oder ‚der‘ – Mensch sich einzuordnen hat, so dass er ein Bürger dieses Kosmos wird.

Der Kosmopolitismus der Stoiker ging einher mit dem Abzug der ethisch relevanten Themen aus der politischen Öffentlichkeit und der Aufwertung der ‚inneren‘ Dispositionen des Handelns, ein generelles Charakteristikum dann auch des breiten Fächers christlich-ethischer Ansätze. Die Mustersituation der klugen Beratung über das Tunliche bzw. Ratsame wird nicht weiter in der (tendenziell korrupten) Polis angesiedelt, sondern in der Abgeschiedenheit von öffentlichen Überlegungen. In der christlichen Rezeption der stoischen Gedanken erfährt die Klugheit allerdings eine entscheidende Wendung in ihrer Funktionsbestimmung, denn die ‚Vollendung‘ bzw. ‚Erfüllung‘ des Lebens, auf die die Klugheit bezogen ist, wird nicht mehr in dem selben Sinne wie etwa bei Aristoteles der Macht der einzelnen Akteure unterstellt. Erfüllung und Vollendung erfährt der Christ nicht auf der Erde, sondern im Himmel, und sie kann allein durch die Gnade Gottes gewährt werden.

Auch die Obersätze der praktischen Syllogismen, mit denen sich die Menschen hienieden durchs Leben schlagen, sind nunmehr himmlischer Natur. Sie sind zugänglich über die sogenannte *syndêrêsis*, die uns in den jeweiligen Situationen die praktischen Prinzipien vorhält. Die Klugheit wird damit tendenziell zu einem Vermögen degradiert, diesen extern gegebenen Prinzipien entsprechende Handlungsweisen zu suchen. *Syndêrêsis* wird später mit ‚Gewissen‘ übersetzt werden.[29]

Die Klugheit übernimmt somit die Ausführung des Gebotenen und ist daher nurmehr für die Erkenntnis der Mittel zur Realisierung der dem Menschen anderweitig vorgegebenen Zwecke zuständig, während Klugheit bei Aristoteles die Funktionen des Gewissens mitumfasste, wie wir schon anhand der *phrónêsis*-Interpretation Heideggers angedeutet hatten. Die Vorstellung des Gewissens als eine ‚Stimme Gottes in uns‘, also eines externen, transzendenten Anspruchs kommt ebenfalls schon in der Stoa auf, allerdings erst in der mittleren und späteren (Panaitios/Cicero, Seneca),[30] und er wird von den Christen (schon Paulus) übernommen. Die moralischen Prinzipien, nach denen das Gewissen urteilt, werden nun kosmopolitisch-universal für alle Menschen, auch den Heiden zugänglich angenommen.[31] Was das Gewissen allerdings an Sicherheit in der Handlungsausrichtung einerseits geben kann, wird auf der anderen Seite durch eine Entweltlichung bzw. ‚Verinnerlichung‘ des Praktischen eingebüßt. Das Gewissen führt eben nicht unmittelbar zum Handeln; daher die ständige Ermahnung, das Gerechte auch zu tun. Die zentrale Stellung des Glaubens sowie die gesamte Gnadenlehre sowie die mehr oder weniger latente Dichotomie von Vernunft und Affekt, Geist und Fleisch zeigt, dass in der christlichen Konzeption des Praktischen ständig ein *akrasía*-Problem behandelt wird. Die Schwäche der Menschen besteht generell gesprochen darin, dass sie zwar wissen, was das Richtige zu tun ist, es aber nicht in die Tat umsetzen.[32] In gewisser Weise hat in der christlichen Ethik der Glauben als ‚Orientierungskraft‘ die Funktion der Überwindung der Willensschwäche von der aristotelischen *phrónêsis* geerbt.

Seine Entsprechung findet das *akrasía*-Problem im christlichen Rahmen durch das Thema der Erbsünde. Die mit diesem zentralen Dogma ausgedrückte Schwäche des Menschen kann nur durch die Gnade Gottes kompensiert werden; dem Menschen bleibt immerhin, um Kraft dafür zu bitten, das auch zu tun zu können, was er als richtig erkennt. In der Tat scheint das wichtige Element der Klugheit bei Aristoteles, nämlich die Umsetzung ins Handeln, tendenziell nicht mehr in der Hand der Menschen zu liegen, weshalb eine Erziehung zur Klugheit in der christlichen Pädagogik – abgesehen von Ausnahmen wie etwa in der Schule von Chartres, wie wir gleich sehen werden – unterbelichtet bleibt.

Der weltliche Aufenthalt ist für die christlichen Denker generell nicht weiter die Einrichtung des guten Lebens auf Erden, sondern die Vorbereitung auf das ewige Leben, für das die Klugheit dementsprechend in den Dienst genommen wird. In diesem Sinne wird die Klugheit schon in der Spätantike von Ambrosius von Mailand als eine der vier weltlichen Kardinaltugenden bestimmt.[33]

Auch der stark auf das frühe und mittlere Christentum Einfluss nehmende Neuplatonismus spielt mit seiner zentralen Lehre der hierarchischen Ausrichtung alles Seienden auf Gott (bzw. das Eine-Gute) für die funktionalistische Deutung der Tugenden und insbesondere der Klugheit eine große Rolle. So soll etwa bei Plotin die Seele mit Hilfe der Tugenden von allem Weltlichen ‚gereinigt‘ werden, um sich so weit wie möglich der Weisheit Gottes annähern zu können.[34] Das Handeln und Leben des Klugen ist hiermit nicht weiter einfach in-sich-gutes Handeln, sondern erfüllt einen ihm äußerlichen Zweck, während die Selbstständigkeit, Selbstgenügsamkeit und Autarkie eines ‚lebensklugen‘ Menschen etwa bei Augustinus nicht anders als später etwa bei Luther tendenziell als Stolz und Anmaßung – also letztlich als die Todsünde der *ambitio* bzw. *superbia*, also des Hochmuts – ausgelegt wird.[35] Weil die Klugheit die Selbstorientierung der Menschen in der Welt betrifft, ist die Geringschätzung des Weltlichen klarerweise immer mit der Geringschätzung der Klugheit verbunden.

5.3 Der Schulungsweg des Menschen und der Anticlaudianus des Alain de Lille

Ich will in diesem und den folgenden Abschnitten ein weitgehend in Vergessenheit geratenes Werk exemplarisch in den Vordergrund stellen: den *Anticlaudianus* des Alain de Lille (Alanus ab Insulis). Diese breitangelegte Allegorie auf die *Prudentia*, die Lebensklugheit, gehörte seinerzeit, im frühen 13. Jahrhundert, zu den bekanntesten europäischen Büchern überhaupt. Es handelt sich nicht um einen im strengen Sinne philosophischen Text; es werden hier weder Begriffe analysiert noch von anderen Philosophen aufgeworfene Probleme traktiert. Allerdings bündelt die Darstellung der *Prudentia* durch das Buch Alains wie in einem Hohlspiegel die verschiedensten Aspekte der Lebensklugheit vor dem Hintergrund christlicher Welterfahrung.

Die Ausbildung der sinnlichen und intellektuellen Fähigkeiten wurde in der Schule von Chartres, der Alain zugerechnet wird, nicht als ein Mittel zum Zweck angesehen. Der Mensch existiert vielmehr in dieser Weise, dass er sich schult, denn es gehört zu seiner Natur, in ständiger Wandlung zum Göttlichen zu sein. So nimmt es nicht Wunder, dass der Gedanke der Schulung nicht allein in einem didaktischen Sinne aufgefasst wurde: So, wie ihre Naturlehre ethische Dimensionen hatte, hatte umgekehrt die Pädagogik der Chartrenser einen kosmologischen Aspekt. Der Schulungsweg muss nach ihnen bei der Naturbeobachtung beginnen; diese stellt daher auch den Anfang jeder Wissenschaft und Weisheit dar. Nur der Natur (und damit immer auch der eigenen, der Menschennatur) kann abgehorcht werden, welche Richtung der Schöpfungsimpuls hat, so dass ihn der Mensch für das Entstehenlassen einer neuen Welt nutzbar machen kann – nicht zu seinen eigenen Zwecken, sondern um die Schöpfung Gott näher zu bringen. Die für das 12. Jh. unfragliche Voraussetzung ist hierbei die Mitwirkung des Menschen am Geschehen der Schöpfung; der Mensch ist es, der die Ideen Gottes auf Erden wirksam macht.

Im Rahmen dieser ‚kosmologischen‘ Auffassung der Ausbildung menschlicher Fähigkeiten sind denn auch die im engeren Sinne didaktischen und pädagogischen Bemühungen der Chartrenser zu verstehen. An der Kathedralschule von Chartres wurde – anders als an den sich nach außen abschließenden Klosterschulen – in die Welt hinein gelehrt. Anschaulichkeit, Bildhaftigkeit und Lebendigkeit der Darstellungsmittel waren dabei nicht schmückendes Beiwerk, sondern gehörten zur Sache selbst: zur Entwicklung geistig seelischer Fähigkeiten, worunter gerade auch das Erkennen von Zusammenhängen fiel, wie sie etwa durch den richtigen und passenden Umgang mit Bildern und eben Allegorien geübt wurde.

Zentral für die Philosophie Alain de Lilles wie für die Schule von Chartres allgemein ist die Idee einer im emphatischen Sinne *praktischen* Philosophie, d. h. einer solchen, die selbst zu einem veränderten Denken und Handeln führt und nicht bloß dessen Theorie oder theoretisch-normative Begründung ist. Diese praktische Funktion der Philosophie, die vor allem aus der aristotelischen Ethik her bekannt ist, wird im Hochmittelalter bezeichnenderweise nicht von den Aristotelikern des 13. Jh., sondern eben von den Platonikern des 12. Jh., den Chartrensern vertreten. Praktische Vernünftigkeit bzw. Weisheit kann nicht einfach in Regeln oder Sentenzen expliziert und gelehrt werden; kein noch so subtiles didaktisches Konzept kann einen Schüler dazu bringen, sich das Wissen so anzueignen, dass es nicht nur reproduzierbar ist, sondern auch in sein Handeln einfließt. Erst dort aber ist Weisheit, wo das Erkennen bzw. Wissen zu einem entsprechenden Handeln führt, während die Weisheit in bloßen Sätzen immer nur Schulweisheit sein kann.

Die Schule von Chartres sah auf der Grundlage des Schulungsweges der sieben freien Künste nicht weniger als die Möglichkeit einer Überwindung der Begrenztheit menschlicher Vernunft und Erkenntnis und damit nicht nur die Möglichkeit der Erweiterung der Erkenntnis, sondern darüber hinaus der Erkenntnis*fähigkeit*. Der Mensch kann und soll so vom Wissenden zur Weisheit aufsteigen. Der Weise aber ist derjenige, der es vermag, als Individuum das Wissen und die Unterscheidungsfähigkeit in seinem Wirken zum Wohle der Welt zu gebrauchen. Auf die ‚Erschaffung' dieses neuen Menschen zielt das Bildungsprogramm der Chartrenser.

Dieser kosmologisch begründete Schulungsweg des Menschen untersteht nun der *prudentia* als Lebensklugheit. Wie in keinem anderen Werk wird dieser Prozess der Selbstwerdung des neuen Menschen unter Führung der *Prudentia* im *Anticlaudianus* durch Alain de Lille allegorisch dargestellt:

Die Göttin *Natura* beschließt als Krönung aller ihrer Werke einen neuen, göttlichen Menschen zu schaffen, der nicht die Mängel und Unvollkommenheiten ihrer alten Geschöpfe aufweisen solle. Der ‚neue Luzifer' soll vor allem frei sein vom schlimmsten aller Laster, welches den alten Luzifer zu Fall brachte: dem Hochmut (*superbia*). Die Erschaffung des neuen Menschen übersteigt allerdings bei weitem die Kräfte der Natur, weshalb sie ein himmlisches Konzil der Tugenden einberuft. Die versammelten Tugenden spenden diesem Vorhaben Beifall. *Prudentia* gibt aber zu bedenken, dass nur aus dem Urquell der Schöpfung selbst ein solches Wesen entstehen könne. *Prudentia* übernimmt die Aufgabe, diesbezüglich bei Gott selbst vorzusprechen, sofern ihr die übrigen Tugenden auf ihrem Weg in die himmlischen Sphären Unterstützung zukommen lassen. Sie beauftragt ihre Mägde, die Sieben Künste, mit dem Bau des Himmelswagens. Die Grammatik baut daraufhin die Deichsel, die Logik die Achse, die Rhetorik schmückt die Deichsel und kerbt die Achse, so dass diese die Räder des Wagens, die von den Künsten des Quadriviums, Arithmetik, Musik, Geometrie und Astronomie hergestellt werden, aufnehmen kann. *Concordia*, die Eintracht, fügt alle Teile harmonisch zusammen. *Ratio* schirrt darauf die fünf Pferde der Sinne an die Deichsel der Grammatik und besteigt als Lenkerin den Wagen und das Gespann erhebt sich mit *Prudentia* in die Lüfte.

Sie durchsteigt solchermaßen sekundiert von den Künsten und Tugenden unter Sammlung der vielfältigsten Erkenntnisse sicher den

Äther, die einzelnen Sphären der Planeten und der Fixsterne, bis sie schließlich am Scheitel der Welt anlangt. Hier wankt ihr Mut und sie zaudert, auch scheuen die Pferde und es ist in dem sich vor ihr öffnenden fremden Raum, in dem sich die Wege zerteilen „kein Boden für den Anker der Seele"[36] zu finden. Dieser Raum wird aber erleuchtet von einem klaren Licht, zu dem nur ein äußerst schmaler und gefährlicher Aufstieg führt. *Prudentia* fällt angesichts dieser bevorstehenden Aufgabe in ein Fieber und sie gewahrt die Göttin *Theologia* auf dem Himmelspol thronend, die Augen zur Höhe auf die Überwelt gerichtet. *Prudentia*, die hier auch vermehrt den Namen *Phronesis* trägt, vertraut sich der *Theologia* an und erbittet sich von ihr die weitere Führung. *Theologia* kann *Prudentia/Phronesis* allerdings nur unter der Bedingung leiten, dass sie den Wagen und ihre Schwester *Ratio* zurücklässt. Bei sich führen darf sie einzig ihr Pferd *Auditus*, das Gehör. Die Himmelskönigin geht voran und ebnet den Weg. So passieren beide die kristallinischen Wasser des Empyreums – alles scheint hier widersprüchlich und unbegreifbar –, sie steigen durch die hierarchisch aufeinander aufbauenden Sphären der Engel und Heiligen und Mariens und gelangen so bis vor Gottes Thron.

Hier nun kann *Prudentia/Phronesis* den Glanz des himmlischen Empyreums nicht mehr ertragen und fällt in eine todesähnliche Ohnmacht. *Theologia* kann sie zwar auffangen, aber nicht wieder zu Bewusstsein bringen. Sie ruft ihre Schwester *Fides*, den Glauben, die in den Tempeln Gottes wohnt. *Fides* erweckt *Prudentia/Phronesis* mit einem himmlischen Trank und reicht der Erwachenden einen Spiegel, der alles, was die himmlische Welt enthält, gebrochen widerstrahlt. Dadurch ist es ihr, die hier auch *Sophia*, die Weisheit, genannt wird, möglich, dem Anblick des Empyreums standzuhalten. *Prudentias* Versuch allerdings, sofort wieder Gesetzmäßigkeiten und Regelhaftigkeiten in dem, was sie im Spiegel sieht, ausmachen zu wollen, wirkt *Fides* entgegen; sie ermahnt *Prudentia*, hier, wo die Natur nicht hinreicht und wo die Regeln ihrem Schöpfer folgen und nicht umgekehrt,[37] keine Menschen-Gesetze zu erträumen. Die Klugheit erschaut mithilfe des Spiegels nun die Geheimnisse der Prädestination und der Trinität, das Reich noch unerschöpfter Möglichkeiten und der allgemeinen Schöpfungsprinzipien.

Schließlich erklimmt sie die Burg des Himmelskönigs, tritt vor Gott und bringt zitternd vor Angst ihr Anliegen vor. Er spricht sie an mit den Worten:

Jungfrau, Mutter der Dinge, der Himmlischen Kind, meine Tochter
Die Du dem Himmel entstammst, auch wenn Du die Erde bewohnest,
Die Du allein auf der Erde das Göttliche wahrnimmst, das Abbild
Meiner Göttlichkeit in dir trägst[38]

und gewährt ihr die Seele des Neuen Menschen. *Prudentia* kehrt mit der Seele des Neuen Menschen zum Firmament zurück, wo *Ratio* und der Wagen auf sie warten. Darauf fahren sie zusammen zur Erde hinab, vom Zorn des Saturn, vom Feuer des Mars und der Seuche der Venus sich und die neue Seele fernhaltend und freudig von den auf der Erde Wartenden empfangen.

Natura formt nun den Leib des Neuen Menschen, *Concordia* verbindet diesen mit der neuen Seele, die Tugenden überhäufen den so geschaffenen neuen Menschen mit ihren Geschenken, Ratio steuert vernünftige Ratschläge zur Willensbestimmung bei. *Prudentia* beschenkt den Neuen Menschen gleich dreifach: Erstens, indem sie als *Sophia* Geschenke verströmen lässt, nämlich den Schatz des Geistes und den Reichtum der Seele – „Wer diese einmal empfangen, bedarf des weiteren nicht"[39] –; zweitens durch ihre Mägde, die Septem Artes, Kunst und Wissenschaften; und schließlich durch die Gabe der Weisheit (*sapientia*) selbst und der des Mitgefühls bzw. der Menschlichkeit (*pietas*).

Damit ist der Neue Mensch gerüstet und muss sich der Bewährung in einem Kampf gegen die Übel und Laster stellen. *Alecto*, Fürstin der Unterwelt, beruft nun ebenfalls ein Konzil ein, dasjenige der Laster und Übel, um Kräfte gegen den Neuen Menschen zu sammeln. Die Mächte der Bösen verschwören sich gegen diesen einzelnen himmlischen Menschen, der jedoch im abschließenden Kampf der Tugenden gegen die Laster auf ganzer Linie siegt, eine neue Herrschaft über die Welt errichtet und dieser damit eine neue Jugend bringt.

Es folgt nun eine kurze Deutung der Allegorie im Sinne einer Philosophie der Lebensklugheit: Sie lässt sich als eine Allegorie auf den Prozess der Selbstfindung eines Menschen lesen und damit als Lösung einer tiefgreifenden Desorientierung, einer, wie wir sie oben nannten, Desorientierung aufgrund von Uneigentlichkeit. Die Klugheit befördert – als diejenige Tugend, die dem schlimmsten Laster des Menschen, dem Hochmut, entgegenwirkt – die „demütige", d.h. positivendlichkeitsbewusste Selbsterkenntnis. Die Klugheit spielt eine solch wichtige Rolle im Prozess der Selbstfindung, weil nur ein kluger Mensch seine Grenzen und Fähigkeiten erkennt und Mittel und Wege zur Erreichung des Guten – was immer es sei – in ‚realistischer' Einschätzung seiner Kräfte überlegt. Damit weist die Klugheit den Weg zur Weisheit. Die Klugheit eines Menschen besteht auch darin, so könnte man sagen, aufgrund eigener Erfahrungen entscheiden zu können, welche der vielfältigen Stimmen, die ihn innerlich wie äußerlich ansprechen, jeweils das Sagen haben sollen, welche der vielfältigen Ratschläge und Weisungen als triftig letztlich zu befolgen, und welche als untriftig zu übergehen sind.

Der originelle Gedanke des Alanus ist nun der, dass *Prudentia* als Klugheit in der Welt, *Phronesis* als umfassende Erkenntnis der Zusammenhänge der Welt und *Sophia* als die (intuitive) Erkenntnis der letztlich die Welt konstituierenden Gründe ein und dasselbe Wesen darstellen und sich gewissermaßen nur hinsichtlich der Anwendungsbereiche unterscheiden. Die Klugheit bringt das Gute – den neuen, von Selbstüberhebung freien Menschen – auf die Erde und sie ist es auch, die sein Wesen (anderweitig) empfängt. *In der Welt bedient sie sich dabei der Künste* (der *artes*), also im weitesten Sinne technisch-rationaler Mittel (rhetorischer, grammatischer, mathematischer und logischer), aber sie ist nicht selbst eine Technik oder eine Kunst. Die Ausrichtung auf das Gute, und damit das Wissen um die Prinzipien besitzt sie qua Erkenntnis der Gesamtzusammenhänge (als *Phronesis*) bzw. durch den Glauben (als *Sophia*). Die Klugheit vermittelt diese beiden Sphären und sie tut dies, indem sie situativ die Mittel und Wege bestimmt, die das Gute als Idee in der Welt wirklich werden lassen.

Durch die Bescheidung auf das ihm Eigene einerseits, durch unablässige Schulung andererseits kann es dem klugen Menschen nach Alain de Lille gelingen, Organ der Schöpfung Gottes zu sein. Dabei ist es wichtig, dass die Klugheit nicht als oberste Kontrollinstanz, bzw. alles planende Generalmanagerin der individuellen Handlungsorientierung auftritt – gerade das macht Hochmut und Fallsucht des Menschen aus – sondern frei von aller manipulativ-technischen ,Lebensgestaltung' dem Weg des Lebens sich anvertraut, auch ohne zu wissen, wohin dieser führt. Eine solche klugheitsinduzierte Haltung selbstorientierter Personen wäre wohl das, was in späteren Jahrhunderten unter dem Namen ,Gottvertrauen' bekannt war und dessen säkulare Form ,Selbstorientierungskompetenz' genannt werden kann.

Exemplarisch und sehr detailliert gab Alain in seinem *Anticlaudianus* über das Verhältnis von *prudentia* und dem sich selbst findenden Menschen allegorischen Bescheid. Ohne den (neuzeitlichen) Gedanken der Perfektibilität des Individuums auszusprechen, stellt er ihn dennoch dar als Reise der wegefindenden praktischen Vernunft zu den Quellen des Selbst und zurück. Der *Anticlaudianus* stellt eine genuin christliche Auffassung von Lebensklugheit dar, denn Alain de Lille konnte Aristoteles' ethische Schriften nicht kennen.[40] Erst zu Anfang des 13. Jh. wurden die ethischen Schriften des Aristoteles vermittelt durch die arabische Welt dem abendländischen Denken wieder zugänglich.[41]

5.4 Die Klugheit als Dienerin der Weisheit: Thomas von Aquin

Gut zwanzig Jahre nach dem Tode Alains (1203 in Citeaux) wird
Thomas von Aquin geboren. In seiner Synthese des christlichen und
des griechischen Denkens gelingt Thomas von Aquin nicht weniger
als eine Wiederholung der aristotelischen Philosophie der Klugheit im
Rahmen der christlichen Lehre. Freilich gibt es dabei erhebliche
Umstellungen. Nach Thomas sind drei Tugendarten zu unterscheiden: Zu den von Aristoteles unterschiedenen Arten der ethischen (*virtutes morales*) und der dianoëtischen Tugenden (*virtutes intellectuales*)
tritt bei Thomas, gemäß dem System der Kardinaltugenden, eine dritte Art, die der theologischen Tugenden (*virtutes theologicae*). Glaube,
Hoffnung und Liebe beziehen sich ganz auf Gott allein und erreichen
ihre Ziele auch nur durch ihn, während das Richtungsziel der anderen
Tugenden durch eigene Anstrengung des Menschen erreichbar sind.
Im erweiterten Rahmen der christlichen Tugendlehre nun nimmt
Thomas minutiös die aristotelischen Unterscheidungen im Bereich
der dianoëtischen Tugenden auf und bestimmt die *prudentia* als „recta
ratio agibilium"[42], als rechte Vernunft in dem, was zu tun anliegt. Da
die übrigen Kardinaltugenden[43], also Mäßigkeit (*temperantia*),
Tapferkeit (*fortitudo*) und Gerechtigkeit (*iustitia*) als Tugenden des
sittlichen Strebevermögens durch die praktische Vernunft bestimmt
werden müssen, deren Bestform eben die Klugheit (*prudentia*) darstellt, ist klar, dass die Klugheit – ganz im Sinne von Aristoteles – die
höchste der Kardinaltugenden darstellt und damit auch die Bestform
weltlicher Orientierungskompetenz.
    Dabei nimmt die Klugheit bei Thomas eine Mittlerfunktion zwi-
schen den intellektuellen und den sittlichen Tugenden wahr, indem sie
die sittlichen Tugenden über die Bedingungen der jeweiligen Hand-
lungs- und Lebenssituationen ‚informiert'. Nimmt man die Bestimmungen des Begriffes der Klugheit als Tugend, die Thomas in der
Summa theologiae detailliert vornimmt, zeigt er sich als ein waschech-
ter Aristoteliker. An vielen Stellen präzisiert er sogar Aristoteles: so
unterscheidet er im Akt der Klugheit drei Phasen: 1. die Überlegung
und Abwägung der Handlungsmöglichkeiten – das *consilium* –, 2. das
aufgrund der Überlegung erfolgte Urteil über das, was zu tun am
besten ist – das *iudicium*, was die Klugheit eindeutig dem Thema
‚Urteilskraft' zuordnet – und 3. die Umsetzung des Urteils in einen
konkreten Handlungsentschluss und damit in ein Tun – das *praeceptum* bzw. die *applicatio ad operandum*.[44] Alle drei Teilakte sind
notwendig, damit man von einer Abwägung tatsächlich zu einem
Handeln kommt, wobei der dritte Teilakt, der ‚gebietende', d. h. handlungsinitiierende geradezu das Spezifikum der Klugheit darstellt.
Auch bei Thomas gilt also für den Klugen: Es gibt nichts Gutes, außer

man tut es. Wer nur weiß, was gerecht ist, ist es dadurch noch nicht:
Er mag zwar die rechte Vernunft, die *recta ratio*, aber deswegen noch
nicht die „*applicatio rectae rationis ad opus*"[45], also die *ins Werk
gesetzte* rechte Vernunft haben. Eben darin aber besteht die Klugheit
nach Thomas: Sie ist diejenige operative Vernunft, die das jeweilige
Gute situationsspezifisch als das für ihn hier und jetzt Praktikable
bestimmt und in Handlungsentschlüsse, in einen Willen umzuschmel-
zen vermag.

Nicht in den Bestimmungen der Klugheit selbst, sondern in der
Weise, wie sie ‚arbeitet‘ besteht der große Unterschied zu Aristoteles.
In beiden können wir die Klugheit als Selbstorientierungskompetenz
der Individuen sehen; aber die Bezogenheit auf die jeweiligen Orientierungsinstanzen ist von anderer Art. Während bei Aristoteles die
mit den ethischen Tugenden gegebenen Sittlichkeitsideale einer bestimmten Wertegemeinschaft ‚letzte‘, nicht hintergehbare Instanzen
der Selbstorientierung darstellen, ist bei Thomas durch die schon
erwähnte *syndêrêsis*, d. h. das Gewissen, eine andere, zusätzliche normative Quelle markiert. Die *syndêrêsis* liefert die Obersätze des praktischen Syllogismus, also die sicheren Maximen, über die nicht berat-
schlagt werden muss. Während bei Aristoteles die wechselseitige
Bedingtheit von Klugheit und ethischer Tugend unhintergehbar war –
ohne Klugheit wäre die ethische Tugend leer, ohne ethische Tugend
die Klugheit blind – ist die letzte Instanz der praktischen Selbstorientierung bei Thomas das *Gewissen*, durch das Gott zu uns spricht.
Auch wenn Thomas die Selbstständigkeit der Klugheit nicht leugnet,
ist sie damit nicht in dem selben Sinne ‚autotelisch‘ wie bei
Aristoteles, bei dem die Gewissensfunktion integraler Bestandteil der
Lebensklugheit ist. Hier, bei Thomas wie tendenziell überhaupt in der
ganzen christlichen Lehre des Gewissens, wird das mit dem Handlungsentschluss einhergehende ‚Wissen‘ um die Angemessenheit des
Handelns bestimmter Grundsätze des Handelns nicht aus der je individuellen Selbstorientierungskompetenz, sondern aus übermensch-
licher Vorgabe abgeleitet: Das Gewissen, die *syndêrêsis*, ist ein stoisch-
christliches Spaltprodukt der aristotelischen *phrónêsis*, wie sich an
dieser Stelle einmal mehr zeigt.

Dies lässt sich an der Auseinandersetzung des Thomas mit der
Aristoteles-Auffassung seines Lehrers Albertus Magnus verdeut-
lichen.[46] Zunächst einmal: Die Klugheit ist bei Thomas wie bei
Aristoteles nicht für die materielle (inhaltliche) Bestimmung der Ziele
zuständig. Aber sie besitzt eine formelle Zielkompetenz, d. h. sie vergegenwärtigt die im Sinne der *eudaimonía* bzw. *beatitudo* des gottge-
fälligen Lebens als gut erkannten Handlungsziele in konkreten Handlungssituationen, um im Lichte dieser Ziele die angemessenen Mittel
und Wege des Handelns zu finden.[47] Diese Fähigkeit des klugen Men-

schen nun war der Umstand, weshalb die *phrónêsis* im Aristoteles-
kommentar des Albertus Magnus mit der *syndêrêsis* und damit mit
dem Gewissensthema in Verbindung gebracht wurde. Thomas setzt
sich nun gerade in diesem Punkt von der Aristotelesinterpretation
von Albert ab und trennt erstmalig das Thema *syndêrêsis*/Gewissen
und das Thema *prudentia* klar voneinander.[48] Der maßgebliche Unterschied besteht darin: Der Akt der Klugheit führt zu einem
Handeln, nicht lediglich zu einem Satz der Art: „Das ist zu tun/soll
getan werden". Das *praeceptum* oder *ultimum iudicium practicum* ist
keine normative Aussage, sondern, wie die ‚Konsequenz' des praktischen Syllogismus bei Aristoteles, die kognitive Ausrichtung des
Strebens, d. h. das die Handlung effizient ordnende kognitive Element
der (Willens-)Wahl bzw. des Entschlusses zu einer bestimmten
Handlung. Dagegen leitet das Gewissen nicht selbst zum Handeln an,
es ist ein reflektierender Akt.[49] Aus diesem Grunde ist Thomas auch
kein ‚Gewissensethiker' wie etwa Abaelard oder Bonaventura, sondern immer noch Klugheitsethiker. Das Gewissen, aufgefasst als ein
rein reflexives Urteilsvermögen, geht primär auf (Selbst-)Erkenntnis
und kann daher bestenfalls eine Voraussetzung dafür sein, klug im
Sinne der Lebensklugheit zu werden.[50]

Nur zur Erläuterung: Gewissensethiker, zu denen z. B. auch die
meisten der Reformatoren, aber auch Kant zählen können, gehen davon aus, dass wir allein durch unser Gewissen wissen könnten, was jeweils konkret zu tun bzw. zu unterlassen ist. Gewissensethiker fassen
den praktischen Syllogismus also nicht als Analogie, sondern wörtlich
auf, nämlich als einen Schluss der Erkenntnis. Die Conclusio ist dann
ein Satz, nämlich der Spruch bzw. das Urteil des Gewissens, dem wir
im Handeln dann Folge zu leisten haben.[51] Die Klugheit hat hier
keine weitere Funktion als die der Handlungsausführung, sie wird
heterotelisch bzw. instrumentell und also im Sinne der Technik
gedacht.

Demgegenüber bestreiten die Klugheitsethiker nicht etwa das Ge-
wissensphänomen; aber sie fassen es lediglich als ein Begleitphänomen
(eben als *con-scientia*) zum Akt der Klugheit auf, der schon mit der
Intention auf die guten Ziele beginnt, in einer deliberativen Phase den
Untersatz des praktischen Syllogismus bestimmt und dann, als Spezifikum der Klugheit, wesentlich in der Handlung als ‚Konsequenz' des
Syllogismus terminiert.

Das Gewissen bei Thomas ist weder Habitus der Vernunft, wie die
Klugheit oder andere intellektuelle Tugenden, noch bloßes Vermögen
(wie etwa die *dinotica/deinótês*), sondern ein bloßer „Spruch" (*dicta-
men*) der Vernunft. Die *prudentia* ist dagegen, als *applicatio rectae rationis ad opus*, eine „operative Konkretisierung"[52] der Vernunft durch
ein bestimmtes Handeln. Sie ist dies, indem sie die rechte Vernunft auf

das Streben appliziert, was unmittelbar zu einer konkreten Handlung führt. Aufgrund des rein kognitiven (wiewohl normativ/präskriptiven) Charakters des Gewissens dagegen, kann man dem Gewissen folgen oder nicht, während dies bei der Klugheit (im Sinne der *phrónêsis/prudentia*) unmöglich ist, weil ihre Urteile von vorneherein im Kontext des Strebens stehen.

Eine ungefragte Voraussetzung, die Thomas mit dem Hellenismus und dem gesamten Mittelalter teilt, ist aber nun, dass die Obersätze des praktischen Syllogismus *sicher wahr* sein müssen, damit richtiges Handeln gewährleistet ist. Wie die Stoiker und die naturrechtliche Tradition bis heute sieht auch Thomas die Sicherheit in der Selbstorientierung der Menschen dadurch gegeben, dass die Stelle der Obersätze der praktischen Syllogismen, nach denen sich ein Mensch jeweils ausrichtet, mit ‚ewigen Wahrheiten‘ besetzt werden. So kommt es, dass Thomas die *phrónêsis* des Aristoteles nicht nur mit *prudentia*, sondern auch mit *sapientia practica*, also mit praktischer – oder gar: praktisch angewandter – Weisheit übersetzen kann. Dies aber geht an einer wesentlichen Einsicht des Aristoteles vorbei, die darin besteht, dass es sich bei der Klugheit um ein Wissen eigener Art handelt – erstpersonales Rat- bzw. Orientierungswissen – das eben gerade nicht mit der Weisheit – drittpersonales Wissen des Allgemeinen im Besonderen – zu verwechseln ist.

Während für Aristoteles das Verhältnis von Weisheit und Klugheit ein analoges war – was für die theoretische Vernunft die *sophía* ist, ist für die praktische die *phrónêsis* – ist bei Thomas Klugheit eine, wenn auch weitgehend autarke, Anwendung der Weisheit im Bereich praktischen Denken und Handelns. Es ist daher zu bezweifeln, dass bei Thomas mit der Erhebung zur ‚praktischen Weisheit‘ tatsächlich eine Aufwertung der Klugheit stattfindet, wie manche meinen.[53] Auch wenn Thomas die Eigenständigkeit und den Tugendcharakter der Lebensklugheit betont, kann die Autotelie der *phrónêsis* im theologischen Gedankengebäude nicht aufrechterhalten werden. Die Klugheit ist zur bloßen „Dienerin der Weisheit“[54] geworden.

5.5 Die Klugheit der Kirchen

Die aristotelische *phrónêsis* war klarerweise angewiesen auf die Tugendideale einer sittlichen *pólis*-Gemeinschaft, außerhalb derer sie bezüglich der Lebensorientierung versagen muss: *Eudaimonía* bzw. *eupraxía* ist für Aristoteles außerhalb der Polis undenkbar; die Lebensklugheit betrifft daher per definitionem den Bereich der gemeinschaftlichen Praxis. Ein christliches Heiligenleben, wie z. B. dasjenige der Eremiten, war als ein glückliches für einen Griechen völlig undenkbar. Hier nun aber ist es das göttliche Gesetz, welches den Orientierungsbereich der menschlichen Klugheit definiert: das weltliche Leben als Vorbereitung auf das ewige. Die Klugheit als Tugend vernünftigen Erdendaseins verliert aber ihren Wert in dem Maße, in dem der Weltaufenthalt selbst entwertet wird. Wenn der Mensch, wie etwa in den Lehren der Reformatoren, nicht durch seine Werke in der Welt, sondern allein durch seinen Glauben und seine Bußfertigkeit gerechtfertigt sein kann, fungiert die Klugheit nicht weiter als die Seelenretterin. Sie wird im Gegenteil verdächtig, nur bestimmten partikularen Interessen, nicht aber den Interessen der Menschheit dienen zu können und verliert dadurch, wie man heute, am Ende dieser Geschichte sehen kann, ihren Tugendcharakter. Dies ist aber eine notwendige Bedingung für die Versuche ihrer ‚Technisierung‘, denn erst interpretiert als ein bloßes ‚Vermögen‘, als eine bloße Fähigkeit kann sie zu beliebigen konkreten Zwecken bestimmt werden, während sie als Tugend, d. h. als eine (schon bestimmte) Haltung bzw. als ein Modus des Vermögens praktischer Vernunft den Maßstab ihrer Anwendung gleichsam in sich trägt.

Die Neuentfaltung der Klugheit findet daher nicht von ungefähr auch vor dem Hintergrund der Auseinandersetzung in und mit der nachtridentinischen katholischen Moraltheologie, also im späten 16. und 17. Jh. statt. Die intellektuell maßgeblich von den Jesuiten getragenen gegenreformatorischen Bestrebungen versuchten gegenüber dem reformatorischen Gnadenbegriff – nach dem die Vollendung menschlichen Lebens allein von Gott abhängig ist – die Möglichkeit einer hinreichenden Eigenleistung des Menschen für das Erlösungsgeschehen einzuräumen. Hierbei spielte die Klugheit natürlich wieder eine wichtige und entscheidende Rolle, weil der Gläubige nur mit Hilfe der Klugheit sicher durch das Labyrinth der Welt gelangen konnte. Nicht die Ausrichtung an den göttlichen Gesetzen, sondern deren Interpretation steht mehr und mehr im Vordergrund der Debatten. Bei konfligierenden Lehrmeinungen bzw. Unsicherheit bezüglich der Prinzipien empfiehlt der von den Jesuiten hauptsächlich vertretene Probabilismus im Interesse der Aufrechterhaltung der Handlungsfähigkeit auch solchen Handlungsmaximen zu folgen, die nur eine geringe Wahrscheinlichkeit für sich beanspruchen können.[55] Der durch die weltweite Beichtpraxis der Jesuiten aufkommende Regelungsbedarf bei der Behandlung von Gewissensfällen – die Jesuiten waren unter anderem mit der Mission in den überseeischen Gebieten und Asien betraut – führte dazu, dass der Probabilismus zu einer in lauter Einzelbetrachtungen aufgelösten, in ausufernden Regelwerken (Kasuistiken) niedergelegten und nurmehr Moralexperten zugänglichen laxen Gelehrtenmoral verkam, über die Pascal in seinen *Provin-*

zialbriefen von 1657 teils zu Recht, teils zu Unrecht seinen Spott ausgoss.

Wir haben es bei der probabilistischen Kasuistik gleichsam mit einer ‚gefrorenen Klugheit‘ zu tun, gegen die die spirituellen (d. h. die Innerlichkeit ansprechenden) Strömungen sich leicht durchsetzen konnten und damit einen neuen Schub der Abwertung der Klugheit einleiteten. Bis heute steht die Klugheit in Verdacht, die ‚Tugend‘ der Rechts- und Moralverdreher zu sein. Hierzu wäre zu sagen: Zwar wird in allen Philosophien der Klugheit ihre Situationsbezogenheit hervorgehoben, ihre spezifische ‚Kasuistik‘. Allerdings ist doch auch klar, dass sie dabei *radikal* verfährt, so dass die dabei entstehenden Einzelfallregelungen nicht, wie dies in den Kasuistiken der Moraltheologie geschah, direkt auf andere Fälle ausgeweitet werden. Indirekt gibt es natürlich die Möglichkeit der Ausweitung von Einzelfallentscheidungen, insofern diese als Beispiele für kluges Handeln gelten können. Die Ausweitung kann also immer nur analogisch, nicht kanonisch sein, und gerade so haben sich die philosophischen Klugheitsethiken der Renaissance und des Barock verstanden, wie ich im nächsten Kapitel zeigen will. Gegen die vorschnelle Kritik der Klugheit als Zerstörerin der Moral kann und muss aufrechterhalten werden: Nicht die Ausnahme von einer moralischen Regel bedeutet schon Moralzerstörung, wie sie etwa den Jesuiten angelastet wurde, sondern erst der Umstand, dass die Ausnahmen selbst zu Regeln werden.

Die Philosophie der weltlichen Klugheit geht davon aus, dass ein kluger, d. h. sich selbst in seinem Handeln und Leben orientierender Mensch nicht angewiesen ist auf die Unumstößlichkeit und Sicherheit der Prinzipien seines Handelns – während die Klugheit in den Kirchen davon ausgehen muss, dass die Obersätze des praktischen Syllogismus, d. h. die ‚Maximen‘, begründet bzw. im Prinzip begründbar sind. Das Geschäft der Ethik besteht dann aber auch vor allem darin, Begründungen oder aber Verfahren zur Begründung subjektiver Grundsätze anzubieten – eine Konsequenz, die erst Kant in aller Deutlichkeit gesehen hat. Aber benötigt die Klugheit, sprich: die Haltung selbstständiger Lebensführung, überhaupt eine solche ‚wissenschaftliche‘ Art von Begründung der subjektiven Grundsätze?

Eine genauere Betrachtung der weltlichen Klugheitsethiken der Neuzeit vor Kant kann zeigen, dass dies nicht der Fall ist. Auch in Zeiten der Unsicherheit kann bezüglich der moralischen Prinzipien klug gehandelt werden; auch im Zeitalter des Nihilismus ist Selbstorientierung möglich und gerade in ihm ist die Kompetenz hierfür hochnotwendig.

6. Pragmatische Topiken

6.1 Machiavelli und Montaigne: Die Klugheit in der Renaissance

Die Zeit der Konsolidierung der neuzeitlichen Wissenschaft im 16. und 17. Jh. ist exemplarisch für die Situation der Unsicherheit bezüglich fundierender moralischer Prinzipien. Die Klugheit wird aus den Diensten für das Seelenheil des ewigen Lebens entlassen und bekommt ihren angestammten Wirkungsbereich, die politische Welt zurück. Dabei erhält sie ein neues Leitbild: Das der *Selbsterhaltung*, sei es des bloßen Lebens, sei es der Macht, sei es der Stabilität eines Staatsgebildes. Klugheit wird dadurch mehr und mehr zu einem Synonym für die Wahrung des Selbstinteresses und steht damit in einer latenten Opposition zu moralischem Denken.

Die Abhängigkeit der Klugheit von subjektexternen Maßstäben, wie sie die Stoiker und das christliche Mittelalter als Lösung des aristotelischen Normproblems einführten, wird in den neuzeitlichen Klugheitslehren wieder durchbrochen. Die Befreiung der Klugheit aus den Fesseln der scholastischen Systeme gibt ihr zwar ihre Autotelie zurück, zugleich aber verliert sie mehr und mehr ihren Tugendcharakter. Die Klugheit als derjenige habitualisierte Vernunftgebrauch, der auf Erhaltung und Erweiterung der Handlungsfähigkeit abzielt, ist nun, unter den pluralistischen Bedingungen der Neuzeit und a fortiori der Moderne gezwungen, verschiedene Geltungsansprüche, etwa moralische und politische, gegeneinander abzuwägen. Moral und Klugheit können daher auch in Widerspruch zueinander treten; ja, die Klugheit kommt in den Verdacht, die Moral auszuhöhlen – ein Verdacht, dem sie sich bis heute nicht entziehen kann. Der neuzeitlichen Klugheit fehlt – im Unterschied zur aristotelisch-thomasischen – die Ausrichtung auf unverfügbare allgemeine Ziele; sie scheint ‚blind‘ geworden zu sein.

Der berühmte Amoralismus in der Politik, der mit den Namen Machiavelli oder Hobbes verbunden wird, bedeutet jedoch nicht, wie das oft anzutreffende Missverständnis behauptet, dass Unmoral im Namen pragmatischer Politik gerechtfertigt würde. Unrecht bleibt weiterhin Unrecht, aber der Politiker bzw. der Fürst muss eben mitunter ungerecht im Detail sein, um politischen Erfolg im Ganzen zu haben – wobei auch bei Machiavelli nicht der persönliche Nutzen,

sondern die Aufrechterhaltung eines stabilen Staatswesens und damit
die Rahmenbedingung der Praxis aller Individuen des Staates zählt.[1]
    Nach Machiavelli ist nun das politische Geschehen, anders als in
den Geschichtsphilosophien des Mittelalters, eine zufällige Abfolge
ständig wiederkehrender Weltlagen, die jeweils besondere Verhaltens-
weisen erforderlich machen, um erfolgreich zu sein. Es lassen sich
daher keine überzeitlichen, allgemeingültigen Regeln guter bzw. er-
folgreicher Politikgestaltung angeben; nur in Bezug auf typische Situationen lassen sich Maximen formulieren. Die große Kunst der Politik
besteht nach Machiavelli geradezu darin, als Herrschender seine
Handlungsweisen den unverfügbaren Zeitumständen anzupassen,[2]
und nicht etwa darin, ein einmal erfolgreiches Rezept immer wieder
anzuwenden. Diese, die Anpassung an die *qualità dei tempi* ist der
Grund für die ‚machiavellistisch‘-unmoralisch scheinenden Konsequenzen seiner Politikauffassung. Besonders anstößig war und ist in
dieser Hinsicht das Kapitel XVIII des *Principe* gewesen, in dem
Machiavelli zu dem Schluss kommt, dass – unter bestimmten Umständen! – für den Erhalt der Macht auch Wortbruch und Unredlich-
keit erforderlich sind:

> Ein kluger Herrscher kann und darf [...] sein Wort nicht halten, wenn ihm dies
> zum Nachteil gereicht und wenn die Gründe fortgefallen sind, die ihn veran-
> lasst hatten, sein Versprechen zu geben. Wären alle Menschen gut, dann wäre
> diese Regel schlecht; da sie aber schlecht sind und ihr Wort dir gegenüber nicht
> halten würden, brauchst auch du dein Wort ihnen gegenüber nicht zu halten.[3]

Es geht hier wohlgemerkt nicht um die Rechtfertigung von Unmoral,
sondern um die Frage, wie in einer Situation allgemeiner moralischer
Unzuverlässigkeit – in einer Situation demnach, in der es gerade keinen gemeinsamen Wertehorizont einer politischen oder konfessionel-
len Gemeinschaft gibt – die gemeinschaftliche Praxis aufrechterhalten
werden kann. Die allgemeine Voraussetzung einer korrumpierten Welt
muss für die voraufklärerischen neuzeitlichen Klugheitslehren unbedingt berücksichtigt werden!
    In dieser Welt scheint die Klugheit zunächst nichts anderes zu sein
als die Kunst des Machterhalts. Sie verfährt allerdings dabei nicht in
dem Sinne ‚technisch‘, dass sie allgemeine Klugheitsregeln auf besondere Situationen anwenden würde. Im Gegenteil, Machiavelli macht
an vielen Stellen deutlich, dass es gar keine verbindlichen Regeln der
politischen Klugheit, keine Klugheitsschemata geben kann. Es gibt
viele, ja zum Teil sogar sich widersprechende Maximen, die auf bestimmte Situationstypen passen, aber es gibt keine übergeordneten
Regeln – ein Motiv, das sich wie ein roter Faden durch die Klugheitslehren der vorkantischen Neuzeit zieht, wie wir noch sehen werden.
Die Beurteilung des Situationstyps aber ist erfahrungsgetränkt und
hat Wahrnehmungs- bzw. Gespürcharakter und untersteht der Ur-

teilskraft der *prudenzia*. In Verbindung mit der *virtù*, der Tatkraft und Entschlossenheit eines Fürsten kann es politischen Erfolg geben. Deswegen sei der Fürst immer zugleich ‚Fuchs' und ‚Löwe',

> denn der Löwe ist wehrlos gegen die Schlingen und der Fuchs gegen die Wölfe. Man muss also ein Fuchs sein, um die Schlingen zu erkennen, und ein Löwe, um die Wölfe zu schrecken.[4]

Diese Tugenden sind, wie Tugenden überhaupt, nicht auf Regeln abzuziehen. In gewisser Weise wird damit das Tugendkonzept der Klugheit gegenüber ihrer Integration in den scholastischen Systemen wieder stark gemacht.

Auch im individualethischen Denken der Renaissance wird dies deutlich, wie das Beispiel Michel de Montaignes zeigen kann. Dieser nimmt ausdrücklich die aristotelische *phrónêsis*-Konzeption wieder auf. So paraphrasiert er im Essai *Du pedantisme* die Stelle aus der *Nikomachischen Ethik*, an der Aristoteles als Beispiel für den Weisen den ‚unpraktischen' Thales (von dem bekanntlich die Legende geht, dass er, die Augen zu den Sternen gerichtet, in einen Brunnen fiel), als Beispiel für den Klugen aber den tatkräftigen Perikles angibt. Montaigne ist hier aristotelischer als Aristoteles selbst; schreibt er doch, dass ihm der Unterschied von Weisheit und Klugheit nicht recht einsichtig wäre[5] – aber nicht etwa deswegen, weil Klugheit, wie bei den Stoikern, im Grunde die auf die Praxis applizierte Weisheit wäre, sondern umgekehrt, weil eine Weisheit, die nicht von vornherein mitten im Leben steht, nichts taugt. Zwar ist er hierbei sicherlich vom stoischen Gedanken der Unterschiedslosigkeit von *prudentia* und *sapientia* beeinflusst. Aber in seiner Zurückweisung einer weltfremden, blutleeren und leibfeindlichen Weisheit macht er deutlich, dass er keinen Platz mehr für die Ausübung der *vita contemplativa* sieht: Weisheit ist praktisch-weltlich oder sie ist gar keine. Es ist ja gerade die Maxime der Selbstorientierung im Leben, die Montaigne gegen die Pedanterie und Lebensunfähigkeit der ‚weisen' Schulmeister setzt. Wenn überhaupt, dann hängt er hier also nicht dem Ideal des stoischen, sondern des peripatetischen Weisen mit seiner irdischen Lebensklugheit an.[6] Über Aristoteles hinausgehend kommen bei ihm nicht nur die gemeinschaftlich zu praktizierenden, öffentlichen Angelegenheiten, sondern die alltäglichen Dinge bis hin zum Umgang mit sich selbst in den Blick.

Im Unterschied aber zur antiken und mittelalterlichen Klugheit wird hier nun einer ihrer Wesenszüge besonders wichtig: Wenn, wie bei Montaigne, das Aktionsfeld der Lebensklugheit auf schlichtweg alle Bereiche des Handelns ausgeweitet wird, besteht das Erfordernis der Selbstbegrenzung und Bescheidung des Handelnden. Mit anderen

Worten: Hier geht es nicht nur um die Aufgabe der Bestimmung von Orientierungsinstanzen, sondern zusätzlich um die Begrenzung des Orientierungsbereiches. Bevor man überhaupt darangehen kann, sich an irgendetwas oder jemandem orientieren zu können, muss gewissermaßen erst einmal geklärt werden, welche Handlungsbereiche einem überhaupt offen stehen, welche Macht man besitzt, kurz: Wer man eigentlich ist. Bei Montaigne wird deutlich, dass für eine kluge Lebensführung in einer unübersichtlich gewordenen Welt die individuelle Selbstverortung nötig ist. Lebensklugheit ist wesentlich Selbsterkenntnis. In diesem Sinne schreibt er:

> Die Ermahnung zu beherzigen, dass jeder sich selbst erkennen solle, muss wirklich höchst wichtig sein, da der Gott der Wissenschaft und des Lichts sie an der Vorderseite seines Tempels anbringen ließ: gleichsam als die Summe all seiner Ratschläge.[7]

Die Erfahrung, auf der die Klugheit dabei rekurriert, ist die Erfahrung eigener Grenzen, die Erfahrung, dass es kein Verfügungswissen über das gute Leben geben kann. Allerdings, so Montaigne, ist dies eben auch eine Erfahrung, die man gemacht haben muss:

> Man muss eine Tür aufzustoßen versucht haben, ehe man erkennt, dass sie für uns verschlossen ist.[8]

Nur über die Selbsterkenntnis, die Erkenntnis der Grenzen der eigenen jeweiligen Handlungsfähigkeit ist es möglich, sich nicht zu überfordern – ein wesentlicher Aspekt der Desorientierung – und den oftmaligen Sachzwangcharakter des Handelns zu minimieren. Deshalb weiß ein weiser bzw. lebenskluger Mensch, wozu er in der Lage ist, und, vor allem, wozu er nicht in der Lage ist. Dabei gilt dies auch für die Orientierung selbst. Auch hier ist Mäßigung angesagt; so erscheint geradezu als unklug, alles Handeln durch Klugheit regulieren zu wollen. Grundsätzlich ist die Klugheit zwar dafür zuständig, das Leben zu führen (conduire sa vie), aber sie kann sich nicht anmaßen, Schicksal zu spielen – auch nicht, wie auch bei Machiavelli deutlich ausgedrückt, in der Politik: „Es ist Unklugheit, zu meinen, die Klugheit sei in der Lage, die Rolle des Schicksals zu übernehmen."[9]

Auch bei Aristoteles musste die *phrónêsis* mit den individuellen Voraussetzungen des Handelnden rechnen, um eine Handlungssituation bestimmen zu können, ja, ohne die Erstpersonalität der klugen Überlegung kommt es gar nicht dazu, dass man die Situation als solche erfassen kann, denn es geht ja darum: „Was ist für mich hier und jetzt zu tun?" Die Klugheit eines Menschen führt ihn letztlich auf endlichkeitsbewusste, je individuelle gelassene Umgangsweisen mit den Dingen und Menschen, letztlich auch sich selbst gegenüber. Am Schluss des Essais *De l'experience* heißt es demgemäß:

Es ist höchste, fast göttergleiche Vollendung, wenn man das eigene Sein auf rechte Weise zu genießen weiß. Wir suchen Lebensformen, weil wir die unsre nicht zu nutzen verstehn; wir wollen über uns hinaus, weil wir nicht erkennen, was in uns ist.[10]

Nehmen wir Machiavellis Fürsten und Montaignes Lebensklugen als Repräsentanten einer veränderten Klugheitsauffassung in der Neuzeit, so scheint es, dass die Klugheit als eigenständige Tugend der Selbstorientierung in der Renaissance eine Wiedergeburt erfährt. In dem Maße, in dem die theonomischen Ethiken zurückgedrängt werden, kann die Klugheit ihre einstmalige autotelische Dimension wieder zurückgewinnen – oder aber, wie ein Jahrhundert später das Beispiel Hobbes' zeigt, sie fällt ganz aus der Ethik heraus.

Wie auch immer, im Unterschied zur aristotelischen *phrónêsis* kann die *prudenzia* des Fürsten und die *prudence* des Lebensklugen nicht billigerweise auf einfachhin vorhandene und einigermaßen fraglose Wertstrukturen zurückgreifen. Während bei Aristoteles gerade die Rückbindung der Klugheit an die durch die politische Gemeinschaft gegebenen ethischen Tugendideale notwendig dafür war, dass kluges Handeln nicht ein blindes Vorgehen ist, wachsen hier der Klugheit als individueller Selbstorientierungskompetenz zwei gegenüber der aristotelischen *phrónêsis*-Lehre neuartige Aufgaben zu: Neben der Bestimmung der Grenzen des je individuellen Selbst und seiner Endlichkeit, wodurch allererst bestimmte Orientierungsbereiche eröffnet werden können – vormals waren hierfür zumeist bestimmte Rollenverständnisse ausreichend –, müssen nun auch noch die Orientierungsinstanzen bzw. die Obersätze des praktischen Syllogismus, also die Maximen selbst aufgefunden oder am Ende gar erfunden werden. Es entsteht erstmals in der Geschichte eine Frage, die wir heute mit den Worten formulieren: „Woran sollen wir uns eigentlich orientieren?", wobei das ‚sollen' dieser Frage das Sollen der Klugheit ist, d. h. das betrifft, was ratsam ist und was nicht. Mit anderen Worten: Hier ist philosophisch nach einer höherstufigen Klugheit gefragt.

„Woran sollen wir uns orientieren?" – Wegen der Erstpersonalität der Lebensklugheit gibt es mannigfaltige, und vor allem nicht generalisierbare und hierarchisierbare Möglichkeiten. ‚Prudentia' wird daher zum Synonym für das Geschichtliche, Kontingente und Vielfältige.[11] So kann es nicht Wunder nehmen, dass wir es bei den individualethischen Philosophien der Lebensklugheit in Neuzeit und Moderne, angefangen bei Montaigne über die sogenannte Maximenliteratur der französischen Moralisten bis hin zu Freiherr Wilhelm von Knigge, Schopenhauer und Nietzsche durchgängig mit weitgehend unhierarchisierten Maximenmengen zu tun haben.[12] Schon in der frühen Neuzeit zeichnet sich eine solche Pluralisierung der Orientierungsinstanzen und ein dementsprechender klugheitsethischer Perspektivismus ab, der zu Klugheitsethiken führt, die, anders als die klassisch-antiken und mittelalterlichen, einen *topischen* Charakter haben. Damit soll gesagt sein, dass die Maximen nicht als direkte Handlungs-anweisungen verstanden werden sollten, sozusagen als Gebrauchs-anleitungen für das Leben, sondern eher als Gesichtspunkte der Handlungs- und Situationsbeurteilung. Wegen dieser Eigenschaft möchte ich die neuzeitlichen, vorkantischen Klugheitslehren, wie sie vor allem in der Zeit des Barock entstehen, unter den Oberbegriff *Pragmatische Topiken* behandeln.[13]

6.2 Das Jahrhundert der Weltklugheit

Die Klugheitslehren sprießen wie Pilze aus dem durch die Glaubens-kriege erschütterten Boden der Moral. Wie in jeder der bisher betrachteten Epochen der Klugheitsgeschichte geht es auch im 17. Jahrhundert, dem ‚Jahrhundert der Weltklugheit‘, wie man es auch nennen könnte, um die Frage, wie das Gute in der Welt realisiert wer-den kann. ‚Weltklugheit‘ ist kein sehr geläufiges Wort der deutschen Sprache mehr; gemeint ist aber damit auch heute noch die (er-worbene) Haltung einer Person, vermöge derer sie sich gut in der Welt zurechtzufinden und sich in ihr zu orientieren vermag. Im Unterschied zur bürgerlichen ‚Privatklugheit‘, mit der ein Mensch nur auf den eigenen Vorteil und auf Erhalt und Mehrung seines Ver-mögens an Gütern aller Art schaut, betrifft – oder betraf, falls es sie nicht mehr geben sollte – die Weltklugheit den direkten Umgang mit Menschen, das, was man zu dieser Zeit ‚Politik‘ nannte. Weltklugheit hat zu tun mit Höflichkeit[14] und gesellschaftlichen Umgangsformen, im 17. und 18. Jh. entsprechend mit esprit de conduite und galanter Konversation. Dementsprechend bedeutet auch ‚Welt‘ im Wort ‚Welt-klugheit‘ soviel wie ‚Öffentlichkeit‘, in Renaissance und Barock zu-meist diejenige der Fürstenhöfe – die ‚große Welt‘ –, später eher die kleinere der bürgerlichen Salons. Der Gentleman, der *homme galant*, eben ‚der Mann von Welt‘ ist jemand, der sich erfolgreich im Laby-rinth der mondänen Öffentlichkeit zu bewegen versteht und zwar so, dass er dabei weder maskenhaft, noch exaltiert, weder rücksichtslos, noch unterwürfig, sondern ‚ganz er selbst‘ bleibt.

Selbsterhaltung, *conservatio sui*, steht auf den Fahnen neuzeit-licher Ethik und Politik und damit auch auf derjenigen der Welt-klugheit. Auch in den barocken Lehren von der Weltklugheit geht es um die Selbsterhaltung und -behauptung einer Person angesichts der Gefahren, die von der ‚Welt‘ als politischem Aktionsraum ausgehen, in dem die divergierenden Interessen aufeinanderprallen. Wie kann man in einer solchen Haifischbeckenwelt im praktischen Sinne ‚überleben‘? Wie kann man sich in einer solchen Welt selbst orientieren?

Der mainstream der neuzeitlichen Ethik reagierte auf das sich hier stellende grundlegende Orientierungsproblem bekanntlich mit dem Ausbau der Naturrechtslehre, die in gewisser Weise den pluralismusinduzierten Wegfall der eindeutigen Orientierungen kompensieren sollte: Die Instanzen der Orientierung sind danach eben nicht in der Welt zu finden, sondern überpositiv, in der Idee des Menschen mit seiner Freiheit und Würde. Die entsprechende Form der Ethik ist eine Pflichtenlehre, der zwar weiterhin eine Tugendlehre korrespondieren kann, aber freilich nur noch im Sinne einer Ergänzung. Tugend ist nurmehr die Stärke in Befolgung der Pflicht, wie Kant schreiben wird. Die Pflicht wiederum ist in einem Jenseits der Welt, in der Struktur reiner praktischer Vernunft sicher verankert. Das gute Leben ist nach dieser Auffassung, im moralischen wie pragmatischen Sinne, ein Leben mit dem Kopf im Himmel. Dort aber hat die Klugheit nichts zu suchen.

Dagegen scheint das Thema ‚Weltklugheit‘ zunächst keine tiefgehenden philosophischen Dimensionen zu haben. Mit Höflichkeit, Anstand, Umgang mit Freunden und Feinden verbinden wir heutzutage nicht viel mehr als die vielleicht angenehme, aber doch oberflächliche und zufällige Konventionalität. In der Tat geht es den meisten Autoren der Weltklugheitsliteratur, von Castiglione bis Knigge, von Gracián bis Thomasius darum, wie man sich am besten in einer *Welt des Scheins* bewegt; diese Autoren sind sich aber andererseits bewusst darüber, dass es *keine andere Welt gibt*, in der das Wesen des Menschen sich rein und unverstellt offenbaren könnte. Ein weltkluger Mensch ist kein ‚Hinterweltler‘ und seine Weltklugheit kann als diejenige intellektuelle Tugend eines Menschen angesehen werden, die ihn befähigt, sich selbstständig in einer Welt von vielfältigen und unüberschaubaren Ansprüchen, Angeboten und Angriffen orientieren zu können. Weder die bloße Anpassung an herrschende Konventionen, noch deren bloße Ablehnung könnten Ausdruck von Weltklugheit sein; es geht um einen Umgang mit Konventionen und Institutionen, der letztlich auch für das Selbstsein einer Person konstitutiv ist.

Das Spiel der Welt, auf das sich der Kluge dabei einlässt, scheint nun für Puristen und Puritaner schon das moralische Übel selbst zu sein. Die Tendenz, die Klugheit abzuwerten, gerade weil sie der Welt und ihrem Gemenge und Gedränge verhaftet bleibt, deutet sich schon im Rationalismus des 17. Jahrhunderts an. Arnold Geulincx, der im Okkasionalismus der Nachfolge Descartes' Handlungsabsicht und Handlungsresultat strikt voneinander trennt und damit einer der Vorläufer kantischer Pflichtethik ist, entfernt die Klugheit zusammen mit der Tapferkeit und der Mäßigung aus dem Katalog der Kardinaltugenden, um eine reine Vernunftethik zu konzipieren, bei der Tugend nichts anderes als die Ausübung der Liebe zur Vernunft (amor rationis) gemäß der ‚neuen‘ Kardinaltugenden Fleiß, Gehorsam, Gerechtigkeit und Demut ist:

> Die Klugheit ist der Tugend Stütze und Frucht, aber nicht selbst eine Tugend [...] Damit eine Handlung recht getan sei, muss zunächst die Vernunft gehört werden (im Fleiß), dann muss man das Gebot der Vernunft auch ausführen (im Gehorsam), und die Ausführung darf nicht weniger und nicht mehr enthalten (in der Gerechtigkeit) und schließlich darf man nichts um seiner selbst willen [gemeint ist: nichts aus Egoismus heraus, A. L.] tun (in der Demut).[15]

Mögen daher die Klugheitslehrer und -schüler in ihrem Tun und Reden auch ehrbare Zwecke verfolgen, es ist der Verdacht wechselseitiger Instrumentalisierung der Menschen durch und mithilfe ihrer Weltklugheit, der die Klugheitslehren moralisch gesehen mindestens fragwürdig machte. Der Vorwurf an die Adresse der Klugheitslehren, wie ihn Kant stellvertretend für die moderne Moralphilosophie erhob, lautete dementsprechend, wie wir schon hörten: Weltklugheit ist nichts anderes als die Geschicklichkeit, die anderen Menschen für eigene Zwecke, letztlich für die Erlangung eigenen Glücks, zu benutzen.

Weil die allgemeine Bildungsfunktion der Klugheitslehren nicht mehr gesehen wurde, kamen die Klugheitslehren in den Verdacht, Fürsprecherinnen jenes Zynismus zu sein, den man bis heute Machiavelli zuspricht. Montaigne und Machiavelli aber waren keine Machiavellisten, und auch nicht die vielen Klugheitsethiker des 17. und 18. Jahrhunderts wie Thomasius, Heumann oder Gracián[16]. Die Weltklugheitslehren in ihrer provisorischen, vagen und systematisch schwer fassbaren Art stellen aber einen antiszientistischen und damit alternativen Weg dar, praktisch-philosophisch einer generellen Orientierungskrise beizukommen. Ihr Thema ist die praktische Selbstorientierung in der Welt.

6.3 Baltasar Gracián und die Daumenschrauben

Mit Machiavelli und Montaigne hatten wir zwei frühe Vertreter der Weltklugheitslehre unter den Bedingungen der Pluralität der Orientierungsinstanzen vor uns; im Folgenden wollen wir uns einem in vieler Hinsicht typischen Text aus der Hochzeit dieser besonderen Gattung der praktischen Philosophie zuwenden, das auch heute noch durch die Übersetzung Schopenhauers gut bekannte *Oraculo manual y arte de prudencia* Baltasar Graciáns von 1648. An ihm lässt sich besonders gut demonstrieren, dass die Lehren von der Klugheit Gesichtspunktsammlungen des Handelns darstellen, die erst in ihrer praktischen Verwendung ihren Sinn bekommen. Die Klugheitsethik Graciáns ist, stellvertretend für die Philosophie der Klugheit überhaupt, also nicht als die Anwendung einer vor dem Handeln schon fixfertigen Theorie, sondern eben als eine pragmatische Topik anzusprechen, eine Hilfe zur Selbstorientierung.

Allerdings scheint das hier zur Revision anstehende Urteil späterer Generationen, bei den Klugheitslehren des Barock handele es sich um die Darstellung von Techniken, wie man sich den Willen anderer Menschen gefügig machen kann, auf den ersten Blick doch eine Bestätigung zu erfahren. Werfen wir zunächst einen Blick auf diese uns heutzutage dunkel und irritierend erscheinende Seite der Weltklugheit.

Der spanische Jesuitenpater schreibt über die *arte de prudencia*, sie sei die

> Kunst, den Willen anderer in Bewegung zu setzen. [...] Es gibt keinen Willen, der nicht einen eigentümlichen Hang hätte [...] Alle sind Götzendiener, einige der Ehre, andere des Interesses, die meisten des Vergnügens. Der Kunstgriff besteht darin, dass man diesen Götzen eines jeden kenne, um mittels desselben ihn zu bestimmen. Weiß man, welches für jeden der wirkliche Anstoß sei, so ist es, als hätte man den Schlüssel zu seinem Willen. Jetzt muss man zuvörderst sein Gemüt bearbeiten, dann ihm durch ein Wort den Anstoß geben, endlich mit seiner Lieblingsneigung den Hauptangriff machen; so wird unfehlbar sein freier Wille schachmatt.[17]

Diese Regel ist überschrieben mit: *Hallarle su torcedor a cada uno* – Schopenhauer übersetzt: „Die Daumenschraube eines jeden finden."

An anderer Stelle heißt es bei diesem barocken Kunstschmied der Daumenschrauben, man solle sich den fremden Mangel zunutze machen, indem man den anderen einerseits etwas anbietet, auf was sie ihr Begehren richten können,[18] ihnen andererseits aber nur soviel gewähren, dass dafür gesorgt ist, dass sie am Gängelband der Hoffnung in Abhängigkeit bleiben.[19] Der Lehrer der ‚Kunst der Weltklugheit' empfiehlt auch, das Schlimme, was einem nachgesagt wird, anderen aufzubürden,[20] mit fremden Angelegenheiten aufzutreten, um mit der seinigen abzuziehen,[21] also dem fremden Willen Köder auszulegen und nicht nur die Dinge, sondern auch die Menschen für sich arbeiten zu lassen – ohne Zwang und Gewalt freilich, nur mit Klugheit und List. Gracián verweist in diesem Zusammenhang als Jesuit auf die Praxis seiner Kollegen, die diese Techniken zu Missionierungszwecken anwenden.

Ist es nicht zuletzt gerade jene jesuitische Kasuistik der tausend Ausnahmen gewesen, die in der Gegenreformation bis zur Auflösung der moralischen Gesetzeskraft geführt hatte, und hat nicht dies die Klugheit zu Recht in den Verdacht gebracht, zu beliebigen Zwecken verfügbar und damit eigentlich nur zur Verpestung der Moral beitragen zu können? Muss nicht einem aufgeklärten Blick auf die ‚verkehrte' Welt des Barock, das *theatrum mundi*, die Verstellung, Selbstmaskierung und Heuchelei geschmeidiger Hofleute, die oftmals einherging mit Intrigantentum und Speichelleckerei, kurz: auf die Selbsterniedrigung der Menschen zeigen, dass es wenig Anlass gibt, die Weltklugheit als eine Form praktischer Vernunft anzusehen, die auch nur im mindesten moralischen Ansprüchen genügen könnte? Hat nicht hier die scharfe Entgegensetzung von Geboten der Moral und Ratschlägen der Klugheit und damit auch der Ausschluss des Themas Klugheit aus der Moralphilosophie, wie wir ihn bei Kant nachgezeichnet haben, nicht doch seinen guten Grund, wenn das *Handorakel der Weltklugheit* von vorneherein Menschen nur als Mittel zum Zwecke des eigenen Erfolges zu gebrauchen anempfiehlt?

Um diesen Verdacht zu entkräften, sollte man sich der hellen Seite der Weltklugheit zuwenden, wo sie geradezu als der Inbegriff der Realisationsform moralischer Praxis erscheint. Dieses helle Bild ist nicht weniger zutreffend als das dunkle, tatsächlich sind sie auf im mehrfachen Sinne des Wortes ‚komplizierte' Weise aufeinander verwiesen – schwierig, mannigfaltig in ihrem Bezug zueinander, aber immer gemeinsam agierend.

Was soll man nach Graciáns Lehre von der Weltklugheit erstreben?

> Mit einem Wort, ein Heiliger [*santo, virtuoso*] sein, und damit ist alles auf einmal gesagt. Die Tugend [*virtud*] ist das gemeinsame Band aller Vollkommenheiten und der Mittelpunkt aller Glückseligkeit [*felicidades*] [...]. Die Tugend ist die Sonne des Mikrokosmos und ihre Hemisphäre ist das gute Gewissen [...]. Sie [die Tugend] allein ist sich genug; sie macht den Menschen im Leben liebenswürdig und im Tode denkwürdig.[22]

Worin besteht aber die Tugend, was macht den *virtuoso* aus? Es sind drei Dinge, die so etwas wie, nach heutigem Sprachgebrauch, intrinsische Güter darstellen, d.h. solche, die um ihrer selbst willen erstrebt werden. Diese sind es demgemäss auch, die der Kluge anstrebt: „santo, sano y sabio", in der schopenhauerschen Übersetzung: „die Heiligkeit und Reinheit des Herzens, die Gesundheit des Leibes und die Weisheit des Verstandes"[23]. Während man für die ersten beiden zwar nur die Voraussetzungen schaffen kann, ist die Weisheit durchaus dasjenige Gut, dem man sich tatsächlich aus eigener Kraft annähern kann. Die Wege, die der Einzelne beschreiten muss, um zur Weisheit zu gelangen, führen dabei mitten durch die Welt der Erfahrungen hindurch, und nicht, wie manche meinen, aus ihr heraus. Die Kunst der Weltklugheit, die *arte de prudencia* stellt dafür die Wegweiser bereit.

Nach Weisheit und Vollkommenheit zu streben, heißt daher von vorneherein, sich der Gefahr auszusetzen, fehlzugehen. Es ist nicht möglich, sich in der Welt zu bewegen und dabei nur gute Erfahrungen zu machen; und dies nicht aus kontingenten Gründen: nein, wer gute Erfahrungen, d. h. solche gelingender Praxis macht, weiß, was es heißt, schlechte Erfahrungen zu machen und umgekehrt. ‚Nur aus Schaden wird man klug‘ weiß der Volksmund, die Klugheitslehre aber fügt als Urkunde ihrer eigenen Berechtigung hinzu: Es reicht, einige schlechte Erfahrungen gemacht zu haben, man muss nicht allen Schaden am eigenen Leibe erfahren, um klug zu werden. Gerade diese Eigenschaft der Klugheit ist grundlegend für ihre kommunikative Dimension. Christian Thomasius, der Gracián in Deutschland bekannt und dem Bürgertum zugänglich machte, traf einen wichtigen Punkt, als er in seinem *Kurtzen Entwurff zur politischen Klugheit* von 1710 schrieb: Der Glücklichste sei derjenige, „der mit fremden Schaden klug wird"[24]. Damit ist nicht etwa das zwielichtige Glück des Schadenfreudigen gemeint, sondern das Glück desjenigen, der offen ist für die Ratschläge von Leuten, die Erfahrung auf dem betreffenden Gebiet haben, der sich demnach die Erfahrungen anderer Menschen zu eigen machen kann, und nicht dauernd selbst mit dem Kopf an die Wand rennen muss. Die Philosophen haben dabei nach Thomasius übrigens die Aufgabe, die Erfahrungen der Menschen, gute wie schlechte, zu generalisieren und in ihrer generalisierten und zu Regeln und Maximen verdichteten Form dem Publikum in Form einer Klugheitslehre zur Verfügung zu stellen. Hieran kann man sehen, dass die Klugheitslehre alles andere als die Pflege egoistischer Rationalität ist; sie ist von vorneherein ein kommunikatives – im Sprachgebrauch des 17. Jh.: „politisches" – Projekt und nach Thomasius' pragmatischer Auffassung sogar der „edelste Teil sowohl der allgemeinen als [auch] der politischen Philosophie."[25]

Klug ist nun derjenige, dem es gelingt, sich durch die Welt zu finden und sich dabei nicht zu verlieren. Wer versucht, sich durch Enthaltung von Urteil und Handlung fern der Welt zu halten, steht auch und gerade dann immer in Bezug zu den anderen in der Welt, wie Gracián sehr deutlich sieht: „Keiner wolle in dem Maße redlich sein, dass er den andern Gelegenheit gebe, unredlich zu sein"[26]. So wie einerseits derjenige, der nur schlau ist, zur Arglist neigt, weil seine Klugheit ungerichtet und blind ist, verfolgt nämlich andererseits der reine Tugendbold und Gutmensch ein nur hohles Ideal, das sich innerweltlich schon deswegen nicht erfüllt, weil er zulässt, dass zumindest er selbst betrogen wird: „Viel glaubt, wer nie lügt, und viel traut, wer nie täuscht. Es entspringt nicht allemal aus Dummheit, dass man betrogen wird, sondern bisweilen aus Güte"[27]. Nun neigen wir in individualistischer Weise dazu, zu sagen: „Ist doch seine Sache, wenn er sich betrügen lässt!" Zudem würde doch ein wahrhaft sanftmütiger Mensch diesen Nachteil auch ohne weiteres in Kauf nehmen können und sich in seinem Urteil über die Welt nur bestätigt fühlen, wenn nur seine Seele nicht befleckt wird. Das Problem des Betrugs aber ist für das eher gattungsteleologisch als individualteleologisch denkende 17. Jahrhundert nicht das Problem des Einzelnen: Wer sich betrügen lässt, lässt damit gleichfalls zu, dass die Welt insgesamt gesehen schlechter wird und schadet dadurch ‚dem Menschen' nicht sehr viel weniger, als wenn er selbst betrügen würde. Wie es später ähnlich Nietzsche in der *Genealogie der Moral* in Bezug auf die asketischen Ideale und den Ursprung des Gewissens aus dem Ressentiment behaupten wird, ist für Gracián der Kern der Bosheit die Überheblichkeit und der Hochmut, der darin besteht, in der Welt aufgrund der Gefahr, schuldig zu werden, nicht mehr aktiv werden zu wollen. Desinteresse an der Welt und ihrem Treiben zusammen mit dem Interesse am eigenen Seelenheil ist Indiz für eine grundsätzlich lebensfeindliche und daher aus Klugheitsgründen abzulehnende Einstellung.

6.4 Milicia contra malicia

Wer also der Gefahr aus dem Weg gehen will, sich etwas zu Schulden kommen zu lassen, wer also nur seine Taubennatur, seine schöne Seele nicht befleckt wissen will, gerade der gibt unter Umständen nach Gracián der Möglichkeit Vorschub, dass die Bosheit (malicia) in der Welt Raum greifen kann. Gegen diese aber kämpft die Klugheit, sie führt den Krieg des Menschen gegen die Bosheit des Menschen:

> Milicia es la vida del hombre contra la malicia del hombre.[28]

„Seid ohne Falsch wie die Tauben" ist also tatsächlich nur die halbe Wahrheit in Bezug auf das richtige Leben; die andere (erste) Hälfte lautet nach Matthäus bekanntlich: „Seid klug wie die Schlangen". Der Mensch vereinige daher, nun wieder Gracián, „in sich die Taube und die Schlange, nicht als ein Ungeheuer, vielmehr als ein Wunder."[29] Ein Heiliger, ein *santo* kann nur sein, wer sich der Versuchung aussetzt, d. h. den Kampf gegen die Bosheit aufnimmt, nicht etwa derjenige, der diesem Kampf ausweicht. Und um diesen Kampf erfolgreich führen zu können, muss sich der Kluge mitunter Mittel bedienen, die für sich alleine genommen moralisch fragwürdig sind – ähnlich, wie ein erfahrener Arzt zur Therapie seines Patienten mitunter starke und ‚an sich' gesundheitsschädliche Gifte einsetzen muss. Um die *milicia contra malicia* führen zu können, muss der Einzelne verschiedene Fähigkeiten üben und entwickeln. Zu den wichtigsten gehören – ich nenne sie hier bloß – *atención* (Aufmerksamkeit)[30], *detención* (Zurückhaltung)[31], *genio ingenio* („Herz und Kopf", wie Schopenhauer übersetzt, oder auch „joviales Gemüt")[32], *resolución* (Entschlossenheit)[33], *iuicio* (gesundes Urteilsvermögen)[34] und nicht zu vergessen der *gusto relevante* (das sichere Geschmacksurteil)[35].

Eine der wichtigsten Waffen im Kampf gegen die Bosheit ist nun die uns suspekt gewordene *dissimulación* (Verstellung)[36], die gewährleisten soll, dass der Scharfsinn der Bosheit uns nicht überwältigen kann – also eher ein defensives taktisches Instrument, etwa im Sinne eines Schutzschildes. Grundlage des klugen Handelns und damit Voraussetzung für den Kampf auch gegen die eigene Bosheit, ist neben der *comprensión de sí* (Selbsterkenntnis)[37] vor allem die geheimnisvolle *gran sindéresis* – „trono de la razón, base de la prudencia"[38]. Schopenhauer übersetzt hier mit „die große Obhut seiner selbst"[39]. Das Lehnwort *sindéresis/sinteresis* bezeichnete im lateinischen Mittelalter ja, wie wir u. a. bei Thomas von Aquin sehen konnten, die Naturanlage des Menschen zur Sittlichkeit, wie sie sich dem Menschen durch das Gewissen,[40] also das Bewusstsein, seine Handlungen selbst verantworten zu müssen, mitteilt. Mit Betonung darauf, in seinem Handeln auf sich allein (und damit auf fast nichts) gestellt zu sein, steht die „große Meisterregel" der Klugheit, die Gracián vom Gründer des Jesuitenordens, Ignatius von Loyola aus dessen Exerzitien kommentarlos als Quintessenz der weltlichen Praxis übernimmt: „Man wende die menschlichen Mittel an, als ob es keine göttlichen, und die göttlichen, als ob es keine menschlichen gäbe."[41] Nur so kann es gelingen, den *despejo* – „edle freie Unbefangenheit in allem"[42] – zu erreichen, der nur ein anderer Name des Glücks bzw. derjenigen Lebensweise ist, die keine Einzel-Klugheiten mehr nötig hat.

Die dunkle Seite der Weltklugheit, die scheinbare Instrumentalisierung des anderen Menschen und seines Willens für jeweils meine Zwecke ist nur die Rückseite der Medaille, auf deren Vorderseite der Kampf gegen die Bosheit steht. Die Daumenschrauben eines jeden finden zu können, ist wichtig, um den Kampf gegen das Böse führen zu können. Hier könnte man nun nachfragen, ob das dann nicht vielleicht doch heißen soll: „Der Zweck heiligt die Mittel"? Nun, als Klugheitsmaxime – d. h. als ein möglicher Gesichtspunkt der Handlungsorientierung – taugt dieser Satz durchaus, wenn wir die Situativität seiner Geltung beachten: *Manchmal* heiligt der Zweck tatsächlich die Mittel, aber eben nicht immer. Mit unserer Klugheit müssen wir bestimmen, wann und wann nicht.

6.5 Pragmatische Inkohärenzen?

Kommen wir nun zu einer Merkwürdigkeit der Klugheitslehren, für die die Gracián'sche nur ein besonders schlagendes Beispiel ist – wir können Ähnliches schon bei Seneca, Machiavelli und Montaigne, oder auch, wie in einer Nussschale, in Descartes' provisorischer Moral finden.[43] Alle diese Klugheitslehren haben es gemeinsam, dass in ihnen scheinbar sich widersprechende Empfehlungen gegeben werden.

Nehmen wir als Beispiel wieder Gracián (im nächsten Kapitel wird auf einer anderen Ebene diese Merkwürdigkeit auch bei der provisorischen Moral des Descartes auszumachen sein): Man kann bei Gracián einerseits die Empfehlung bekommen, mit dem Handeln abzuwarten, bis die Lage sich klärt,[44] oder auch die Empfehlung, sicher zu überlegen und nichts zu überstürzen;[45] andererseits aber preist Gracián kurz zuvor die Geistesgegenwart und die Schnelligkeit des Geistes, der nicht viel nachdenkt.[46]

Oder: In Regel 85 heißt es, dass man sich nicht für alles hergeben sollte:

> Zu nichts taugen ist ein großes Unglück; ein noch größeres aber zu allem taugen zu wollen: solche Leute verlieren durch zu vieles Gewinnen [, denn sie] nutzen die Vollkommenheiten jeder Art an sich ab.

In Regel 93, „Universalität" betitelt, heißt es dagegen:

> Ein Mann, der alle Vollkommenheiten vereint, gilt viel [...] Es ist eine große Kunst, sich alles Gute aneignen zu können.

Ein drittes Beispiel – weitere lassen sich finden – betrifft die Hochschätzung der Selbstgenügsamkeit und Selbstverweigerung des Weisen,[47] während andererseits derselbe Wesenszug auch wieder geringgeschätzt wird,[48] weil durch ihn die anderen brüskiert werden. Vielmehr solle man sich proteushaft allen zu fügen wissen.[49]

Was soll man also tun? Soll man langsam und bedächtig oder soll man schnell in seinem Handeln sein? Soll man nach Universalität streben oder wie der Schuster bei seinen Leisten bleiben? Soll man sich zu entziehen wissen oder soll man lieber auf die Menschen zugehen? Haben wir es hier nicht mit widersprüchlichen Forderungen an den Klugen zu tun, Forderungen, denen man nicht zugleich nachkommen *kann*, selbst wenn man es wollte? Und wenn ja, wie um alles in der Welt soll man sich damit Handlungs- oder gar Lebensorientierung geben können?

Zunächst einmal: widersprüchlich und praktisch unvereinbar sind die Regeln untereinander nur dann, wenn sie entweder so aufgefasst werden wie moralische oder technische Imperative, die beide einen transsituativen Geltungsanspruch erheben, die einen kategorisch, die anderen hypothetisch. Es sind die Ratschläge der Klugheit aber gar nicht dieser Art, wie wir im zweiten Kapitel sehen konnten, ja, im Grunde macht es keinen rechten Sinn, hier überhaupt von Forderungen bzw. Imperativen zu sprechen. Der sogenannte *conceptismo* Graciáns legt es geradezu darauf an, die Aufmerksamkeit des Lesers, so wie auch dessen Klugheit im wirklichen Leben, zu spannen, so dass er sich gerade nicht auf ein Programm zur Ermittlung der besten Handlungsalternative als einer Rezeptur des Glücks verlässt. Zwar ist jeder nur so glücklich, wie er auch klug ist,[50] aber andererseits besteht die Dummheit gerade darin, zu meinen, kluges Handeln ließe sich aus Regeln abziehen. Nicht die Regeln, sondern Gespanntheit und Witz sind die Elemente lebendiger Klugheit:

> Oft war ein guter Rat besser angebracht in der Form eines Witzwortes als in der ernstesten Belehrung; und gangbares Wissen hat manchem mehr geholfen als alle sieben Künste, so frei sie auch sein mögen.[51]

Gangbares Wissen, *sabiduria conversable* – man könnte auch sagen: anschlussfähiges, ja wörtlich: in Handeln *umsetzbares* Wissen – darum geht es der ‚Lehre' von der Weltklugheit. Die paradoxale Struktur des Ganzen bewahrt geradezu davor, sich an den Regeln wie an Rezepten oder Gebrauchsanweisungen festzuhalten. Es kommt vielmehr darauf an, ihnen in einer spezifischen Anwendungssituation allererst einen Sinn zu geben und hierin nicht Forderungen oder Gebrauchsanweisungen zu sehen.[52]

Bis in die einzelnen Regeln hinein geht diese gewollte Gegenstrebigkeit der Aussagen, so etwa in der berühmten Regel 204: „Man unternehme das Leichte, als wäre es schwer, und das Schwere, als wäre es leicht." Der Kommentar dazu klärt, worum es in beiden Fällen geht: um die Erhaltung der Tatkraft. So soll man das Schwere leicht nehmen, um vor den sich auftürmenden Aufgaben nicht zu verzagen, das Leichte solle man schwer nehmen, damit uns das Selbstvertrauen nicht sorglos und damit unentschlossen macht, denn „damit eine Sache nicht getan werde, bedarf es nur, dass man sie als schon getan betrachte"[53]. Und nach diesem Muster muss man die Regeln der Klugheit überhaupt nehmen: Sie haben, anders als moralische Gebote und technische Gebrauchsanweisungen, nur in Verbindung mit bestimmten Situationen einen Sinn.[54] Das Handorakel ‚spricht' nur, wenn man es so befragt: Welches ist hier und jetzt die angemessene Regel?

Manchmal lässt Gracián etwas von dieser Anwendungsweise durchblicken, etwa in der Regel 19, die überschrieben ist mit „Nicht unter übermäßigen Erwartungen auftreten". Dort heißt es:

> Die Hoffnung ist eine große Verfälscherin der Wahrheit; die Klugheit (cordura) weise sie zurecht und sorge dafür, dass der Genuss die Erwartung übertreffe.

Denn:

> Viel besser ist es immer, wenn die Wirklichkeit die Erwartung übersteigt und
> mehr ist, als man gedacht hatte.

Nun aber heißt es:

> Diese Regel wird falsch beim Schlimmen: denn da diesem die Übertreibung zu-
> statten kommt, so sieht man solche gern widerlegt, und dann gelangt das, was
> als ganz abscheulich gefürchtet wurde, noch dahin, erträglich zu werden.[55]

Auch hier kann man deutlich sehen, dass die Klugheit eben nicht in
den Regeln aufgeht, die für sich alleine genommen, wie Thomasius
sagen wird, in der Tat nur eine „erstorbene Klugheit"[56] geben, also
bloße Sprüche, Binsenweisheiten und Allgemeinplätze sind. Die
Klugheit, rein formal verstanden als die Art und Weise, wie man sein
Leben in der Welt auf gute Weise führen kann, hat vielmehr gerade
damit zu tun, die Funktion einer Regel oder einer Institution erfassen
zu können, also mit der Fähigkeit, eine Regel anwenden zu können
und stellt daher eher so etwas wie eine praktische Urteilskraft dar.
Gracián:

> Der Weise [...] weiß, dass der Leitstern der Klugheit [hier jetzt *prudencia*]
> darin besteht, dass man sich nach der Gelegenheit richtet.[57]

Dagegen ist

> ein unerträglicher Narr [...], wer alles nach seinen Begriffen ordnen will. [...]
> So viele Sinne als Köpfe, und so verschiedene.[58]

Wir sagten nun weiter oben, dass die Klugheitslehren des Barock
durchaus in der Tradition der Frage nach dem guten Leben stehen. Im
Unterschied zu den alten Tugendlehren, die unter der Voraussetzung
geschlossener Wertehorizonte stehen, haben wir es aber hier mit ‚offe-
nen Horizonten', mit Perspektivismen zu tun. Die Welt, die Öffentlichkeit wird hier als unter der Herrschaft des Scheins stehend gesehen, woran auch Gracián keinen Zweifel lässt: „Die Dinge gelten
nicht für das, was sie sind; sondern für das, was sie scheinen."[59] Aber
dies ist nicht ein Mangel, sondern Konstitutivum der Öffentlichkeit.
Wer die Weltfremdheit der schönen Seele, die sich ohne Risiko vor
Schuld bewahren will, nicht nur als im Kern boshaft, sondern auch als
identitätsbedrohlich erkannt hat, wird sich auf das Spiel der Welt ein-
lassen müssen. Entfremdung, Uneigentlichkeit, Verstellung des We-
sens, Intrige, wechselseitige Instrumentalisierung – dies sind die Gefahren, denen er oder sie sich dabei aussetzen muss. Es geht um die
Frage, ob und wie eine Person in einer Welt des Scheins sich als sie
selbst behaupten kann. Und das, was eine Person dazu befähigt, ist,
wie gesagt, die Weltklugheit.

Der einfache Umstand also, dass sich Klugheitsmaximen ein und desselben Werkes, Graciáns *Oraculo manual* diente hier als markantes Beispiel für viele, offenkundig widersprächen, wenn sie alle zugleich als technische Regeln zur Erlangung der Glückseligkeit oder gar als moralische Normen aufgefasst würden, muss einen aufmerksam darauf machen, dass es diese Regeln keine direkten Handlungsanweisungen sein können. Die Klugheitslehren des Barock bieten ihren Lesern Gesichtspunkte dar, unter denen diese ihr je eigenes Handeln und Leben – ‚hier und jetzt‘, aber auch überhaupt – beurteilen können. Sie sind daher als Topiken der Selbstorientierung so zu gebrauchen, dass im Lichte allgemeiner Gesichtspunkte bestimmte Handlungssituationen auf die ihr inneliegenden Handlungsmöglichkeiten transparent gemacht werden können. Welchen Klugheits- und Lebensregeln jeweils zu folgen ist, erfordert ein Wissen – eben die Lebens-Klugheit –, das nicht wiederum in den Büchern steht.

Bemühen wir noch einmal unsere Schachspielanalogie: So wie im Leben wäre es auch im Schachspiel dumm, immer dieselbe Strategie zu verfolgen, bloß weil man einmal damit gut gefahren ist. Es hängt vom Gegner, von der Situation auf dem Schachbrett, von der eigenen momentanen Verfassung usw. ab, welche Strategie angesagt ist und welche nicht. Im großen Buch der Schachstrategien stehen nun viele mögliche Strategien und sie stehen alle nebeneinander: Auch hier würde man nicht auf die Idee kommen, dass allen zugleich entsprochen werden müsste, um ein gutes Spiel zu spielen. Wer ein Schachstrategiebuch wie eine Gebrauchsanleitung auffassen würde, fiele im Gegenteil einer heillosen Desorientierung anheim. Die Klugheit geht nicht in den Regeln auf, die in einer solchen pragmatischen Topik zu finden sind, aber mit ihrer Hilfe kann sich die Lebensklugheit auch in Räumen normativer Unsicherheit entfalten. Sie muss diese Regeln allererst der Situation *applizieren*.

Zur Erläuterung dieser Besonderheit können Hans-Georg Gadamers Überlegungen zum Begriff der „Applikation"[60] dienen. Gadamer hatte in Übernahme der Terminologie der pietistischen Hermeneutik diesen Begriff gegen den einer quasi-technischen *Anwendung* eines schon irgendwie gesetzartig formulierten Wissens gewendet. In den modellstehenden juristischen Gesetzesauslegungen bedeutet ‚Applikation‘ nichts anderes als ‚Konkretisierung‘ oder ‚Aktualisierung‘ des Gesetzes in der Situation der Rechtssprechung, in der das Gesetz ausgelegt wird. Das bedeutet, dass wir auch das Gesetz überhaupt erst verstehen können, wenn wir es im Zusammenhang mit konkreten Fällen betrachten. Erst in der Applikation des Gesetzes, d. h. seiner Verankerung in einer konkreten Redesituation, in die hinein das Recht gesprochen – und das heißt ja: in seiner Geltung vergegenwärtigt – wird, leuchtet dessen ‚Geist‘, d. h. der Sinn der gesetzesartigen

Regelung auf. Weder die (noch theoretische) Auslegung ist daher „ein zum Verstehen nachträglich und gelegentlich hinzukommender Akt"[61], noch auch die (praktische) Applikation, sondern beide sind „explizite Form des Verstehens"[62] selbst. Hiervon ist ein Begriff von ‚Anwendung' zu unterscheiden, der lediglich den Vorgang der bloßen Deduktion bzw. Subsumtion eines Einzelfalls unter das (schon vorher ‚verstandene') Gesetz bedeutete.

Dementsprechend verhält es sich auch mit den Klugheitsmaximen: Erst in ihrer ‚Applikation' haben sie einen Erkenntniswert, vorher sind es im Grunde bloße Sprüche. Jeder weiß: Nicht schon der ist klug, welcher in jeder Situation einen passenden Spruch parat hat, sondern erst der, welcher in den Situationen ein angemessenes Handeln folgen lässt. Diese angemessene Handlungsweise ist nichts anderes als die Konkretisierung, die Applikation dessen, was in der Klugheitsregel gesagt wird. Dahinter steht der Leitspruch der Hermeneutik, dass wir erst dann etwas auch in seiner Allgemeinheit verstehen können, wenn wir wissen, auf welche Frage, auf welches Problem dieses Etwas (ein Text, eine Regel, eine Handlung) eine Antwort ist. Wichtig hierbei ist, dass ein bestimmtes Handeln durchaus als eine ‚Antwort', als situationsbezogene ‚Stellungnahme' und Selbstpositionierung einer Person in einem Feld von Handlungsmöglichkeiten verstanden werden und daher auch als direkter Ausdruck praktischer Vernunft gelten muss.

Die Klugheit eines Menschen zeigt sich darin, dass er situationsangemessen handeln kann. Die Regeln der Klugheit, wie sie für die barocken Klugheitslehren typisch sind, können hierbei nur eine Hilfe zur Einschätzung der Situation und der sie bestimmenden relevanten Faktoren sein. Dies ähnelt eher dem Vorgehen eines Pilzsammlers, der anhand seines Musterbuches beurteilt, welche Art von Pilz er hier und jetzt vor sich hat, als etwa dem Befolgen von Gebrauchsanweisungen. Die Bedeutung der Klugheitsregeln liegt im beratenden Gebrauch in bestimmten Situationen. Sie haben damit eine Hilfsfunktion bei der Selbstorientierung der Handelnden. Die Maximenliteratur sollte daher generell anders gelesen werden denn als Sammlungen von Anweisungen zum Lebensglück. Die Regeln der Klugheit sind lediglich allgemeine Gesichtspunkte, die Akteure einnehmen können, um die in einer Situation liegenden Handlungsmöglichkeiten zu entdecken. So wie eine rhetorische Topik allgemeine Argumentationsformen bereitstellt, um mit deren Hilfe in einer konkreten Argumentationssituation ein einleuchtendes Argument zu finden, so stellt eine Klugheitslehre als pragmatische Topik allgemeine Handlungsmuster bereit, mit deren Hilfe in einer konkreten Handlungssituation eine angemessene Handlungsform zu finden ist. Dies ist aber kein bloß quasi-deduktiver Vor-

gang der Anwendung, wie er sowohl bei moralischen Sätzen als auch
bei technischen Gebrauchsanweisungen möglich ist. Ähnlich, wie aus
einer rhetorischen Topik nicht deduziert werden kann, welche Argumente sozusagen ‚an sich‘ überzeugend sind, weil es eben nicht aus-
schließliche Regeln der guten Argumentation gibt – das Kriterium für
die Überzeugungskraft eines Arguments ist vielmehr unauflöslich an
die Redesituation gebunden –, können auch die Klugheitslehren nicht
dazu verwendet werden, Handlungsdirektiven zu ermitteln. So wie
eine rhetorische Topik es bestenfalls vermag, den Sinn für das Über-
zeugende zu schärfen, so dementsprechend eine pragmatischen Topik
den Sinn für das Angemessene. Die Klugheitsregeln sind Gesichtspunkte möglicher Ratschläge bzw. Handlungsorientierungen, die in
einer bestimmten Situation allererst in eine konkrete Handlungsweise
umgesetzt werden müssen, wobei Klugheit diejenige situativ agierende Vernunft ist, die diese Umsetzung in ein situationsangemessenes
Handeln veranlasst.

7. Provisorische Moral

Die Klugheitslehren der Neuzeit können als Versuche angesehen werden, angesichts plural vorliegender und letztlich unbegründeter Orientierungsangebote – und ohne Rückgriff auf überpositive (z. B. naturrechtliche) Instanzen – die Frage zu beantworten, wie sich Individuen in ihrem Handeln und Leben orientieren können. Im letzten Kapitel hatten wir gesehen, dass sie hierbei im Wesentlichen topisch verfahren, indem sie (lediglich) Gesichtspunkte der Orientierung bereitstellen. Sie dürfen daher nicht als Techniken des Glückserwerbs verstanden werden; ohnehin ist der Geltungsanspruch von Klugheitsregeln nicht universaler Art, wie wir im zweiten Kapitel sehen konnten, ja, so ein Ergebnis des vorangegangenen Kapitels, die Regeln begrenzen sich sogar wechselseitig in ihrer Geltung – und das sogar notwendigerweise.

Nicht nur unter historischen, sondern vor allem auch unter systematischen Gesichtspunkten gibt es nun eine klugheitsethische Position, die als Musterbeispiel der Funktionsweise einer Philosophie der praktischen Orientierung unter den Bedingungen pluraler Sinn- und Orientierungsangebote gelten kann. Ich meine die ‚provisorische Moral‘ des René Descartes, wie er sie in aller Kürze und Schlichtheit im dritten Teil seines *Discours de la méthode* skizziert hat.

Die Einordnung der *morale par provision* in den Kontext der pragmatischen Topiken mag zunächst erstaunen, waren es doch gerade die Topiken bzw. die topisch angelegten Wissenschaftssysteme des Humanismus – und damit die Vorherrschaft der Rhetorik vor der Mathematik – gegen die Descartes sein methodisches Begründungsprogramm in eben dieser Schrift setzte. Es war der Siegeszug des Cartesianismus, der die Topiken vom Tisch der Wissenschaften gefegt hat. Aber, so könnte man sagen, nirgends sonst ist Descartes so sehr Anticartesianer wie im dritten Kapitel des *Discours*, entwickelt er doch dort die provisorische Moral, weil ein in seinem Sinne ‚wissenschaftliches Fundament‘ der Ethik gerade *nicht*, zumindest noch nicht, zu haben ist. In Descartes' provisorischer Moral kann man daher ohne weiteres ein Refugium praktisch-topischen Denkens sehen.

Man muss Descartes dafür allerdings gegen den Strich, gegen seine eigenen Ambitionen in der Ethik lesen; zwar ging Descartes ausdrücklich davon aus, dass wir ein fundamentales ethisches Prinzip noch nicht haben – und nur für *diese* Situation ist die provisorische

Moral gedacht – aber gleichwohl ging er davon aus, dass wir ein solches doch finden werden, sobald das projektierte und unter anderem im *Discours de la méthode* vorgestellte Wissenschaftsprogramm die Mittel dazu bereitzustellen vermag.[1] Die Moral, die Descartes letztlich im Sinn hat, sollte (irgendwie) naturwissenschaftlich fundiert sein und – so steht zu vermuten – würde sicherlich in vieler Hinsicht das Gegenteil davon darstellen, was wir hier mit der Ethik der Klugheit im Sinn haben.

Bis es soweit ist, ausgehend von der Naturlehre Prinzipien auch für die Ethik deduzieren zu können, benötigen wir aber weiterhin eine praktikable Moral, denn das Handeln und damit die Handlungslegitimation dulden keinen Aufschub. Descartes' Bild hierfür ist die Zwischenunterkunft, um die gerade der sich sorgen muss, der ein anständiges, mit Fundamenten versehenes Haus neu zu bauen im Begriff ist:

> Endlich genügt es nicht, das Haus, in dem man wohnt, nur abzureißen, bevor man mit dem Wiederaufbau beginnt, und für das Baumaterial und Architekten zu sorgen oder sich selbst in der Architektur zu üben und außerdem den Grundriss dazu sorgfältig entworfen zu haben, sondern man muss auch für ein anderes Haus vorgesorgt haben, in dem man während der Bauzeit bequem untergebracht ist. Um also in meinem Tun nicht unentschlossen [*irrésolu*] zu bleiben, solange mich die Vernunft nötigte, es in meinen Urteilen zu sein, und um so glücklich [*hereusement*] wie möglich weiterleben zu können, entwickelte ich mir eine Moral auf Zeit [*morale par provision*].[2]

Die hier zur Debatte stehende ‚provisorische Moral' ist also nicht vorläufig im Sinne von ‚unvollständig' bzw. ‚noch nicht ganz fertig'; vielmehr ist sie Orientierungshilfe für einen vorläufigen Zustand, in dem wir keine Sicherheit über die Prinzipien unseres Handelns – aus verschiedensten Gründen – haben können. So wie nun beispielsweise ein Zelt provisorisch die Funktion eines Hauses oder eine Luftmatratze provisorisch die Funktion eines Bettes erfüllen kann, so kann auch die „Moral für unterwegs"[3] provisorisch die Funktionen einer definitiven Moral, nämlich die Gewährleistung von Sicherheit im Handeln erfüllen[4]. So wie aber auch ein Zelt als Zelt oder eine Luftmatratze als Luftmatratze nicht etwas Unvollständiges oder Unfertiges ist bzw. sein darf, um ihre Funktion in jeder Situation behalten zu können – im Gegenteil, hier bestehen bekanntlich sogar sehr viel höhere Ansprüche an das Material –, dürfte auch eine provisorische Moral nicht etwas Unvollständiges sein. So wie Dinge für unterwegs klein, praktisch, strapazierfähig, flexibel, universal einsetzbar und unkompliziert sein müssen, so wären auch die Anforderungen an eine Orientierungshilfe im Sinne der provisorischen Moral. Die *morale par provison* ist, wie ich im Folgenden zeigen will, eine echte, wenn auch aufs Wesentliche reduzierte Klugheitslehre. Nur um Missverständnisse auch an dieser Stelle zu vermeiden: Sie ist freilich keine ‚Moral' im heutigen, strengen Sinne eines begründeten bzw. begründbaren Regelzusammenhangs mit universalem Geltungsanspruch. ‚Morale' muss hier in einem weiten Sinn verstanden werden; der Ausdruck bedeutet so viel wie ‚Orientierungshilfe' – so wie auch die französischen ‚Moralisten' natürlich keine Moralapostel, sondern im Gegenteil Klugheitsethiker sind.

Im Übrigen ist nichts beständiger als ein gutes Provisorium; und wer in einem solchen sich eingerichtet hat, sieht am Ende ein, dass er das festgefügte Haus nicht mehr benötigt. Im besten Falle wird sogar die Idee einer festen Unterkunft *in ethicis* ihre Attraktivität verlieren.

7.1 Die Maximen der morale par provision

Schauen wir uns aber nun die ‚drei oder vier'⁵ Grundsätze der provisorischen Moral näher an.

> Der erste [Grundsatz, A. L.] war, den Gesetzen und Sitten [*coutumes*] meines Vaterlandes zu gehorchen, an der Religion beharrlich festzuhalten, in der ich durch Gottes Gnade seit meiner Kindheit unterrichtet worden bin, und mich in allem anderen nach den maßvollsten, jeder Übertreibung fernsten Überzeugungen [*opinions*] zu richten, die die von den Besonnensten unter denen, mit denen ich leben würde, gemeinhin in die Tat umgesetzt werden.⁶

Auf den ersten Blick scheint diese Maxime in einem gewissen Widerspruch zu den gleichfalls im *Discours de la méthode* geforderten Regeln des wissenschaftlichen Vernunftgebrauches zu stehen, von denen die erste bekanntlich fordert, dass man Übereilung und Vorurteile sorgfältig zu vermeiden hätte und über nichts anderes Urteile fällen sollte, als was sich dem Denken klar und deutlich darstellt.⁷ Aber man muss natürlich an dieser Stelle gerade zwischen wissenschaftlicher Methode und alltäglicher Lebensorientierung unterscheiden, denn der ‚methodische Zweifel' ist zwar für die cartesische Methode der Wissenschaft zentral, aber in der alltäglichen Lebensorientierung nicht zu gebrauchen. Da wir (noch) keine Grundlage dafür haben, so Descartes, Ethik wissenschaftlich zu betreiben, gibt es angesichts des Zweifels in Bezug auf alles wissenschaftlich Ungeprüfte im alltäglichen praktischen Leben nichts Besseres,

> als den Ansichten der Besonnensten zu folgen. Und obgleich es auch unter den Persern oder Chinesen ebenso besonnene Leute geben mag wie bei uns, schien es mir doch am nützlichsten, mich nach denen zu richten mit denen ich leben würde, und, um zu wissen, welches wirklich ihre Überzeugungen wären, vielmehr auf ihre Taten zu achten als auf ihre Worte [...].⁸

Der Schlussabschnitt der zitierten Passage stellt dabei klar heraus, dass auch die Üblichkeiten nur unter einem gewissen Vorbehalt anerkannt werden:

> Unter mehreren Überzeugungen, die gleichermaßen anerkannt werden, wählte ich nur die maßvollsten, einmal, weil sie für die Praxis immer die bequemsten und wahrscheinlich die besten sind – denn alles Übermaß ist gewöhnlich schlecht – dann auch, um mich für den Fall eines Fehlgriffs weniger vom wahren Wege zu entfernen, als wenn ich ein Extrem gewählt hätte und dem anderen hätte folgen müssen.[9]

Die erste, fast aristotelisch anmutende Maxime, als Ratschlag formuliert, könnte also zusammengefasst lauten: ‚Du solltest die herrschenden Gesetze und Sitten vorbehaltlich ihrer Adäquatheit an Erhaltung und Beförderung der Praxis anerkennen (was unter anderem bedeutet, dass extreme Ansichten und Handlungsweisen vermieden werden sollten)‘. Oder kurz: ‚Orientiere Dich an dem, was jeweils die Üblichkeiten sind‘.

Kommen wir damit zur zweiten Maxime der provisorischen Moral:

> Mein zweiter Grundsatz war, in meinen Handlungen so fest und entschlossen zu sein wie möglich und den zweifelhaftesten Ansichten, wenn ich mich einmal für sie entschieden hätte, nicht weniger beharrlich zu folgen, als wären sie ganz gewiss.[10]

Diese Regel steht noch deutlicher im Gegensatz zur oben angeführten methodischen Regel bezüglich der Vorgehensweise in den Wissenschaften; die provisorische Moral gibt sich hier betont antiszientistisch. An der zweiten Maxime lässt sich auch am deutlichsten ablesen, dass wir es hier mit einer Orientierungshilfe zu tun haben. Descartes vergleicht die Situation des in Orientierungssuchenden mit der Situation von Verirrten im Wald, die

> nicht umherlaufen und sich bald in diese, bald in jene Richtung wenden, noch weniger an einer Stelle stehen bleiben, sondern so geradewegs wie möglich immer in derselben Richtung marschieren und davon nicht aus unbedeutenden Gründen abweichen sollten, obschon es vielleicht im Anfang bloß der Zufall gewesen ist, der ihre Wahl bestimmt hat; denn so werden sie, wenn sie nicht genau dahin kommen, wohin sie wollten, wenigstens am Ende eine Gegend erreichen, wo sie sich wahrscheinlich besser befinden als mitten im Wald.[11]

Das Bild des Verirrten verweist darauf, dass es Situationen im Leben gibt, in denen jede Entscheidung besser ist als keine Entscheidung, so dass es pragmatisch durchaus gerechtfertigt ist – und daher empfohlen werden kann – Entscheidungen aufgrund von bloßen Wahrscheinlichkeiten zu treffen. Die Empfehlung Descartes’ lautet dementsprechend,

> dass wir, wenn es nicht in unserer Macht steht, die wahrsten Ansichten zu erkennen, den wahrscheinlichsten folgen sollten, und selbst wenn wir nicht

bemerken, dass die Wahrscheinlichkeit der einen die der anderen überwiegt, sollten wir uns nichtsdestoweniger zu irgendeiner entscheiden und sie hernach, soweit sie für die Praxis Bedeutung hat, nicht mehr als zweifelhaft, sondern als ganz wahr und ganz sicher ansehen.[12]

Man könnte die zweite Maxime, als Ratschlag formuliert, wie folgt zusammenfassen: ‚Sei in Deinen Handlungen und Ansichten fest und entschlossen, selbst wenn diese im Allgemeinen zweifelhaft sein sollten. Es ist sicher richtig, einem bloß wahrscheinlich Richtigen zu folgen.' Oder kurz:
‚Orientiere Dich am Ideal der Entschlossenheit'.

Nun die dritte Maxime:

Mein dritter Grundsatz war, stets bemüht zu sein, eher mich selbst zu besiegen als das Schicksal, eher meine Wünsche zu ändern als die Weltordnung und überhaupt mich an den Gedanken zu gewöhnen, dass nichts völlig in unserer Macht steht außer unseren Gedanken.[13]

Die Haltung, die Descartes hier anempfiehlt, ist unverkennbar stoisch inspiriert und hat eine starke Affinität zu Montaigne, der im letzten seiner Essais *De l'experience* schrieb:

In meiner Unwissenheit über das große Ganze lasse ich mich für meinen Teil lässig vom allgemeinen Weltgesetz führen. Es wird mich genug von sich wissen lassen, wenn ich es fühle. Kein mir eigenes Wissen könnte es je von seinem Weg abbringen: Mir zuliebe wird es sich gewiß nicht ändern! Es wäre Torheit, das zu erhoffen, und eine noch größere, sich darüber zu grämen […]. [Wir sollten] daher voll und ganz davon ablassen, uns über seine Herrschaft den Kopf zu zerbrechen.[14]

Wir können die dritte Maxime als Ratschlag dementsprechend etwa so formulieren:
‚Beschränke Dich in Deinen Handlungen auf das, was in Deiner Macht steht, insbesondere auf die Formung Deiner Wünsche und Gedanken. Erlange ein Bewusstsein Deiner Endlichkeit und damit Deiner selbst'. Oder kurz:
‚Orientiere Dich am Ideal der Selbstbescheidung'.

In der vierten Maxime schließlich empfiehlt Descartes, ebenfalls in Anschluss an Montaigne, die Kultivierung der Vernunft und die Herausbildung einer praktischen Urteilskraft.[15] Diese Maxime bezieht sich eher auf Descartes' eigenes Wissenschaftlerleben – überhaupt ist der *Discours* ja in der Form eines biographischen Berichts abgefasst – und betrifft die Ausübung der wissenschaftlichen Methode und daher eher die Überwindung der provisorischen Moral als diese selbst. Sie ist den drei vorangegangenen Regeln auch nicht beigeordnet, wie die Passage deutlich zeigt, in der Descartes davon spricht, dass die „vorhergehenden Regeln allein auf dem Plan [gründeten, A. L.], fortzufahren, mich zu unterrichten"[16]. Allgemeiner gesprochen würde es sich bei der vierten Regel um die ganz generelle Empfehlung handeln, sowohl für die Anerkennung der Üblichkeiten hinsichtlich ihrer Praxisbeförderung, als auch für die Entschlossenheit als auch für das Gewahrwerden der eigenen Möglichkeiten Lernbereitschaft und Offenheit für Erfahrungen aufrechtzuerhalten – also nichts, was über den Inhalt der drei anderen Regeln hinausginge. Im Grunde ist die vierte Regel – Descartes ist sich ja selbst unsicher, ob er sie überhaupt zu den anderen zählen soll – daher nichts anderes als die Aufforderung, die Klugheit als Selbstorientierungsfähigkeit zu entwickeln und einzusetzen und zwar gemäß der drei anderen Regeln, die demnach auch als nähere Explikationen dieser vierten Regel aufgefasst werden können.

Die vierte Regel sagt also nicht viel mehr als: ‚Sei klug'. Da die Klugheit nichts anderes ist als die Selbstorientierungsfähigkeit der Menschen ist diese Empfehlung oder Aufforderung trivial bzw. leer und wird erst durch die drei anderen Regeln spezifiziert und gehaltvoll. „Sei klug!" kann also heißen: „Orientiere Dich an den Üblichkeiten", es kann heißen: „Orientiere Dich am Ideal der Entschlossenheit" oder aber „Orientiere Dich am Ideal der Selbstbescheidung". Mit diesen drei Regeln – die vierte ist nur der gemeinsame Nenner der drei anderen – meint Descartes, was die Handlungsorientierung angeht, vollauf auskommen zu können.

7.2 Noch einmal: Pragmatische Inkohärenzen?

Man hätte mit der provisorischen Moral ein reichlich inkonsistentes Gebilde vor sich, würde man diese Regeln als technische oder gar moralische Imperative ansehen, d.h. in einem transsituativen Sinn verstehen. Denn erstens hätten dann die einzelnen Regeln für sich genommen selbstaufhebende Konsequenzen, und zweitens stünden sie auch untereinander in starken Spannungsverhältnissen, da sie offenbar Gegensätzliches empfehlen und daher nicht alle zugleich gelten könnten, ohne pragmatische Widersprüche zu erzeugen.

Schauen wir uns dies einmal genauer an: Als generelles Handlungsprinzip genommen würde durch die erste Maxime, die der Orientierung an Üblichkeiten, ein unkluger und auch moralisch fragwürdiger *Konformismus* empfohlen. Wer sich allein und immer nur an die Üblichkeiten hält, verliert sich als reflexives Orientierungssubjekt und findet sich am Ende in genau jener Desorientierung wieder, die wir im ersten Kapitel die ‚Desorientierung aufgrund Uneigentlichkeit' genannt hatten. Zudem bestünde die Gefahr, dass man bei der Befolgung der Regel, so wie die Welt nun einmal ist, sich in einen heillosen (und ebenfalls selbstaufhebenden) *Relativismus* verstrickt, in dem nur noch die jeweiligen mehr oder weniger zufälligen normativen Weltzustände entscheidend dafür sind, in welche Richtung Leben und Handeln jeweils gehen. Die Orientierung würde dadurch erkauft, dass tendenziell die Reflexivität – wenn man so will: das Selbstbewusstsein des Handlungssubjekts – geschwächt würde und damit eine viel tiefergehende Desorientierung nach sich zöge. Die Orientierung *allein* an den Üblichkeiten ginge auf Kosten der Selbstorientierung.

Wenn wir die zweite Maxime – die Orientierung am Ideal der Entschlossenheit – als alleiniges Prinzip des Handelns annähmen, würde damit ein ethisch problematischer *Dezisionismus* der Entscheidungen anempfohlen. Descartes spricht ja hier selbst vom „Zufall", der einen ursprünglich dazu gebracht haben mag, eine bestimmte Entscheidung zu treffen, an der nun aber im Interesse der Aufrechterhaltung der Praxis festgehalten werden sollte. Manchmal allerdings müssen Entscheidungen bekanntlich ‚grundlos' getroffen werden, weil es keine Möglichkeit des Anlegens eines externen Kriteriums gibt, so etwa bei Entscheidungen unter Zeitdruck oder unter Unwissenheit (wie beim verirrten Wanderer). Auch die sogenannten ‚existenziellen Entscheidungen' – Grundentscheidungen bezüglich der Selbstorientierung, bei denen auch keine externen Kriterien angelegt werden können – fallen hierunter. In solchen Situationen ist die Regel: ‚Entscheide Dich für irgendetwas und halte daran fest' nicht irrational bzw. dezisionistisch im Sinne von beliebig oder zufällig. Anders gesagt: Die Grundlosigkeit der Entscheidung ist höherstufig begründet bzw. hat einen guten Grund: Es ist einfach das Beste, was man tun kann. Aber klar ist auch, dass diese Regel als (ausnahmsloses) Handlungsprinzip genommen in vielen Situationen unangemessen wäre.

Eine weitere Konsequenz dieser Regel als Handlungsprinzip wäre ein *Rigorismus*, also ein stures Festhalten an der Entscheidung um jeden Preis und damit eine Immunisierung gegenüber einer möglichen Revision. Man denke nur an ‚entschlossene' Fanatiker, die auch dann noch an bestimmten Praxen festhalten, wenn die guten Gründe für diese – wenn es überhaupt welche gab – nicht mehr vorliegen. Die Selbstorientiertheit um jeden Preis würde auch hier in letzter Konsequenz zu einer noch viel tieferen Desorientierung führen, weil es keinerlei Korrektiv für die einmal eingeschlagenen Richtungen mehr gäbe, so dass die (immer plural vorliegenden) Orientierungsinstanzen ihre Orientierungskraft verlören bzw. der einen geopfert würden, was letztlich diese Regel als eine allgemeine Orientierungsrichtlinie desavouieren würde. In der Konsequenz der zweiten Regel – aufgefasst als alleiniges Handlungsprinzip – läge die Auflösung der Orientierungsinstanzen.

Die dritte Maxime schließlich, die der Orientierung am Ideal der Selbstbescheidung, würde für sich genommen zu einem *Fatalismus* führen. Wer immer nur auf seine Grenzen schaut und sich um Zufriedenheit mit den Verhältnissen in der Welt bemüht, begibt sich gerade der Möglichkeit, diese Verhältnisse zu ändern. Wieso aber sollte die Selbstbescheidung klug sein und nicht vielmehr die Selbstüberwindung? Nur wer sich daran versucht, ‚seinen Horizont zu erweitern‘, kann doch überhaupt die Erfahrung eigener Grenzen machen und gerade diese Erfahrung der eigenen Grenzen kann Ansporn sein, Kompetenzen und Fertigkeiten allererst zu entwickeln! Dagegen geht das alleinige Befolgen der Selbstbescheidungsregel mit der Gefahr einher, der Schuldfähigkeit bzw. der Verantwortung sogar für die eigene Lebensführung verlustig zu gehen, womit in der Konsequenz auch dieser Regel zu liegen scheint, dass sie, für sich genommen, zu noch größeren Orientierungsverlusten führen würde.

Auf der anderen Seite wäre mit dieser Maxime zudem ein *Privatismus* angesagt, der den Gegenstandsbereich des Moralischen auf den (Subjekt-)Punkt zusammenschrumpfen ließe und damit tendenziell den Verlust des Orientierungsbereiches bewirkte, d. h. eine Trennung von der Lebenswelt. Die innere Distanznahme könnte bei der Selbstbescheidung so groß werden, dass das Problem der Selbstorientierung in der Welt sich allein deswegen nicht mehr stellt, weil das reflexive Orientierungssubjekt mit ihr nicht mehr viel zu tun haben will. Auch dies wäre aber nur eine noch krassere Form von Desorientiertheit, die man am ehesten mit Ausdrücken wie ‚Weltfremdheit‘ oder ‚Weltferne‘ belegen könnte.

Alles in allem: Wenn wir die Regeln der ‚provisorischen Moral‘ als transsituative Orientierungsregeln (ein Widerspruch in sich!) auffassen, dann hätte ihre Befolgung einerseits Anpassung und Unentschiedenheit, Beliebigkeit und Rücksichtslosigkeit der Entschlüsse und schließlich auch noch Verantwortungslosigkeit und Weltfremdheit zur Folge.

Hiermit sind im Wesentlichen die Vorurteile gegenüber der provisorischen Moral versammelt. Sie sind zwar in gewisser Weise berechtigt, machen sie doch immerhin auf die Konsequenzen eines falschen Gebrauchs von Klugheitsregeln aufmerksam. Als Charakterisierung der provisorischen Moral als einer Klugheitsethik muss man sie freilich zurückweisen. ‚Klugheitsregeln‘ besitzen, wie nicht oft genug betont werden kann, eine andere Art der Normativität als technische, rechtliche oder moralische Handlungsnormen. Vor allem werden durch diese Maximen nicht Handlungsanleitungen gegeben, die ja eine Orientierung schon voraussetzen, sondern mögliche Ratschläge, d. h. Orientierungsangebote, die in einer bestimmten Situation von einem ratsuchenden (desorientierten) Individuum konsultiert werden können. Hinzu kommt, wie wir vor allem am Beispiel Graciáns gesehen haben, dass man Klugheitsmaximen nicht isoliert voneinander, sondern in ihrem Zusammenhang sehen muss, was wir bislang in Bezug auf die provisorische Moral noch gar nicht getan haben.

Verstehen wir aber die provisorische Moral Descartes' in ihrer Zeitgenossenschaft zu den barocken Klugheitslehren, dann haben wir in der ‚morale par provision‘ wie in einer Nussschale alle die Elemente vor uns, die für die neuzeitlichen Klugheitslehren, wie wir sie im vorigen Kapitel uns vor Augen führten, maßgeblich waren. Im Unterschied zu den Klugheitslehren etwa Montaignes und der französischen Moralisten, im Unterschied auch zur Klugheitsethik Graciáns, ist die provisorische Moral nicht ein Konglomerat von Regeln, das beliebig zu ergänzen oder zu kürzen wäre. Die provisorische Moral kann als ganze durchaus einen Anspruch auf Allgemeingültigkeit jenseits der Partikularität verschiedener Lebensformen erheben, ohne freilich dabei vom Boden der normativen Strukturen der Lebenswelt abzuheben. Auch ist bei Descartes nicht davon die Rede, an welchen Inhalten man sich orientieren kann – es ist nicht die Rede etwa von bestimmten Tugenden wie z.B. Großzügigkeit oder Freundlichkeit – sondern davon, welches die möglichen Formen der Selbstorientierung sind. Die provisorische Moral befindet sich damit systematisch auf der Ebene der Reflexion auf die pragmatischen Topoi. Während die pragmatischen Topiken darüber Auskunft geben, welche möglichen Ratschläge und Empfehlungen in Abhängigkeit von den bestimmenden Faktoren einer Handlungssituation einschlägig sind, gibt die provisorische Moral Antwort auf die Frage: „Was muss ich *überhaupt* beachten, wenn ich mich selbst orientiere?" Man könnte also sagen: Mit der provisorischen Moral kann ein Akteur sein Orientierungswissen strukturieren und sie verhält sich formal gesehen metastufig zu den pragmatischen Topiken.

Bei den drei Regeln der provisorischen Moral handelt es sich demgemäß auch nicht wie bei den pragmatischen Topiken, um mögliche Ratschläge, welche situationsgerecht appliziert werden können, sondern um Metaregeln der Selbstorientierung, also um solche Regeln, die angeben, wie eine Selbstorientierung überhaupt angegangen werden kann. Da es sich hierbei um die grundlegenden Formen der Selbstorientierung handelt, lassen sie sich systematisch eingrenzen, wobei die provisorische Moral offensichtlich mit den pragmatischen Topiken das Prinzip der Komplementarität ihrer Regeln teilt, wie wir gleich sehen werden.

7.3 Wechselseitige Korrekturverhältnisse

Während die Gesichtspunkte der Klugheit bzw. der Selbstorientierung etwa bei Gracián zu viele sind, um eine alle möglichen Ratschläge übergreifende Struktur sehen zu können – nur durch die sich zum Teil direkt ,widersprechenden‘ Regeln konnte so etwas wie ein Funktionsprinzip der Klugheitslehren ermittelt werden – haben wir es hier, auf der Metaebene kluger Handlungsorientierung, lediglich mit drei solcher pragmatischen Topoi zu tun. Erst alle drei Regeln zusammen ergeben ein probates Orientierungshilfsmittel für jede denkbare Situation, indem sie einen Handlungsbereich aufspannten, innerhalb dessen sich Optionen ausmachen ließen, unter denen dann eine Wahl z. B. nach Rationalitätskriterien allererst stattfinden könnte.

Die Komplementarität der Regeln kann nun ex negativo als Verhältnis wechselseitiger Korrektur der fatalen Konsequenzen der jeweils anderen Regeln dargestellt werden, wenn sie isoliert betrachtet würde; und sie haben diese Konsequenzen ja tatsächlich auch nur, wenn wir sie nicht als situativ zu applizierende Ratschläge auffassen, sondern als transsituative Regeln des Handelns missverstehen. Weiter oben sagten wir, dass die problematischen Konsequenzen einer ausschließlichen Orientierung an den herrschenden Üblichkeiten (Regel 1) – wenn wir diese Regel also als transsituativ gültige annehmen würden – im Konformismus und im Relativismus bestünden. Die problematischen Konsequenzen einer ausschließlichen Orientierung an dem Ideal der Entschlossenheit (Regel 2) lägen entsprechend im Dezisionismus und im Rigorismus und schließlich wären die problematischen Konsequenzen einer ausschließlichen Orientierung an dem Ideal der Selbstbescheidung (Regel 3) in einem Fatalismus und Privatismus zu sehen.

Weil die Regeln einer Klugheitsethik – sei es, wie bei den pragmatischen Topiken, die Inhalte der Selbstorientierung betreffend, sei es, wie bei der provisorischen Moral, die Formen der Selbstorientierung betreffend – aufgrund ihrer Orientierungsfunktion eine topische (unhierarchische) Struktur aufweisen, können wir die Regeln eines jeweiligen Paares in ihrem wechselseitigen Bezug zueinander analysieren (was bei mehr als drei Regeln schon fast nicht mehr zu übersehen ist). Wenn wir nun das Verhältnis der Regeln untereinander betrachten und also die drei möglichen Regelpaare (1,2), (2,3) und (1,3) bilden, zeigt sich, dass jede Regel die jeweils beiden anderen in ihren desorientierungsträchtigen Tendenzen ,korrigiert‘, so dass wir insgesamt noch übersichtliche sechs Korrekturverhältnisse (1 korr. 2), (2 korr. 1), (1 korr. 3), (3 korr. 1), (2 korr. 3), (3 korr. 2) unterscheiden können[17].

Nun werden wir diese Korrekturverhältnisse durchdeklinieren.[18]

a) Regel 2 korrigiert Regel 1 hinsichtlich deren Tendenz zum Konformismus

Die zweite Regel, die ja besagt, dass selbst zweifelhafteste Ansichten, sobald man sich für diese entscheidet, wie sicher richtige genommen werden sollten, scheint zunächst in Widerspruch zu der Empfehlung der ersten Maxime zu stehen, sich ans Konventionelle zu halten. Denn es zeichnet eine Üblichkeit ja gerade aus, dass sie nicht in Frage steht – sonst wäre sie keine Üblichkeit. Regel 2 ,widerspräche' aber nur dann Regel 1, wenn beide gleichermaßen Anspruch auf transsituative Geltung erhöben, was für Klugheitsregeln per se nicht gilt. Es gäbe also nur dann einen Widerspruch, wenn die beiden Maximen den Status von moralischen Normen und damit einen irgendwie verpflichtenden Charakter hätten, oder aber den Status von Gebrauchsanweisungen der Form „Um persönlich weiter zu kommen, muss man...". Tatsächlich aber gilt, wie das eigene Beispiel des Descartes zeigt, die zweite Regel genau dort, wo wir mit der Orientierung an ,Üblichkeiten' gerade nicht weiterkommen, weil wir sie gar nicht kennen: Das Bild des im Wald Verirrten, der tunlichst einen Weg wählen und diesen beibehalten sollte, wenn er aus dem Wald herauskommen will, kommt nicht von ungefähr. Der scheinbare Konflikt der beiden Regeln ist entscheidbar: In Situationen der Unsicherheit bezüglich dessen, was üblich ist, sei es, dass es Üblichkeiten nicht oder nicht mehr gibt, sei es, dass wir es mit Pluralismen zu tun haben, wird die erste Regel suspendiert.

Aber auch in Situationen, in denen bestimmte institutionelle Regelungen einschlägig wären, bildet die zweite Maxime ein gewisses Korrektiv der ersten. Wie wir im ersten Kapitel sahen, kann sich inmitten eines völlig konventionellen Lebens schließlich eine Desorientierung breitmachen, weil die Basis der Selbstorientierung durch den Konformismus angegriffen wird. Mit anderen Worten: Wenn es sich um eine Form der Selbstorientierung handelt, dass sich eine Person an gewisse Konventionen hält, dann darf dies nicht die einzige Form sein. Es ist nach der ersten Regel klug – d. h. in den vielen, vielleicht auch in den weitaus meisten Situationen anzuraten – sich den herrschenden Gesetzen und Sitten zu unterstellen und dabei extreme (praxisauflösende und entscheidungshemmende) Ansichten und Handlungsweisen zu vermeiden. Dass Descartes hiermit generell einen Konformismus anempfehlen wollte, passt zwar einerseits zu bestimmten Zügen seiner Persönlichkeit, die wohl zur Zurückgezogenheit, um nicht zu sagen: zum Versteckspiel neigte, aber andererseits erweisen schon die Erläuterungen zu der Regel, dass es in und mit ihr um die Bewahrung des institutionell gesicherten Möglichkeitsbereiches der Handlungen geht. Die erste Maxime muss dort verworfen werden, wo es sich um Institutionen handelt, die die Tendenz haben, die Selbstorientierung der Personen zu erschweren oder gar zu verhindern (etwa in totalitären Staaten usw.). Hier zeigt sich auch, dass die provisorische Moral nicht, wie manche ihrer Apologeten wie Odo Marquard meinen, einfach mit der oder einer bestimmten Alltagsmoral, einer Moral der Üblichkeiten gleichzusetzen ist. Schließlich gibt es so viele Alltagsmoralen, wie es geographisch und historisch verschiedene Alltage gibt und es ist gerade die Pointe der provisorischen Moral, für solche Situationen eine Orientierungshilfe bereitzustellen.

Wir können also sagen, dass die zweite Maxime durch die Inanspruchnahme und Betonung der individuellen Entscheidungskompetenz den drohenden Konformismus, der durch eine Überbetonung der Orientierung an Konventionen entstehen könnte, sozusagen in Schach hält. Damit wird nicht zuletzt die Selbstorientierungskompetenz selbst aufrechterhalten. Dies kann erläutert werden – hieran zeigt sich auch deutlich, wie sehr wir Descartes gegen den Strich lesen müssen – indem wir den Text hier mit Heideggers Analyse eigentlichen Selbstseins konfrontieren. Nach Heidegger ist die Verwiesenheit des menschlichen Daseins an Institutionen nicht in irgendeiner Weise überwindbar oder auch nur zu bedauern; denn existieren heißt *immer* auf Institutionen zurückgreifen müssen.[19] Über die Institutionen sind nach Heidegger einer Person allererst ihre eigenen Möglichkeiten als solche ‚greifbar‘; selbst die Einführung von neuen oder die Auflehnung gegen althergebrachte Institutionen, Regeln und Gebräuche mit ihrer impliziten Normativität ist ein bestimmter Umgang mit Institutionen. Mit und und durch ihre Klugheit bezieht sich eine Person nun rückschauend-erfahrungsverwertend einerseits, vorausschauend-antizipierend andererseits auf ihr Leben als ganzes. Die konkret anstehenden Handlungen bekommen durch die Einbettung in den Kontext des eigenen, ganzen Lebens ihren Sinn und ihre Richtung, die betreffende Person Orientierung in ihrer Lebensführung.[20]

Der Umgang mit den Institutionen lässt nun prinzipiell zwei Möglichkeiten zu, die man mit Heidegger „Uneigentlichkeit" und „Eigentlichkeit" der Existenz nennen kann. In der ersten Form, der uneigentlichen Existenz, ist das Verhältnis einer Person zu sich selbst ein drittpersonales, sie kann sich damit als ein ‚Jemand unter anderen‘ sehen, sie ist ein „Man-Selbst"[21]. Dies ist sozusagen der Normalfall des Existierens, seine alltägliche und auch nicht irgendwie zu überwindende Form. Von Uneigentlichkeit personalen Daseins kann nach Heidegger immer dort gesprochen werden, wo eine Person sich in ihrem Handeln auf das verlässt, was gemäß Regeln, Sitten und Gebräuchen üblich oder auch geboten bzw. verboten ist; hier haben wir es also mit Unselbstständigkeit und Konformität[22] zu tun. Wir hatten im ersten Kapitel gesehen, dass es auch so etwas wie eine Desorientierung aufgrund von Uneigentlichkeit geben kann, nämlich dann, wenn, mit Musils Worten, durch das Handeln eine Welt entsteht ohne den, der sie erlebt. Wer sich nur an die erste Regel der provisorischen Moral, also an die Empfehlung, die Üblichkeiten für sein Tun anzuerkennen, hält, läuft Gefahr, sich selbst zu verlieren. Als Korrektiv hierfür gilt es, die zweite Regel zu beherzigen, die dazu anrät, entschlossen sein eigenes Leben zu führen und dabei zur Not auch gegen den Strom zu schwimmen.

Dies aber betrifft die Form eigentlichen Existierens, in der das Selbstverhältnis ein erstpersonales ist: „Ich-selbst". Von Eigentlichkeit personalen Daseins kann nach Heidegger immer dann gesprochen werden, wenn die betreffende Person „sich zueigen"[23] ist, und das heißt, von sich aus bzw. selbstbestimmt ihre „faktischen" (d. h. nicht nur prinzipiellen, sondern jeweils zu Gebote stehenden) Möglichkeiten des Handelns ergreift. Eigentlichkeit hat dabei weniger mit dem zu tun, was eine Person unternimmt, als vielmehr damit, wie, auf welche Weise sie dies unternimmt. Sie existiert eigentlich, wenn ihr Leben einen ‚Sinn' hat, eine Richtung aufweist und dies aus einer Selbstbestimmung und „Selbständigkeit"[24] heraus. Das heißt nicht, dass es für eine selbstbestimmte Person nicht möglich wäre, ihr Leben in Einklang mit den Regeln und Normen einer Gesellschaft zu führen. „Eigentlichkeit" ist ein rein formales Konzept,[25] das von den jeweiligen Personen völlig verschieden – für den einzelnen allerdings alles andere als in beliebiger Weise! – inhaltlich bestimmt werden kann.

Eine Person existiert dann ‚eigentlich', wenn sie institutionell gegebene – nicht etwa nur gegenwärtig sich anbietende, sondern auch und gerade geschichtlich ‚wiederholbare'[26] – Handlungsregeln (‚Maximen') in einer existenziellen Modifikation sich so aneignet, dass sie nicht nur ihnen gemäß, sondern gleichsam aus ihnen heraus handelt. Das bedeutet nun nichts anderes, als dass eine Person ihrem Leben als ein Ganzes und damit sich selbst eine bestimmte Richtung geben, also: sich selbst orientieren kann.

b) Regel 1 korrigiert Regel 2 hinsichtlich ihrer Tendenz zum Dezisionismus

Umgekehrt bietet die Empfehlung, sich an die Üblichkeiten zu halten, den wirksamsten Schutz vor Hypertrophierungen der individuellen Entscheidungskompetenz, wie sie eine gewisse Gefahr einer Überbetonung der zweiten Maxime bei der individuellen Selbstorientierung darstellt. Üblichkeiten bzw. institutionelle Regelungen sollten tunlichst allein deshalb schon grosso modo beachtet und gewahrt werden, weil durch die Institutionen die Personen von Entscheidungen

soweit entlastet werden, dass sie sich auf diejenigen konzentrieren
können, die ihnen wirklich wichtig sind. Die Alternative wäre hier
eine institutionelle tabula rasa, in der von Grund auf ‚alles' neu kon-
struiert werden müsste. Abgesehen davon, dass es fraglich ist, wie und
ob so etwas überhaupt möglich ist, wäre es auch unklug, weil wir
ständig Entscheidungen treffen müssten, deren Hintergrund uns nicht
klar wäre. In gewisser Weise könnten wir uns selbst damit gar nicht
mehr verstehen, was Grund genug mindestens für eine Orientierungskrise sein dürfte; denn wenn wir uns selbst nicht mehr verstehen
könnten, sind die Entschlüsse, die wir fassen, durch Beliebigkeit charakterisiert. Allein durch die anempfohlene Konstanz und Entschlossenheit lässt sich diese desorientierende Willkür nicht aus der Welt
schaffen. Vielmehr ist wichtig zu sehen, dass es in den weitaus meisten
Fällen angebracht ist, sich über die institutionellen Verhältnisse, in denen man sich handelnderweise immer schon bewegt, zumindest klar
zu werden.

Rein nach Maßgabe der zweiten Maxime der provisorischen Moral
wäre somit ebenfalls keine Selbstorientierung durchführbar, denn wir
hätten es dann in der Konsequenz mit dem schon genannten Dezisionismus bzw. der willkürlichen Steuerung zu tun. Diese dezisionistische Tendenz korrigiert die erste Maxime im Verweis auf die allgemeinen institutionellen Regelungen für bestimmte Handlungsbereiche,
die zwar historisch kontingent, aber nicht willkürlich sind, sondern
vielmehr einen Sinn haben oder zumindest hatten.

Manchmal aber ist ja Rückgriff auf institutionelle Vorgaben nicht
möglich und für diesen Fall legt die zweite Maxime nahe, Entscheidungen auch und gerade dort zu treffen, wo wir kein Kriterium finden können, durch das wir die Entscheidung legitimieren. Vor allem
Herrman Lübbe hat diesen grundlegenden ‚Dezisionismus' in der
provisorischen Moral verteidigt,[27] der ein nicht zu tilgendes ‚irratio-
nales' Element jeder Moral – auch der kantischen[28] – sei. Natürlich
treffen wir de facto ständig unbegründete Entscheidungen und diese
Form des Dezisionismus ist auch überhaupt nicht problematisch. Ja,
darüber hinaus erhält eine (auch und gerade politische) Entscheidung
– unter der Voraussetzung, dass im realen Handeln keine Zeit ist, alle
Voraussetzungen zu klären – dadurch handlungsorientierenden Charakter, dass man sie trifft, nicht dadurch, dass man sie begründet. In
jeder Überlegung, auch in einer öffentlich geführten politischen Debatte z.B. über die Einführung eines Gesetzes „kommt ja schließlich
der Punkt, an welchem Argumente nicht mehr gewogen, sondern
Stimmen gezählt werden"[29] müssen. Die Abstimmung aber ist nichts
anderes als ein dezisionistischer Akt, in welchem die Debatte beendet
wird; ganz so, wie bei Thomas von Aquin der deliberative Akt der
Klugheit nur derjenige Teilakt ist, der durch den dezisiven Akt been-

det und in den präzeptiven überführt wird. Danach kann man sagen, dass es zur Klugheit eines Entscheiders gehört, nicht nur Argumente abzuwägen und das beste der Argumente als Begründung für eine Entscheidung gelten zu lassen, sondern auch, die Diskussion an einem bestimmten Punkt enden zu lassen und eine Entscheidung zu treffen und umzusetzen (man kann beides zusammen auch ‚einen Entschluss fassen‘ nennen). Selbst die Verbindlichkeit von Normen für eine Person – also auch der moralischen und rechtlichen – wird nach Lübbe, Hobbes und Carl Schmitt für eine Gruppe von Personen durch Entscheidungen gestiftet, nicht durch die Begründungen dieser Entscheidungen (‚auctoritas non veritas facit legem‘). Dies ist einfach so; ein solcher Dezisionismus aber könnte doch nur dann überhaupt ein Problem darstellen, wenn blinde Entschlossenheit im Sinne des ‚besser überhaupt eine Entscheidung als gar keine‘ zum Grundprinzip richtigen Handelns erhoben würde. Davon muss aber hier bei der zweiten Maxime gerade abgesehen werden, denn es handelt sich ja um eine Klugheitsregel. Und von einer solchen gilt, dass sie nicht immer gilt. Wer hier demnach den Brandgeruch der Willkürherrschaft selbstermächtigter Individuen wittert, ist durchaus auf einem falschen Dampfer: In der Klugheitsethik und damit auch in der provisorischen Moral wird nicht der sichere Hafen der Verlässlichkeit allgemein gültiger Normen angesteuert; der zu haltende Kurs geht vielmehr auf die offene See, wo es gilt, das Schiff durch die ganze Fülle von verschiedensten Geltungsansprüchen zu manövrieren, ohne dabei zu kentern.

Für die leicht eintretende Situation der Überforderung der Individuen, immer und überall Entscheidungen treffen zu müssen, springen im Modell der provisorischen Moral die Institutionen bzw. Üblichkeiten ein, an die wir anknüpfen können.[30] Müssten wir von Grund auf alles aus unserem Willen heraus gleichsam neu institutionell erschaffen, würden wir uns die eigene Handlungsgrundlage und damit gerade die Möglichkeit der Chance zur Gestaltung entziehen. Es würde zudem eine Übersicht erforderlich sein, die wir ja, so der Ausgangspunkt der provisorischen Moral, gerade nicht haben. Die erste Regel stellt also eine Regel der Klugheit im Umgang mit bestehenden Institutionen dar, und als solche korrigiert sie die dezisionistische Dimension der zweiten Regel.

c) Regel 3 korrigiert Regel 2 hinsichtlich ihrer Tendenz zum Rigorismus

Allerdings kann der Rigorismus, also das sture Festhalten an einem eingeschlagenen Weg und der damit verbundenen Schaffung von Sachzwängen allein durch den Verweis auf die institutionellen Regelungen, wie er eine mögliche Konsequenz der Überbetonung der zweiten Maxime für die Selbstorientierung darstellt, nicht verhindert

werden. Stellen wir uns zum Beispiel jemanden vor, der sich aus freien
Stücken – also nicht-konformistisch – dazu entschließt und an diesem
Entschluss unumwunden festhält, die Üblichkeiten der eigenen Kultur gegen jede Veränderung zu verteidigen. Ein solcher rigoristischer
Ethnozentrismus würde aber zwangsläufig zu einem Selbstwider-
spruch in der provisorischen Moral führen: Auch hier gäbe es das
Problem eines der Selbstorientierung abträglichen Rigorismus deswegen, weil aus der Klugheitsmaxime ein invariantes Handlungsprinzip gemacht würde. Descartes' wäre zwar der letzte gewesen, der es
verhindern hätte wollen, die Moral auf ein gesichertes Fundament zu
stellen, doch immerhin besaß er die Redlichkeit, dies nicht vorschnell
als schon geleistet zu unterstellen. Im Rahmen der provisorischen
Moral nun wird der Rigorismus nicht durch die erste, sondern durch
die dritte Maxime korrigiert bzw. gedämpft. Die dritte Maxime der
provisorischen Moral ist ja nichts anderes als die Empfehlung, bei
jeder Entscheidung darauf zu achten, dass eine entsprechende Hand-
lungskompetenz ausgebildet ist. Ein Halten des Kurses um jeden
Preis ist damit ausgeschlossen, denn die Anempfehlung der Selbstbescheidung auf die je eigenen Möglichkeiten impliziert, dass ein Orientierungssubjekt Lizenz zur Dezision eben auch nur unter bestimmten
Bedingungen hat. Wenn sich diese ändern, kann auch die pragmatische Legitimität der Entscheidung sich ändern. Es ist also auch hier
kein ,Widerspruch' zwischen der Empfehlung, fest entschlossen seinen Weg zu gehen (Regel 2) und der Empfehlung, ein Bewusstsein der
eigenen Endlichkeit – positiv formuliert: der eigenen Handlungs- und
Lebensmöglichkeiten – zu kultivieren. Das in der dritten Maxime
geforderte Bewusstsein der Endlichkeit (Regel 3) dämpft also die Tendenz zum Rigorismus gerade dadurch, dass sie die Entschlossenheit
unterstützt, die sich nirgends so deutlich zeigt als in der Revision der
einzelnen Entschlüsse; denn einen Entschluss revidieren bedeutet
nicht etwa unentschlossen zu sein, sondern vielmehr die Entschluss-
kraft reflexiv wenden zu können und das heißt: sich selbst orientieren
zu können.

Um im Bild Descartes' zu bleiben: Wenn wir im Wald auf einmal
auf einen uns schon bekannten Weg stoßen, von dem wir wissen, dass
er uns aus dem Wald führt, dann wäre es freilich unsinnig, an unserer
bisherigen Richtung solange festzuhalten, bis wir sicher wissen, dass
sie falsch ist. Ab diesem Moment tritt dagegen Regel 1 wieder in
Kraft: Dort, wo die Extreme sichtbar werden (das sture Weiterlaufen
wäre in diesem Sinne ,extrem'), sollte man sich von ihnen fernhalten.
In Situationen, in denen nicht auszumachen ist, was ,extrem' heißt –
wie z.B. in der Situation des Verirrten –, können wir uns auf Üblichkeiten nicht verlassen, dort sind wir auf uns allein gestellt. Die dritte

Maxime reguliert damit in gewisser Weise auch das Verhältnis der ersten beiden Regeln, ohne dass sie dadurch eine Priorität hätte.

Nach Maßgabe der dritten Maxime ist Klugheit immer mit der Erfahrung der eigenen Endlichkeit verbunden. Die fundamentale Endlichkeit eines jeden Menschen ist weder zu kompensieren noch überhaupt zu bedauern, denn schließlich bildet die Erfahrung der eigenen Seinsmöglichkeiten – die nicht einfach Handlungsoptionen sind – zugleich die Erfahrung personaler Integrität und Selbstorientiertheit, bei offenem Ausgang des Lebens. Ein Mensch „kommt zu sich", bescheidet sich auf seine ihm eigenen Möglichkeiten, indem er sich seiner Grenzen inne wird. Endlichkeit bedeutet also nicht nur: „Grenzen haben", sondern: „Sich seiner Grenzen inne sein", ein Bewusstsein seiner Grenzen haben.

d) Regel 3 korrigiert Regel 1 hinsichtlich ihrer Tendenz zum Relativismus

Dies betrifft auch die Korrektur der anderen Tendenz, die der Überbetonung der Orientierung an den Üblichkeiten innewohnt, der Tendenz zur Relativierung der Orientierungsinstanzen. Wenn aber Werte, vorbildliche Handlungsweisen bzw. Charaktereigenschaften usw. relativiert und das heißt ja: entwertet werden, dann ist nicht zu sehen, wie ihre Orientierungskraft zu halten ist. Paradoxerweise führt also auch hier eine Maxime der Selbstorientierung, für sich alleine genommen geradewegs in die Irre.

Regel 1 würde, als Prinzip genommen, und selbst nach Korrektur durch die zweite Regel, einen generellen Relativismus der Werte nicht ausschließen können. Descartes selbst deutet dieses Problem in den oben zitierten Erläuterungen zur ersten Regel an: Wir sollten uns an die verständigen Menschen, mit denen wir Umgang haben halten, auch wenn es in anderen Kulturen und Lebenswelten auch verständige Leute geben mag, wie etwa unter den „Persern oder Chinesen". Angesichts eines Pluralismus von Üblichkeiten – gleichbedeutend mit dem Umstand, dass Perser und Chinesen Menschen sind, mit denen wir Umgang haben – stellt sich die Frage, wie hier entschieden werden soll, d.h. welchen Üblichkeiten gefolgt werden soll. Wenn aber in relativistischer Manier alles Mögliche als gleich gültig angesehen werden kann, haben wir hier eben gar keine Möglichkeit der Orientierung mehr. Es entsteht eine höherstufige Desorientierung über die Wahl von Orientierungsinstanzen.

Es zeigt sich aber, dass das Problem des Relativismus nur für jemanden bestehen kann, der gerade nicht akzeptiert, dass wir in all unserem Handeln immer schon an etwas anknüpfen: der Relativismus stellt sich damit als enttäuschter Universalismus[31] dar, den eine provisorische Moral schon im Ansatz unterläuft. Der Relativismusvorwurf hypostasiert das Orientierungssubjekt als eine tabula rasa, auf der beliebige Prinzipien einbeschrieben werden könnten. Der Relativismus als Gefahr einer alleinigen Orientierung an den herrschenden Üblichkeiten entspringt der Unterstellung, dass jeder Einzelne im Prinzip unendliche Möglichkeiten der Wertanerkennung hätte und verwechselt damit die Kontingenz, in einer bestimmten Kultur aufzuwachsen mit der Beliebigkeit einer Wahl.

Auf diese Verwechslung immer wieder hingewiesen zu haben, ist sicherlich ein Verdienst Odo Marquards, der für die Zwecke der Unterscheidung die Begriffe des Beliebigkeits- und des Schicksalszufälligen einführte;[32] er beleuchtet damit das Verhältnis der Empfehlung, sich an die Üblichkeiten zu halten ohne dabei aber in relativistischer Art den eigenen Kopf und damit die Orientierung zu verlieren. Problematisch ist allerdings, dass Marquard das Kontingente, welches wir nicht ändern können, wiederum als ‚Schicksal‘ verwesentlicht, was zwar den Relativismus zu verhindern vermag, aber wiederum den Fatalismus begünstigt, wie wir gleich unter e) sehen werden. Marquard übersieht einfach, dass nicht alles, was man ‚schicksalshaft‘ nennen kann – also das, was von uns jeweils nicht zu ändern ist – deswegen *überhaupt* schon unabänderlich ist. Sicherlich ist das Schicksalhafte unseres Todes oder unserer Geburt nicht in Abrede zu stellen, aber die Endlichkeit der Menschen geht nicht in solchen schicksalhaften Unabänderlichkeiten auf. Das beste Beispiel ist gerade das Verhältnis zu den Institutionen: Zwar könnte man sagen, dass die Angewiesenheit auf sie in der Tat unabänderlich und daher schicksalhaft sei, aber das bedeutet gerade nicht, dass die Üblichkeiten und Institutionen, *so wie sie sind*, als Schicksal hinzunehmen wären: *Institutionalität* ist schicksalhaft, nicht aber die Institutionen. Marquard aber charakterisiert unterschiedslos etwa den Tod und die herrschenden Üblichkeiten als ‚schicksalshaft‘.

Hierzu ist zu sagen: Wenn auch die Existenz bestimmter Üblichkeiten nicht in der Macht des Einzelnen steht, so doch deren Geltung und damit ihre Fortexistenz: Wir können uns mit ihnen auseinandersetzen, können sie gut oder schlecht finden, können gemeinsam mit Traditionen brechen oder sie wieder aufnehmen usw. Freilich kann es, da hat Marquard dann wieder Recht, nicht Sache der Entscheidung von einzelnen Individuen sein, was als Üblichkeit gilt und was nicht – andernfalls hätten wir es ziemlich schnell mit einem ja auch von Marquard heftig kritisierten Dezisionismus zu tun, wie er ihn vor allem (und fälschlicherweise, wie sich im nächsten Kapitel zeigen wird) bei den Existenzphilosophen sieht. Aber dasjenige, was zu ändern nicht in der Macht des Einzelnen steht, ist nicht einfach gleichzusetzen mit anzuerkennenden Schicksal.

Man könnte nun sagen, das Marquard im Rahmen seiner provisorischen Moral der Lebensorientierungen die Regel 2 vernachlässigt, wodurch sein Handlungskonzept eben stark fatalistische und konformistische Züge trägt. So hält er in seiner Verteidigung der Üblichkeiten und seinem Plädoyer für eine „Philosophie der provisorischen Lebensorientierungen"[33] dafür, dass diese Provisorien auch schon das letzte sind, was wir hier überhaupt zur Orientierung haben können – scheinbar ganz in dem Sinne Descartes'. Die Gefahr eines Fatalismus der Üblichkeiten kann Marquard nur dadurch auffangen, dass er die von ihm als schicksalhaft-unwählbar interpretierten Üblichkeiten selbst als widersprüchlich zueinander, nämlich als „Determinantengedrängel"[34] auffasst – durch Buntheit und ‚Polytheismus' sind die Menschen frei dadurch, sich an bestimmte Üblichkeiten sich die Determinanten zu binden, weil diese sich „einander wechselseitig beim Determinieren behindern"[35]. So treffend dieses Bild einerseits auch ist – denn in der Tat können sich die Menschen nicht selbst orientieren, wenn sie keinen oder nur einen einzigen vorgegebenen Orientierungspunkt haben – so wichtig ist es aber auch andererseits gerade in pluralistischen Gefilden, eine Selbstorientierungskompetenz zu entwickeln – und dies geschieht leider nicht ganz so automatisch, wie Marquard unterstellt. Wenn wir am Ende gar unüberschaubar viele Orientierungspunkte haben, einen Polytheismus der Werte also, wie ihn Marquard propagiert, ist zwar alles schön bunt, aber deswegen noch nicht stimmig. Über diese hierfür notwendige Lebensklugheit schweigt sich der Skeptiker Marquard allerdings weitgehend aus. Aber kann über sich hinauswachsen und in manchen Situationen ist eben dies das Gebot der Stunde.

Innerhalb des Regelzusammenhangs der provisorischen Moral gibt es allerdings durchaus eine Möglichkeit, die fatalistischen Tendenzen zu korrigieren, nämlich durch Wahrung der zweiten Regel. Also:

e) Regel 2 korrigiert Regel 3 hinsichtlich ihrer Tendenz zum Fatalismus

Die dritte Maxime, die Selbstbescheidungsempfehlung, kann sowohl die rigoristische Tendenz der zweiten als auch die relativistische Tendenz der ersten Maxime korrigieren, wie wir gesehen haben. Nun betrachten wir die problematischen Konsequenzen einer zu starken Fixierung auf die dritte Regel. Denn auch die Maxime der Selbstbescheidung kann kein Grundsatz des Handelns in dem Sinne sein, dass es immer und überall geboten sei, sich im Rahmen seiner Möglichkeiten zu bewegen. Ein solches ‚Prinzip' wäre genausowenig einzuhalten, wie z.B. der gutgemeinte Ratschlag, man solle doch tunlichst ausschließlich gute Bücher lesen. Denn um zu wissen, was ein gutes Buch ist, muss man schließlich auch schlechte Bücher kennen und das heißt eben auch, sie gelesen zu haben. Wer also die Empfehlung, sich immer nur an das zu halten, was in der eigenen Macht steht als einen universalen Handlungsgrundsatz des Handelns nähme (und damit überbetont), fiele damit tendenziell einem Fatalismus der eigenen Grenzen anheim. Den Fatalismus als Konsequenz einer zu starken Orientierung am Ideal der Selbstbescheidung haben wir eben schon bei Marquard angedeutet gesehen und er kommt zustande durch eine zu geringe Beachtung der Entschlossenheitsempfehlung.

Umgekehrt gilt hier nun: Die zweite Maxime korrigiert die Fatalismustendenz der dritten Maxime. Nun ist es sicherlich so, dass nur eine solche Person, die ihre Grenzen kennt, auch Selbstorientierungskompetenz besitzt, denn nur sie kann wissen, ›wo sie in der Welt steht‹. Aber ein Bewusstsein der eigenen Grenzen kann nur dort überhaupt entstehen, wo zumindest in der Vorstellung der Versuch gemacht wurde, sie zu überschreiten. Das Bewusstsein des Scheitern-Könnens ist notwendig für die Entwicklung von so etwas wie Selbstbescheidung. Wer sich auf seine Möglichkeiten bescheidet, hat nicht unbedingt, vom Schicksal gebeutelt, klein beigegeben, sondern ist unter Umständen allererst auf dem Boden der Tatsachen angekommen. Angesichts großer Herausforderungen kann es auch sein, dass man über seine Grenzen hinauswächst, was nichts anderes heißt, dass man den Bereich seiner Möglichkeiten – seine ›Macht‹ – erweitert. Es kann daher sein, dass die eigenen Grenzen unter Umständen verschoben werden. Ein (fiktiver) Super-Stoiker dagegen, der die dritte Maxime als das ethische Grundprinzip schlechthin affirmierte, würde keinerlei Wirkung mehr in der Welt zeitigen; aber nur über solche Wirkungen in der Welt, wie gesagt, können überhaupt Erfahrungen mit den eigenen Grenzen gemacht werden.

Nehmen wir die dritte Regel aber nicht als Handlungsprinzip, sondern als Gesichtspunkt möglicher Handlungsweisen, dann wirkt umgekehrt die zweite Regel mit ihrer Ignorierungsempfehlung von Unsicherheitsanwürfen fatalismushemmend. Wir müssen in unserer Selbstorientierung immer auch mit in Betracht ziehen, dass wir nicht nur endliche Wesen sind, sondern als diese endlichen Wesen Erfahrungen des Scheiterns machen müssen, um klug zu werden. Es kann daher – auf einer höheren Ebene der Reflexion der Handlungsgründe – nicht klug sein, sich vor den Erfahrungen des Scheiterns auf jeden Fall bewahren zu wollen, koste es, was es wolle. Der handlungshemmende Fatalismus kann also korrigiert werden durch den Gesichtspunkt der Entschlossenheit. Das klingt heroisch, kann aber eigentlich nur im Alltäglichen stattfinden, wo wir, wenn wir klug sind, weder davon ausgehen sollten, dass alles von alleine seinen Lauf nimmt, noch dass wir unser Leben in einem künstlerischen Sinne ‚gestalten‘ könnten.

Albert Camus' Sisyphus – der sicherlich davon überzeugt ist, dass nichts in der (Unter-)Welt sich ändern lässt, außer seine Einstellung zu den offensichtlich absurden Verhältnissen – ist ein gutes Beispiel für eine solche entschlossenheitskorrigierte, nicht-fatalistische Haltung der Selbstbescheidung.[36] Die Endlichkeit des Menschen ist als so fundamental anzusehen, dass sich die fatalistische Sicht auf Welt und Leben schlichtweg verbietet – denn es ist eine reine Außenperspektive, die uns einzunehmen nicht ansteht, wenn es ans Handeln und Leben geht. Auf der Erde ist es notwendig, sich einzulassen auf die Verhältnisse und nur so auch kann man sich Sisyphus als einen glücklichen Menschen vorstellen. Auch hier also gilt: Wir müssen nicht erst wissen, was das Gute an und für sich ist, um dennoch klug bzw. lebensdienlich handeln zu können.

f)   Regel 1 korrigiert die Regel 3 hinsichtlich ihrer Tendenz zum Privatismus

Damit eng zusammen hängt die Korrekturmöglichkeit der anderen fatalen Konsequenz der dritten Maxime, wenn sie denn als alleiniger Grundsatz der Selbstorientierung gelten würde. Wer aber in der Befolgung des Rates, eher sich als die Welt ändern zu wollen, soweit von der Welt Abstand nimmt, dass diese keine kriteriale Rolle mehr bei der Selbstorientierung spielt – eine Tendenz die durch das unter e) besprochene Verhältnis der Maximen 2 und 3 zueinander eher verstärkt wird! – dreht sich eben nur noch um sich selbst. Ohne Außenhalt macht die Selbstbescheidung schwindeln, könnte man sagen und genau hier kann die erste Maxime mit ihrer Empfehlung, sich auf die geregelten Verhältnisse in der Welt einzulassen, korrigierend wirken. Wenn wir uns darauf beschränken würden, was wir rein als Individuen als wir selbst vermögen, hätten wir nichts oder wenigstens nicht viel in der Hand. Gerade das ist ja die spezifische Leistung der Institutionen: dem einzelnen Macht bzw. Verantwortung zu übertragen, die er ansonsten nicht besäße bzw. tragen könnte – was, nebenbei gesagt, nur die Kehrseite ihrer Entlastungsfunktion ist. Deshalb kann es klug sein, auch im Sinne der Selbstbescheidung, die institutionellen Regeln der Kultur, in der man lebt, im Interesse eigener Verantwortungsfähigkeit bzw. Freiheit anzuerkennen. Die damit gewonnene Macht, das dürfte klar sein, ist immer nur eine von der Wertegemeinschaft verliehene.

Wenn es, wie die dritte Maxime sagt, ratsam ist, nur das zu wollen, was zu erreichen vollständig in unserer Macht steht, dies aber nach stoischer Lehre im Grunde nur unsere Gedanken und (gedachten) Wünsche sind, dann ist das einzige, was wir noch zu tun beabsichtigen sollten, in bestimmter Weise zu denken. Dass gerade dies ein wichtiger Zug und Motivation der provisorischen Moral für den Rationalisten Descartes war, ist unbestreitbar – der ganze Kontext des *Discours* als Schrift über die wissenschaftliche Methode lässt gar keinen anderen Schluss zu. Wenn wir sie aber, wie hier, als Modell einer Hilfe zur Selbstorientierung überhaupt nehmen und ihr daher auch mehr zutrauen müssen als das Coaching eines Wissenschaftlerlebens, dann dürften bei der Selbstbescheidung auch andere Lebensformen als die *vita contemplativa* eine Rolle spielen. Mit Descartes gegen Descartes also steht dem Rückzug in die Elfenbeintürme der Wissenschaft die erste Regel entgegen, die dazu auffordert, qua institutionellem Handeln mehr zu tun und auch mehr verantworten zu können, d. h. mehr Macht resp. Handlungsfreiheit zu übernehmen, als nur in einem individualistischen Sinne sich auf sich selbst zu beschränken. Freilich muss eine kluge Macht- bzw. Verantwortungsübernahme in den institutionellen gesellschaftlichen Strukturen dann von dem selbstbescheidenen Bewusstsein getragen sein, dass diese Macht bzw. Verantwortung eine per Anerkennung verliehene ist und nicht oder nur im beschränkten Maße auf eigenem Verdienst beruht. Jeder Standesdünkel, jede Arroganz der Macht – früher hätte man gesagt: Stolz und Hochmut – ist einer klugen Lebensführung im Bewusstsein eigener Grenzen völlig unangemessen.

Die Endlichkeit des einen ist zugleich die der anderen und die anderen sind uns jeweils zunächst einmal über die Rollen vermittelt, die sie institutionell spielen. Anders gesagt: *Es ist uns gemeinsam, dass wir je individuell sind* und uns im Namen unseres Lebenssinns selbst zu orientieren haben. Hinter dem Verweis auf die Üblichkeiten, wie ihn die erste Regel bringt, steht daher auch, dass wir uns individuell auch nur über die institutionellen Regelungen hinweg in unserer Endlichkeit ‚begegnen‘ können. Dies ist ein zu großes Thema, um es an dieser Stelle angemessen zur Sprache kommen lassen zu können. Es betrifft nicht weniger als die Frage danach, was es heißt, eigentlich selbst zu sein – nach dem dritten Kapitel 3 eine notwendige Bedingung für das (inkluvistisch verstandene) Lebensglück, auf das die Klugheit als Tugend *intentione obliqua* bezogen ist. Dieser Punkt ist von einiger Wichtigkeit für die Frage danach, was es unter den Vorzeichen des zeitgenössischen Pluralismus heißen mag, sich selbst zu orientieren und sicherlich ein wichtiges Thema einer zeitgemäßen Klugheitslehre.

Hier genügt es, die korrigierende Funktion der Orientierung an den jeweils herrschenden Üblichkeiten für die individualistisch-privatistische Abkapselungstendenz eines Orientierungssubjektes herauszustellen. Kluge Selbstbescheidung heißt eben auch: auf die Welt und die Institutionen bezogen bleiben. Woher soll ich wissen, wer ich selbst bin, wie soll ich mich, für den es ratsam ist, sich jeweils auf die gebotenen Möglichkeiten des Lebens und Handelns zu bescheiden, kennen können, wenn nicht durch den Bezug auf die Welt? Es gibt keine Handlungsorientierung jenseits institutionalisierter Handlungsweisen; keine Ausrichtungen ohne Einrichtungen. Das bedeutet allerdings nicht, dass es den Individuen unmöglich wäre, je besondere Verhältnisse zu den Institutionen, in denen sie sich bewegen, einzunehmen. Im Gegenteil, die gemeinsame Verwiesenheit auf institutionelle Regelungen des kooperativen Handelns ist eine konstitutive Voraussetzung dafür, ein solches Verhältnis einnehmen zu können.

Die bewusste Inanspruchnahme und Aneignung bestimmter institutioneller Regelungen für das eigene Handeln und Leben ist gleichbedeutend mit der Positionierung des Selbst in der Welt; ein Mensch gibt sich dadurch Ort und Richtung. Dies aber ist die Voraussetzung dafür, das Leben so führen zu können, dass es ein gutes und glückliches sein kann. Da die Klugheit der Menschen im Dienste ihres Glücks steht, muss sie demnach letztlich auch darum besorgt sein, dass sich die betreffende Person verendlicht, d.h. sich als eine Ganze gewinnt.

Da die Endlichkeit der Existenz konstitutiv für das Selbstsein einer Person ist, darf sie nicht als Indiz der Unvollkommenheit oder eines Mangels genommen werden, wie dies in weiten Teilen sowohl der christlichen als auch der philosophischen Anthropologie bis heute immer noch geschieht. Noch einmal: ,Endlich sein' bedeutet nicht: ,einen (gar zu kompensierenden) Mangel aufweisen', sondern: ,eine ganze Person sein'. Wenn Endlichkeit lediglich als Unvollkommenheit und zu kompensierende Mangelhaftigkeit aufgefasst wird, hält man an einem abstrakten Begriff der Person als einem idealen ,Subjekt' fest, das im Prinzip und idealerweise über alle wählbaren Optionen verfügt. Von einem solchen abstrakten Entscheidungs- und Orientierungssubjekt ist aufgrund seiner Getrenntheit von den handlungsmotivierenden Affekten gar nicht einsehbar, wie es per vernünftiger Überlegung überhaupt zum Handeln kommen kann. Personen sind einander und sich selbst aber geradezu entzogen bzw. unverfügbar; dies ist zugleich Grund sowohl ihrer Inkommensurabilität und Hoheit – ihrer Würde –, als auch der Grund dafür, dass sie einander begegnen können (indem sie sich füreinander öffnen, sich erkenntlich zeigen usw.).

Die Borniertheit des Eigendünkels dagegen – hier nur (vielleicht unzulänglich) mit dem Label ,Privatismus' versehen – ist eine Gefahr, vor der uns das Bewusstsein der Teilnahme an einer gemeinsamen kulturellen und daher auch institutionell geregelten Praxis bewahren kann (wobei die mit der allzu starken Orientierung an den Üblichkeiten einhergehende Entfremdungstendenz wiederum, wie unter a) geschildert, durch die zweite Maxime korrigiert werden kann). Wir

sind in gewisser Weise noch nicht selbstbescheiden, solange wir uns
nicht auf die anderen beziehen; etwa überzeichnet ausgedrückt:
Privatistische Selbstbescheidung ist anmaßend, wenn nicht sogar
maßlos; unkorrigiert durch den Bezug zur institutionell geregelten
Welt würde die Orientierung an der Maxime der Selbstbescheidung
paradoxerweise gerade zu einer Selbstüberschätzung und Selbstüberhebung über die Welt führen, die langfristig nichts anderes als
Desorientierung stiften kann.

Damit hat sich der Kreis (genauer gesagt: das Dreieck) geschlossen
und jede der Regeln kann die desorientierenden Konsequenzen der
jeweils anderen korrigieren. Es ist kein noch tieferliegendes Prinzip
vonnöten, auf dessen Boden die drei formalen Orientierungs-
empfehlungen noch einmal ins Verhältnis zueinander gesetzt werden
müssten; zusammen bilden sie ein in sich stabiles und flexibles
System, mit dessen Hilfe ein Individuum es vermag, sich selbst zu
orientieren. Dieses Minimalsystem der Selbstorientierung lässt sich in
folgendem Schema veranschaulichen, wobei die kursiven Ausdrücke
die obengenannten Defizite der jeweiligen Maxime bezeichnen, wenn
diese für sich genommen wie oberste Handlungsprinzipien auftreten,
die Pfeile bezeichnen die Korrektur dieser Defizite durch die jeweils
anderen Regeln:

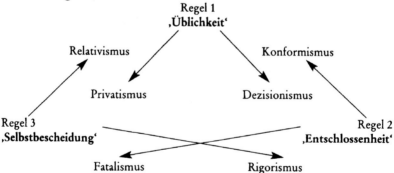

Schema 2: Die Komplementarität der Regeln der provisorischen Moral

In der Abhängigkeit aller drei Regeln voneinander erweist sich das
Regelgebilde als komplementärer Zusammenhang, der zugleich die
Einheit der ‚prinzipienlosen' provisorischen Moral darstellt. Die Regeln sind daher nicht weiter zurückführbare Elemente dieses Zu-
sammenhangs.

Die *morale par provision* entstand, wie auch die Klugheitslehre
Graciáns, unter dem Eindruck der Glaubenskriege und erlaubt, was

die generelle Orientierungskrise angeht, von daher schon eine Über-
tragung in das Zeitalter der Globalisierung. Zugleich kann an und mit
der provisorischen Moral ein, historisch gesehen, nicht weiter verfolg-
ter Weg wieder eröffnet werden, den eine Philosophie der Lebensklugheit unter modernen Bedingungen, d. h. ohne anachronistische
bzw. neokonservative Rückgriffe gehen könnte. Wenn man so will,
erwuchs der neuzeitlichen Wissenschaft und ihrer Auswirkungen ein
Gegengift in der zarten Pflanze der provisorischen Moral. Von ihrem
Autor als Übergangslösung bis zur Errichtung einer definitiven Ethik
auf der Grundlage methodisch gesicherten Wissens etwa über die
Physiologie der Affekte und gesellschaftlicher Prozesse eingeführt,
kann sie uns heute – nachdem wissenschaftliche Fundierungsbemü-
hungen der Ethik mit prinzipiellen Bodenlosigkeiten rechnen müssen
– ein Grundmodell der Klugheitsethik unter den Bedingungen der
Moderne bieten. Die provisorische Moral Descartes' könnte sich als
durchaus tauglich erweisen, die Selbstorientierung der Handelnden
im Interesse der Aufrechterhaltung ihrer Praxis, bei prinzipieller
Unsicherheit über letzte Prinzipien zu ermöglichen.

Angesichts der Tatsache, dass die Ethik im Rekurs auf überpositive Handlungsprinzipien – wie in den Naturrechtslehren bis hin zur
Kantischen Grundlegung der Moralphilosophie – sich weit von der
Frage nach der Selbstorientierung des Menschen in der Welt entfernt
hatte, können die barocken Klugheitsethiken als Versuche interpretiert werden, die Klugheit in ihrer ethisch-handlungsorientierenden
Funktion zu rehabilitieren. Diese letzte Blüte der Klugheit als Tugend
wird in der ethischen Diskussion der Gegenwart viel zu wenig beachtet und stellt wegen des rehabilitierten autonomen Charakters der
Klugheit gegenüber den konservativ-neoaristotelischen Ansätzen eine
für uns heute immer wichtiger werdende Alternative dar. Die
Klugheit als Selbstorientierungskompetenz der Individuen hinsichtlich der Beförderung ihres gelingenden Lebens ist offenbar nicht unbedingt angewiesen auf feste und einheitliche normative Vorgaben
einer bestimmten stabilen Wertegemeinschaft, wie viele Neoaristo-
teliker in ihrem redlichen Bemühen, eine Renaissance der Tugendethik in die Wege zu leiten, heutzutage glauben machen wollen.

8. Schluss

Die Diskussion der in den drei Maximen der provisorischen Moral Descartes' angesprochenen Themen der Institutionalität, der Authentizität und der Finalität menschlichen Daseins – drei Dimensionen, welche die Klugheit in ihren Überlegungen berücksichtigen muss – könnte gut und gerne eigenständige Bücher füllen; wir mussten uns hier damit begnügen, lediglich Ausblicke auf das Feld zu bieten, das eine Klugheitsethik unter modernen Vorzeichen auszumessen hätte.

Seit der Zeit, da Descartes seine provisorische Moral verfasste, sind über 350 Jahre vergangen. Sollte es in der Klugheitsethik keine Weiterentwicklungen gegeben haben? Wie steht es mit der Klugheitsethik in der Moderne?

Nun, generell muss man sagen, dass *Ethik* in der Moderne vor allem bedeutet: *Moralphilosophie*. Es ist ja eine der Voraussetzungen moderner, d.h. aufgeklärter Ethik, dass sie den Leuten die Form ihrer Lebensführung weder vorschreiben, ja noch nicht einmal anempfehlen will; „lieber orientierungslos als fremdbestimmt" könnte hier das Motto sein und dahinter soll auch nicht zurückgegangen werden. Aber, so ja unser Ausgangsproblem, das Desorientierungsproblem in Bezug auf die Lebensführung lässt sich nicht über ein zur Verfügung gestelltes Wissen über mögliche Orientierungen bewältigen. Was eine Ethik des guten Lebens unter den Bedingungen der Moderne möglich und notwendig macht, ist der Umstand, dass im Rahmen einer reinen Moralphilosophie nicht geklärt werden kann, wie der Einzelne sich selbst orientieren kann. Klar aber ist auch, dass es keinen Weg zurück zu einer materialen Glücks- und Klugheitsphilosophie geben kann; um so mehr gilt es, die formalen Bedingungen zu klären, unter denen Menschen sich selbst zu orientieren, d.h. ihr Leben und Handeln auszurichten imstande sind, und damit den Richtungssinn ihres Lebens, letztlich ihr Glück zu finden.

Für die Verwaltung dessen, was man heute „Orientierungswissen" nennt, zeichnet traditionell eine Tugend zuständig, die unter den Namen *phrónêsis, prudentia* bzw. *Klugheit* aus der Geschichte der Ethik bekannt ist. Mit den Tugendethiken – die ja nicht primär die moralische Qualität von Handlungen und Handlungsweisen thematisierten, sondern diejenige der handelnden Person, d.h. ihrer erworbenen Haltungen, denen ein bestimmtes Handeln erst entfließt – verschwand generell auch die Tugend Klugheit als Thema der Ethik – die Tugendethiken. Zwar finden seit der ersten Hälfte des 20. Jahrhunderts hin und wieder kleine Renaissancen der *phrónêsis* statt, aber es handelt sich hierbei im Wesentlichen um Rückgriffe und Wiederaufnahmen, nicht um Weiterentwicklungen oder gar Neukonzeptionen. Die Geschichte der Tugend Klugheit ist, zumindest was ihre Reflexion in der Ethik angeht, im 18. Jahrhundert zu einem vorläufigen Ende gekommen; die pragmatischen Topiken bzw. die provisorische Moral bilden daher, so scheint es, den vorläufigen Endpunkt der Geschichte der Klugheitsethik. Aber es gibt auch einige Anhaltspunkte dafür, dass diese Art Ethik eine Zukunft hat. In einigen (akademischen) gegenwärtigen Diskussionen der praktischen Philosophie zeichnet sich ab, dass das Konzept der Klugheit als derjenigen Haltung, die einen Menschen zur Selbstorientierung befähigt, in seiner Relevanz für die Ethik mehr und mehr gesehen wird.

Eine dieser Diskussionen ist der bis heute zwischen Anhängern Kants und Anhängern Humes andauernde Streit in der Handlungstheorie, aus welchem Stoff die Handlungsmotive gewirkt sind. Kann die Vernunft selbst eine Motivationsquelle sein oder nicht? Kann sie dem Handeln eine Richtung geben oder ist sie dem Willen unterstellt? Es fällt auf, dass weder auf der Grundlage einer neohumeanisch-empiristischen (manche sagen auch nonkognitivistischen) Handlungstheorie, die im Wesentlichen auch die Grundlage der modernen rationalen Entscheidungstheorie bildet, noch im Rahmen einer kantianischen Handlungstheorie die Frage befriedigend zu beantworten ist, wie *Selbstorientierung* möglich ist. Bei den Humeanern nicht, weil sie dazu tendieren, die Reflexivität und damit ,das Selbst' der praktischen Vernunft aufzulösen – schon bei Hume wird sie ja als „Sklavin der Leidenschaften" bezeichnet – und bei den Kantianern nicht, weil sie umgekehrt die Reflexivität und Selbstbezogenheit so sehr betonen, dass dabei tendenziell der Weltbezug der praktischen Vernunft verloren zu gehen droht. In beiden Konzeptionen, der humeanischen wie der kantianischen wird, wie wir sehen konnten, die Kompetenz zur Selbstorientierung – traditionell ,Klugheit' – letztlich als eine bestimmte Art *instrumenteller* Vernunft gedacht (wenn auch aus unterschiedlichen Gründen).

In einem instrumentellen Verständnis als einer bestimmten („egoistischen") Form der Handlungsrationalität, d. h. als ,heterotelische' Lebens- oder gar bloße Überlebenstechnik aufgefasst, wie etwa bei Hobbes und in maßgeblicher Weise auch bei Kant – hat allerdings die Klugheit schon aus logischen Gründen keine Chance auf eine philosophische Rekultivierung als Selbstorientierungskompetenz. Der Weg zurück vom Begriff der Klugheit als prudentiell-egoistischer Rationalität, wie sie heute in Opposition zum moralischen Denken in der

Ethik prominent ist hin zu einem Verständnis von Klugheit als einer intellektuell-praktischen Tugend ist daher alles andere als einfach.

Es gibt hier aber vielversprechende Ausnahmen. So kommt etwa in den Positionen Thomas Nagels (vgl. Nagel 1970) und Richard Mervyn Hares (vgl. Hare 1981) – der erste als Kantianer in der Debatte Gegner des zweiten, was die vernünftige Handlungsmotivation angeht – durchaus und überraschend dasjenige wieder in den Blick, was in der Lehre von der Klugheit bei Aristoteles zum Wichtigsten gehörte: Die Ausrichtung der individuellen Klugheit nicht allein auf optimale Zielzustände im Leben einer Person, sondern auf die Verlaufsform des je eigenen Lebens als Ganzem, auf einen Richtungssinn dieses Lebens, d. h. nicht auf Glück als Zustand, sondern auf die (inklusiv zu verstehende) *eudaimonía*.[1] Bei aller sonstigen Gegensätzlichkeit wird dennoch von beiden Autoren die Klugheit einer Person nicht als eine technisch-taktische, an die jeweilig aktualen Präferenzen gekettetes Befriedigungsmanagement gedacht, sondern als eine Gegenwartssouveränität, die das Leben als ganzes in den Blick nimmt.[2]

Nun sind in der aristotelischen Fassung der praktischen Vernunft, wie wir uns im Kapitels 4 vergewissern konnten, die Bereiche, welche die moderne Ethik und Handlungstheorie wieder mühsam und, wie es scheint, vergeblich zusammenzuschweißen versucht – Subjekt und Welt einerseits, Vernunft und Affekt andererseits – erst gar nicht getrennt voneinander zu sehen. Denn die Klugheit als Tugend ist ja, wenn man so will, sowohl ein ‚Gefühl‘ für das Richtige, eine ‚emotionale Intelligenz‘, mit der das Problem, wie und ob überhaupt die Vernunft Einfluss auf die affektive Motivationsbasis haben kann, von vorneherein unterlaufen ist, als auch diejenige Haltung zur Welt, die es einer Person erlaubt, in sie einzutauchen und sich den Aufgaben, die sich in ihr stellen, zu überantworten. So im unmittelbaren, d. h. die Vermittlungsinstanzen usw. bewusst tilgenden tätigen Kontakt zur Welt wird die Ausrichtung des eigenen Tuns, d. h. die Selbstorientierung möglich. Nur mitten in der Welt stehend, indem er sich von den Erfordernissen der Situation in Anspruch nehmen lässt, kann ein kluger Mensch den Sinn seines Lebens und damit sein Glück realisieren. Es handelt sich bei der Klugheit als Tugend der Selbstorientierung immer auch um ein bestimmtes Selbstverhältnis, dass durch ein Bewusstsein der eigenen Grenzen und Seinsmöglichkeiten charakterisiert ist, durch Endlichkeit.

Es sind nun vor allem Ansätze aus dem Umkreis der philosophischen Hermeneutik gewesen, der zweiten hier nur kurz anzudeutenden Traditionslinie, die das aristotelische Modell der *phrónêsis* in dieser Weise und ‚postmetaphysisch‘ thematisiert haben. Neben den weiter oben schon diskutierten Interpretationen Heideggers und Gadamers – deren Beiträge zu einer Klugheitsethik eigens rekonstru-

iert werden müssten[3] – gab es in den neunziger Jahren des letzten
Jahrhunderts weitere ernstzunehmende Versuche, zumindest Elemente einer Klugheitsethik auf dem Boden einer bestimmten Auffassung
praktischen Selbstverhältnisses fruchtbar zu machen. Ich möchte hier
vor allem drei nennen: Paul Ricœurs *Soi-même comme un autre* von
1990[4], Hans Krämers *Integrative Ethik* von 1992 und Alessandro
Ferraras *Reflective Authenticity* von 1998. Eine Auseinandersetzung
mit diesen Autoren, die alle drei in fruchtbarer Weise auf das Konzept
der aristotelischen *phrónêsis* zurückgreifen, kann hier leider nur in
Aussicht gestellt werden. Es würde sich dabei deutlich zeigen, dass
eine Klugheitsethik unter den Bedingungen der Moderne einen ausge-
arbeiteten Begriff personaler Authentizität bzw. *Eigentlichkeit* benötigt; denn nur, wer in seinem Tun und Trachten „bei sich" ist, kann
überhaupt „glücklich" im Sinne vollgültiger Selbstorientiertheit genannt werden. Die Übernahme der je eigenen Existenz, die ein
Mensch mit Hilfe seiner Lebensklugheit bewerkstelligt, ist sicherlich
nichts, was ihm irgend jemand abnehmen könnte. Die moderne Ethik
schloss daraus: Also kann man hierbei nicht beratend tätig sein. Aber
dies war ein Kurzschluss. Denn gerade die Unvertretbarkeit in der
Ausrichtung des eigenen Lebens ist das, was einen Menschen mit allen
anderen verbindet. *Dass* wir Individuen alle einzeln, unvertretbar und
ratlos vor der Frage des eigenen Lebenssinnes stehen, ist zugleich das,
was uns allen gemeinsam ist – und zwar unabhängig von Sprache,
Religion, Geschlecht und Kultur. Existenziale Beratung ist möglich
und hierin liegt eine große Chance für die Klugheitsethik. Was daher
jeder Einzelne – besser gemeinsam mit anderen als mit sich alleine –
tun kann, ist, sich in den existenzialen Fragen seines Lebens zu beraten und dabei nicht davon auszugehen, dass es eine *ein für alle mal* –
um wieviel weniger noch eine *für alle ein für alle mal* – befriedigende
Antwort auf Lebenssinnfragen zu finden sind. Die Antwort auf die
Frage nach dem Sinn des Lebens ist ein pragmatischer Imperativ. Und
dieser, so unsere Analyse, zeichnet sich vor allem dadurch aus, das er
nur situative Geltung hat, je und je – gerade das gibt ihm seine orientierende Kraft.

So hätte sich eine zeitgemäße Ethik der Klugheit auch um die
Klärung dessen zu bemühen, was oftmals „existenzielle Entscheidung" genannt wurde, welche sich klar, aber ziemlich undeutlich von
einer von einer Wahl zwischen bewerteten Handlungsoptionen unterscheidet, ohne andererseits deswegen schon „dezisionistisch", d. h.
kriterienlos bzw. beliebig zu sein. In diesem Buch ging es nun vor
allem darum, überhaupt das Feld einer Klugheitsethik und mögliche
Strategien seiner Erschließung abzustecken und vorzuführen; für die
Zukunft einer Klugheitsethik stellt sich, so viel lässt sich an dieser
Stelle sagen, die Aufgabe, den Komplex einer *Logik existenzieller*

Entscheidungen neu zu reflektieren. Auch die Frage der „Selbstwahl"
muss hier eine Rolle spielen, wie sie Existenzphilosophen von
Schelling bis Kierkegaard, von Heidegger bis Sartre als grundlegend
für die Handlungs- und Lebensorientierung überhaupt thematisiert
haben.

Immer wieder in der Geschichte der Ethik begegnete uns der
Zusammenhang von Klugheit und Gewissen; unsere These dabei war,
dass im Gewissen als der letztinstanzlichen Beurteilungskompetenz
von Handlungssituationen Funktionen des einstmals integralen
Konzepts der Lebensklugheit ausgelagert wurden, bis schließlich der
Residualbegriff egoistischer Rationalität übrig blieb. Sämtliche (theo-
logische, soziologische und psychologische) Über-Ich-Interpreta-
tionen des Gewissens greifen zu kurz, wenn sie nicht erklären können, wie aus den ‚internalisierten' institutionellen Regeln, die
drittpersonal für beliebige Personen gelten, solche erstpersonalen
Ansprüche werden, die keinen Zweifel daran lassen, dass jeweils *ich*
gemeint bin und nicht irgendjemand. Das Gewissen ist der Ort, an
dem drittpersonale unbedingte Ansprüche an das Handeln in eine
erstpersonale Perspektive „übersetzt" und authentifiziert werden und
gehört damit – vielleicht für manch einen überraschend – zusammen
mit dem Thema Verantwortung in die Klugheitsethik und nicht in die
Moralphilosophie. Selbst das Thema „Gewissen", scheinbar der Domäne der Moralphilosophie zugehörig, muss also unter klugheitsethischen Gesichtspunkten zur Sprache kommen, denn im Gewissen zeigen sich schließlich die grundlegenden Orientierungen einer Person.
Und natürlich geht es hierbei nicht um Fragen der Begründung bzw.
Begründbarkeit unbedingter Normen, sondern darum, wie die von
einer Person als unbedingt anerkannten Normen von ihr situativ
appliziert werden.

Soweit zu den Themen und Fragen einer möglichen zeitgemäßen
Klugheitsethik, auf deren zukünftige Ausarbeitung ich an dieser Stelle
verweisen muss.

Klug werden heißt nach alledem, sich öffnen können für die Erfahrung der eigenen Möglichkeiten und der Bescheidung auf sie. Es ist
ihre Endlichkeit, die eine Person dazu macht, was sie „eigentlich",
d. h. ihrem Selbstverständnis nach ist. Sie existiert eigentlich, wenn sie
ein Bewusstsein ihrer Endlichkeit und Kontingenz entwickelt hat und
demgemäß agiert. Sie beschränkt sich aus ihrer Freiheit heraus auf ‚das
ihrige', indem sie sich an bestimmte Projekte und Personen bindet
und zu ihrem eigentlichen Selbstsein individuiert. Wer hier partout
die begriffliche Nähe zur künstlerischen Tätigkeit sucht, sollte die
Selbstaneignung einer Person, ihr Ganzwerden daher dem Akt der
Authentifikation eines Kunstwerks durch die Signatur des Künstlers

vergleichen. Nicht das Leben selbst oder dessen Form würde dann, wie etwa die Philosophen der Lebenskunst annehmen, durch die Wahl ‚produziert‘, sondern dessen (reflexive) Authentizität bzw. Eigentlichkeit. Es ist dies nichts anderes als die Einnahme einer Haltung zur eigenen Praxis. ‚Man‘ kommt dazu zu sagen: Ich stehe dazu, was ich hier tue und getan habe; ein wichtiges Element in der Selbstorientiertheit einer Person ist daher ihre Bereitschaft, *Verantwortung* zu übernehmen für ihr Handeln und Tun. Damit ist ein weiteres Feld zeitgemäßer Klugheitsethik eröffnet.

Die Endlichkeit personaler Existenz ist gleichbedeutend mit der Tatsache, dass wir zeitliche Wesen sind und, als Personen, über die Zeit hinweg existieren. Indem wir uns erinnernd auf unsere Herkunft – darauf, dass wir in diese Welt gekommen sind – und uns selbst vorwegnehmend auf unseren Tod beziehen, eignen wir uns die Lebenszeit zu, die ansonsten, im Modus der Uneigentlichkeit, auch ohne uns verfließt. Die Formung ihrer Lebenszeit, der zeitlichen Erstrecktheit einer Person, ist natürlicherweise Sache der Lebensklugheit; denn durch sie und mit ihr richtet eine Person sich in ihrem Handeln aus und im Leben ein. ‚Endlichkeit‘ bedeutet daher, jenes Bewusstsein für die Zeit zu haben, die ein Jegliches braucht: das Gespür für den Augenblick, für die *qualità dei tempi*, für den richtigen Zeitpunkt eines bestimmten Handelns. Weil die Lebenszeit sowohl ablaufende Frist als auch Sammlung ist, nicht aber unendlicher Fluss, besitzt sie eine Qualität, an die sich ein Leben und Handeln anmessen kann. Ein in diesem Sinne endliches Wesen kann sein Handeln selbst orientieren, steht selbstständig in der Welt und lässt sich weder gängeln, noch schießt es über Ziele hinaus. Ein sich selbst orientierender Mensch hat nicht unendlich viel Zeit; aber am allerwenigsten hat er Zeit dafür, deren Verfließen oder Knappheit zu bedauern. Zu einem bestimmten Handeln entschlossen hat sie vielmehr alle Zeit der Welt, nämlich gerade die, welche sie für ihre Unternehmungen benötigt. Aller Zeitdruck und Sachzwang, aber auch alle Langeweile und Unverbindlichkeit sind Symptome dafür, dass hier etwas nicht auf dem richtigen Weg ist.

Der Klugheit als Selbstorientierungskompetenz geht es um praktisches Wissen, um die erfüllte, qualitätsvolle Gegenwart des Handelns und Lebens. Sie bereitet den Weg für ein „Leben im Wissen“, wie Gadamer die *sophía* nannte. Der Klugheit, wie sie der Weisheit den Weg bereitet, geht es um trittfesten Boden unter den Füßen, mithin um eine ganz bestimmte Form der Handlungs- und Lebenssicherheit, einer *inneren*, nicht einer äußeren Sicherheit. Es ist erstaunlich, dass gerade der Ausdruck ‚Sicherheit‘ fast kontradiktorisch zu nennende Bedeutungen angenommen hat, ähnlich wie ja auch der Begriff der Klugheit selbst. ‚Sicherheit‘ im Handeln und Leben im Sinne des latei-

nischen Begriffs der *securitas* kann es aufgrund der Struktur eigentlichen personalen Selbstseins, wie es durch die hier nur angedeuteten
Endlichkeitsverhältnisse konstituiert wird, nicht geben. Denn
Sekurität ist das Ideal des – tendenziell ‚ängstlichen‘, d.h. gerade der
Angst nicht begegnen wollenden – Trachtens danach, dass (irgend-
wann einmal gesteckte) Zwecke tatsächlich erreicht werden: eine
Sicherheit im Erreichen des Zieles demnach. Eine nach Sekurität strebende Person ist darauf angewiesen, sich ständig und immer wieder
neu und besser zu versichern und zu informieren; es kann ihr daher
auch nur eine sekundäre Frage sein, wie diese Sicherheit erreicht wird,
Hauptsache ist, dass dies möglichst angst- und sorgenfrei geschehen
kann (‚securitas‘ = ‚sine cura‘). Man könnte vielleicht sogar so weit
gehen zu sagen, dass sich im Sekuritätsstreben genau deswegen, weil
ihm im Prinzip die Mittel zur Erreichung bestimmter Ziele gleichgültig sind, eine grundlegende Desorientiertheit anzeigt, wenn Desorientiertheit doch heißt, wie wir hier sagen wollten, Unkenntnis bezüglich
gangbarer Wege zu haben. *Securitas* setzt Unsicherheit und Zweifel in
der Wahl voraus und alle aus ihr fließenden Unternehmungen zemen-
tieren diese basale Unsicherheit.

Das Leben als Ganzes aber hat kein in ihm zu erreichendes Ziel, es
ist in einem wichtigen Sinne ‚zwecklos‘ und so kann es auch keine
Versicherung für das Erreichen eines Lebenszieles namens ‚Glück‘
geben. Das Glück findet sich am Rande, nicht am Ende des Weges; die
‚Sicherheit‘ auf diesem Wege ist ganz entgegen der *securitas* eine, die
sich der Angst und der Sorge um die Ganzheit personaler Existenz
stellt und ihr nicht auszuweichen versucht. Sie ist Sicherheit im Sinne
des lateinischen Begriffs *certitudo*.[5] Sie bezieht sich auf die Beschaffenheit der Mittel und Wege und beruht auf ‚gangbarem Wissen‘, d.h.
auf dem Orientierungs- und situativen Ratwissen der Klugheit. Was
wir hierfür brauchen, sind nicht äußere Entscheidungskriterien,
Regeln, die uns im Zweifel unsere Entscheidungen rechtfertigen, sondern eine Souveränität in der Wahl der Mittel und Wege, wie wir sie
unter den Titeln der *phrónêsis*, der *prudentia* oder der Klugheit als
Selbstorientierungskompetenz zu fassen versucht haben. Der Idealfall
der Selbstorientierung im Sinne der *certitudo* ist es geradezu, nicht auf
bestimmte Ziele ausgerichtet sein zu müssen, sondern allein dem
Gang des Lebens und seinen zu gestaltenden Einrichtungen sich
anvertrauen zu können. Wer von dort aus auf sich zurückkommt,
wird vom Sinn seines Lebens gefunden, weil er mit der Welt auch sich
selbst anvertraut. Bernard Williams sprach davon, dass es in der Ethik
letztlich um *confidence* gehen müsse.[6] Bei Alain de Lille lautete der
entsprechende Begriff *fides*, denn diese Zuversicht ist es, der sich die
Klugheit in der Allegorie des *Anticlaudianus* unterstellt, um die neue
Seele des Menschen auf die Erde zu bringen. Diese Haltung, die frü-

her auch „Gottvertrauen" genannt wurde und die in der Gewissheit
bestand, der Gnade teilhaftig zu sein, gilt es für die Frage der Selbstorientierung unter den säkularen Bedingungen der Moderne wieder
zu entdecken.

Die nicht nach Sekurität, d. h. nicht nach Kontrolle, sondern nach
Vertrauen und Orientierung strebende Person verendlicht sich, zeigt
Gesicht und Wunde, schaut unmittelbar-mittellos, ohne Blick auf
Mittel und Zwecke ins Offene und setzt sich genau deswegen der Welt
und der mit ihr verbundenen möglichen Desorientierungen aus. Nur
dort, vor Ort, ist daher die Selbstorientierung möglich, für die der
Name „Klugheit" steht.

Anmerkungen

Kapitel 1

1 ‚Desorientiert‘ ist nicht einfach dasselbe wie ‚orientierungslos‘, denn letzteres sind wir entweder oder sind es nicht, während es von Desorientierung offensichtlich Grade gibt; terminologisch können wir hier so verfahren, dass ‚Orientierungslosigkeit‘ einfach das Extrem größter Desorientiertheit darstellt.

2 Musil, *Der Mann ohne Eigenschaften*, 47.

3 Ebd.

4 Ebd., 150.

5 Ebd.

6 Ebd.

7 Vgl. hierzu ausführlich Luckner 2001.

8 Jürgen Mittelstraß hat die hilfreiche Unterscheidung von „Orientierungswissen“ und „Verfügungswissen“ in die heutige philosophische Debatte wieder eingeführt. Nach ihm bezeichnet sie allerdings lediglich die Differenz zwischen einerseits einem positiven Wissen, das uns Antworten auf die Frage gibt, was wir tun *können* und andererseits einem Wissen, dass uns Antworten auf die Frage gibt, was wir tun *sollen*. Vgl. Mittelstraß 1992, 33 f., aber auch schon Mittelstraß 1980. Zu Problemen, die seine Auffassung dieses Unterschieds aufwerfen vgl. Luckner 2000, 59 ff.

9 Eine solche entwickelt seit längerem Werner Stegmaier (vgl. Stegmaier 1992, 1994, 1999a, 1999b). Stegmaier 1992, 12 schreibt ganz in unserem Sinne: „Der Erfolg der Orientierung ist der immer neu genährte Glaube, dass man auf dem rechten Wege ist. Wir suchen in der Orientierung nicht Gründlichkeit, Vermehrung und Vertiefung des Wissens; sie würden den Schwung des Handelns nur verunsichern und lähmen.“

10 Vgl. Stegmaier 1992, 12 f. Stegmaier zählt an dieser Stelle insgesamt dreizehn (an anderer Stelle sechs, vgl. Stegmaier 1999b, 988) Eigenschaften des Orientierungswissens auf. Neben dem im Haupttext genannten perspektivischen und provisorischen Charakter ist Orientierungswissen *pragmatisch*, weil man mit diesem Wissen etwas anfangen kann (deswegen muss es für wechselnde Situationen hinreichend offen bzw. unbestimmt sein), *ökonomisch*, weil es nur das zum Handeln Notwendige bereithält, womit auch sein abbreviativer Charakter angesprochen ist und *evaluativ*, weil mit ihm klare Wertungen verbunden sind, die eine Entscheidung zwischen Handlungsoptionen ermöglichen.

11 Vgl. hierzu den Abschnitt *Technische, pragmatische und moralische Imperative* im nächsten Kapitel.

12 Kant, *Was heißt: sich im Denken orientieren?* (AA VIII), 135. Vgl. auch die Stelle: „Sehe ich […] die Sonne am Himmel, und weiß, dass es nun die Mittagszeit ist, so weiß ich Süden, Westen, Norden und Osten zu finden. Zu diesem Behuf bedarf ich aber durchaus das Gefühl eines Unterschiedes an meinem eigenen Subjekt, nämlich der rechten und linken Hand“ (AA VIII, 135). Kant nimmt in diesem Aufsatz von 1786 generell Partei für den Aufklärer Moses Mendelssohn, unter Betonung einer – für unser Thema interessanten – Differenz: Mendelssohn hatte (eher beiläufig) den Begriff der Orientierung in die philosophische Literatur eingeführt, als er gegen die Spinozisten seiner Zeit gel-

tend machte, dass sich die Vernunft auch und gerade in Sachen der Spekulation am gesunden Menschenverstand orientieren solle. Wer aber, so entgegnet Kant, über metaphysische Gegenstände wie Gott, die Seele des Menschen, die Welt, den Sinn des Lebens und der Geschichte usw. in derselben Weise reden will wie über x-beliebige Gegenstände unserer Erfahrung, landet zwangsläufig in der Schwärmerei, weil er anschaulich begreifbar über Sachverhalte zu reden meint, von denen es keine anschauliche Erfahrung geben kann, und damit zwei verschiedene Formen des Wissens vermengt.

13 Ebd., 136.

14 Zur Verdeutlichung kann hier die Diskussion um die Bedeutung der sogenannten indexikalischen Ausdrücke (wie eben ‚ich‘, ‚hier‘, ‚jetzt‘ usw.) hilfreich sein. John Perry hat im Anschluss und Weiterführung der Arbeiten von Hector-Neri Castañeda darauf hingewiesen, dass die zentrale Funktion der indexikalischen Ausdrücke darin besteht, uns selbst *als Teilnehmer* in einem Handlungskontext zu situieren (vgl. Perry 1994, 421). Ohne diese Situierung in den Kontext der Sprachäußerung wäre ein Verständnis der Handlungen *als Handlungen* gar nicht möglich; vgl. hierzu Maaß 2002, 102 ff. Den Begriff „erstpersonal" verwendet auch Bernard Williams in seinem Buch *Ethics and the Limits of Philosophy*: „Practical thought is radical first-personal" (Williams 1985, 21) und „Practical deliberation is in every case first-personal, and the first person is not derivative or naturally replaced by *anyone*" (Williams 1993, 68).

15 Vgl. Williams 1993, 68. So ist denn auch der generelle Vorwurf von Williams an die Adresse moderner Moralphilosophie, dass durch ihren Theoretizismus das ethische Orientierungswissen geradezu zerstört werden kann: „Reflection can destroy knowledge".

16 Dies ist auch eine Hauptlinie der Argumentation von Bittner 1983.

17 Kant, *Grundlegung* BA 43.

18 Das Sittengesetz, der moralische Kompass, ist übrigens kein abstraktes Konstrukt, wie immer wieder zu lesen ist, sondern nach Kant das Prinzip des allgemeinen Menschenverstandes, also das, wonach wir uns im Prinzip sowieso immer schon ausrichten.

19 Kant, *Grundlegung* BA 44. Die harsche Kritik Williams an der kantischen Ethik müsste daher *in diesem Punkt* gemildert werden, denn auch Kant sieht bezüglich der Ethik sehr deutlich die Grenzen der Philosophie, wenn auch aus anderen Gründen. Immerhin gehen aber beide davon aus, dass die alltäglichen moralischen Intuitionen für die Handlungsüberlegungen durchaus hinreichend sind und durch Moraltheorien nicht überformt werden sollten. Die Rekonstruktion personaler moralischer Lebensführung, wie Kant sie in der *Metaphysik der Sitten* etwa mit seinem Gewissensmodell als innerem Gerichtshof darstellt, bei dem die Richterstelle durch die praktische Vernunft besetzt ist und nach unverbrüchlichem Gesetz urteilt, wäre für Williams allerdings völlig unakzeptabel.

20 Kant, *Grundlegung* BA 46.

Kapitel 2

1 Vgl. Kant, *Grundlegung* BA 9. Kant spricht allerdings vom „Krämer", aber das tut nichts zur Sache.

2 Bekanntlich diskutiert schon Platon in der *Politeia* (359 b ff.) einen solchen Fall im Zusammenhang mit der Parabel vom Ring des Gyges, der seinen Träger unsichtbar macht und daher unentdeckbare Verbrechen ermöglicht. Die Sophisten

von gestern und heute sagen, dass es dann keinen Grund mehr dafür gäbe, moralisch zu sein.

3 Zur näheren Erläuterung: „Basta" ist das Zeichen für den Unbedingtheitsoperator.
4 Diesen Gedanken verdanke ich intensiven Gesprächen mit Peter Fischer. Vgl. auch dessen Buch *Moralität und Sinn* (Fischer 2003, v. a. 177–191).
5 Vgl. hierzu v. a. Williams 1985, 174–202.
6 Wie wir sehen werden ist dies sogar eine Voraussetzung dafür, glücklich sein zu können (vgl. Kap. 3, Abschnitt *Das Glück der Erde*).
7 Dies kann in diesem Buch allerdings nur angedeutet werden.
8 Kant, *Grundlegung* BA 42.
9 Kant, *Metaphysik der Sitten* 331.
10 Dies wird ausführlich in Kap. 4 besprochen werden.
11 Dies ist vor allem das Thema des *Anticlaudianus* des Alain de Lille (s. Kap. 5).
12 Dieser Ausdruck wurde in Bezug auf Kant von Friedrich Kaulbach geprägt, vgl. Kaulbach 1966, passim.
13 Vgl. zu dieser Einteilung *Grundlegung* BA V (Vorrede).
14 Kant, *Anthropologie* BA 4.
15 Kaulbach 1966, 67 (Hervorhebung von mir, A. L.).
16 Kant, *Pädagogik* A 36.
17 Ebd., A 36 f.
18 Kant, *Anthropologie* B 317.
19 Ebd., B 317.
20 *Pädagogik* A 113
21 *Anthropologie* B 317.
22 Kant, *Religionsschrift* B 54. Allerdings reicht die Klugheit bzw. das Glückseligkeitsstreben bestenfalls dazu hin, die Sitten zu bessern und in den Maximen gefestigt zu werden. Die moralische Bildung aber kann nur mit der „Umwandlung der Denkungsart" bzw. durch „Gründung eines Charakters" (ebd., B 55) geschehen – und hierbei hat die Klugheit nach Kant wiederum nichts zu suchen.
23 *Pädagogik* A 23.
24 Vgl. Kant, *Pädagogik* A 113.
25 Ebd.
26 Kant, *Metaphysik der Sitten* AA VI, 390.
27 Ebd., 433.
28 Kant, *Zum ewigen Frieden* AA VIII, 370; vgl. hierzu Toyama 1973, 95 ff.
29 Kant, *Grundlegung* (Vorrede) BA IX.
30 Ebd.
31 Ebd.
32 Vgl. hierzu auch Tugendhat 1993, 38 ff.; Wolf 1984, die allerdings eine andere Terminologie wählen.
33 Vgl. hierzu die Unterscheidungen in Habermas 1991, dem ich hier weitgehend folge, auch wenn ich seine mir missverständlich erscheinende Terminologie nicht übernehme. Für Habermasleser sei hier gesagt: Was bei ihm ‚pragmatisch' genannt wird, heißt hier ‚technisch', was bei ihm ‚ethisch' genannt wird, heißt hier (mit Kant) ‚pragmatisch'. Habermas kann keinen Unterschied zwischen technischen und pragmatischen Imperativen bei Kant sehen (vgl. Habermas 1991, 102), während diese Unterscheidung in meiner Argumentation im Folgenden wichtig werden wird.
34 Vgl. Platon, *Politeia* 352 d. Vgl. hierzu auch Williams 1985, 1 ff., der genau deswegen meint, dass die Differenzierung in verschiedene Bedeutungen von ‚Sollen' künstlich ist. Er sieht auch für heute noch einen ursprünglichen Zusammenhang. Hier unterscheide ich mich mit Kant von Williams, denn wir kennen die Unterschiede, wie eben angedeutet, durchaus auch in der Umgangssprache.

35 Vgl. Kant, *KpV* A 64: „Die Maxime der Selbstliebe (Klugheit) rät bloß an; das Gesetz der Sittlichkeit gebietet. Es ist aber doch ein großer Unterschied zwischen dem, wozu man uns *anrätig* ist, und dem, wozu wir *verbindlich* sind."

36 Vgl. Kant, *Grundlegung* BA 39 ff.

37 Ebd., 43.

38 Kant, *KpV* A 40 f.

39 Hierzu genauer das gesamte nächste Kapitel. Es ist an dieser Stelle schon fraglich, ob man überhaupt das Glück sinnvoll als einen (obersten) Handlungszweck ansehen sollte, wenn es doch zu einem Zweck notwendig gehört, dass er *gesetzt* werden muss (wenn auch nicht notwendig vom Akteur selbst).

40 Kant, *Erste Einleitung in die KU*, 14 Anm.

41 Ebd. (Hervorhebung von mir, A. L.).

42 Vgl. hierzu *Grundlegung* BA 45 f.

43 Vgl. etwa folgende Stelle: „Prinzipien der Selbstliebe können zwar allgemeine Regeln der Geschicklichkeit (Mittel zu Absichten auszufinden) enthalten, alsdenn sind es aber bloß theoretische Prinzipien". In einer Anmerkung zu dieser Stelle, die die Redeweise von „praktischen Prinzipien" in der Mathematik betrifft, heißt es zudem, sie „sollten eigentlich technisch genannt werden. Denn um die Willensbestimmung ist es diesen Lehren gar nicht zu tun; sie zeigen nur das Mannigfaltige der möglichen Handlung an, welches eine gewisse Wirkung hervorzubringen hinreichend ist, und sind also eben so theoretisch, als alle Sätze, welche die Verknüpfung der Ursache mit einer Wirkung aussagen" (*KpV* 135).

44 Vgl. etwa folgende Stelle: „Alle technisch-praktische Regeln (d.i. die der Kunst und Geschicklichkeit überhaupt, oder auch der Klugheit, als einer Geschicklichkeit, auf Menschen und ihren Willen Einfluß zu haben), so fern ihre Prinzipien auf Begriffen beruhen, müssen nur als Korollarien zur theoretischen Philosophie gezählt werden. Denn sie betreffen nur die Möglichkeit der Dinge nach Naturbegriffen, wozu nicht allein die Mittel, die in der Natur dazu anzutreffen sind, sondern selbst der Wille (als Begehrungs-, mithin als Naturvermögen) gehört, sofern er durch Triebfedern der Natur jenen Regeln gemäß bestimmt werden kann." (*KU* 79).

45 Kant, AA VI, 328.

Kapitel 3

1 Vgl. zum Begriff des Glücks die Studien Hossenfelder 1996, Bien 1978, Griffin 1986, Seel 1995. Zum ‚Sinn des Lebens' vgl. die gleichnamige Anthologie von Fehige/Meggle/Wessels 2000.

2 So z. B. Schummer 1998, 11.

3 *Grundlegung* BA 46.

4 *KrV* B 834/A 806, hier auch in Verbindung mit der Unterscheidung pragmatisch/moralisch: „Glückseligkeit ist die Befriedigung aller unserer Neigungen […]. Das praktische Gesetz aus dem Bewegungsgrunde der Glückseligkeit nenne ich pragmatisch (Klugheitsregel); dasjenige aber, wofern ein solches ist, das zum Bewegungsgrunde nichts anderes hat, als die Würdigkeit, glücklich zu sein, moralisch (Sittengesetz)."

5 Vgl. z. B. in der *KU*: „Der Begriff der Glückseligkeit ist nicht ein solcher, den der Mensch etwa von seinen Instinkten abstrahiert, und so aus der Tierheit in ihm selbst hernimmt; sondern ist eine bloße Idee eines *Zustandes*, welcher er den letzteren unter bloß empirischen Bedingungen (welches unmöglich ist) adäquat machen will." ([Hervorhebung von mir, A. L.] *KU* § 83, 388.

6 *Grundlegung* BA 42.

7 Vgl. ebd., 52 ff. et passim, *KpV* A 40 et passim, *KU* § 91, *Religionsschrift* B 33.

8 Selbst Kant war sich darüber im Klaren, dass es weder seltsam noch moralisch fragwürdig ist, sein Glück im Leben zu suchen, ja, wir können überhaupt nicht anders. In der *Metaphysik der Sitten* spricht er daher davon, dass die Beförderung der Glückseligkeit der anderen durchaus geboten ist (vgl AA VI, 393 ff.) – wie man dies macht, dürfte auch bei Kant durchaus Sache der Klugheit sein –, ja, unter Umständen kann sogar die Beförderung der eigenen Glückseligkeit moralische Pflicht sein, nämlich dann, wenn anders die Grundlagen der moralischen Pflichterfüllungsmöglichkeit in Frage stünden. Auch in der Lehre vom höchsten Gut konnotiert der kantische Begriff ‚Glückseligkeit‘ durchaus auch anderes als die Erfüllung moral-pathologischer Neigungen; vgl. hierzu *KrV* B 832/A 804 ff., *KpV* A 198 ff.

9 Nur als kleines Beispiel: „Hat man sein *warum?* des Lebens, so verträgt man sich fast mit jedem *wie?* – Der Mensch strebt *nicht* nach Glück; nur der Engländer tut das." (*Götzendämmerung*, Sprüche und Pfeile 12). Bei aller Gemeinheit ist doch auch hier klar, dass er sich nur gegen ein bestimmtes hedonisches – aber hier immerhin ja auch von Kant vertretenes – Verständnis von ‚Glück‘ richtet.

10 Augustinus, *Confessiones* XI, 14.

11 Hierhin gehört natürlich der Satz aus Wittgensteins *Tractatus* 6. 43: „Die Welt des Glücklichen ist eine andere als die des Unglücklichen."

12 Bezüglich der Begriffe ‚Zeit‘ und ‚Raum‘ diskutiert Kant diese Besonderheiten bekanntlich in der transzendentalen Ästhetik der *KrV* A 23/B 38 bzw. A 30/B 46 ff. Vgl. hierzu auch Luckner 1994, 53 ff.

13 *KU* § 17, 54. Ein Ideal kann im Unterschied zu einer Idee „nicht durch Begriffe, sondern nur in einzelner Darstellung [...] vorgestellt werden" (ebd.). Über den Begriff der Einbildungskraft unterhält der Begriff des Glücks tatsächlich auch bei Kant eine subkutane Verbindung zum Begriff der Zeit: Die allgemeinen Schemata der Einbildungskraft, d. h. der Einwirkung der Verstandeskategorien auf die Anschauung sind ja nach Kant nichts anderes als die Zeitbestimmungen wie z. B. Dauer oder Aufeinanderfolge.

14 Seel 1995, 51.

15 Vgl. Hardie 1968a, 12 ff., auch Den Uyl 1991, 79 f. Soweit ich sehe, hat diese Unterscheidung in Deutschland noch keine Übersetzung, geschweige denn Anwendung in den Ethiken des guten Lebens erfahren. Hardie versucht mit dieser Unterscheidung bestimmte Schwierigkeiten mit der Konzeption der *eudaimonia* bei Aristoteles zu erklären, indem er ihm nachzuweisen versucht, diese beiden Konzepte vermischt zu haben. Dem widerspricht zu Recht Ackrill 1974, der Aristoteles als einen reinen ‚Inklusivisten‘ darstellt. S. u. Kap. 4.

16 Dies gilt z. B. auch für das gegen Kant gerichtete ‚negative‘ Glückskonzept Schopenhauers – Glück ist die Abwesenheit von Leid –, denn natürlich handelt es sich bei einem solchen Nirvana um einen anzustrebenden *Zustand*.

17 Ich behaupte hier wie oben natürlich nicht, dass Kant eine solche Sichtweise *propagiert*, das tut er offensichtlich nicht, weil er sie ja gerade bekämpft, sondern ich sage, dass er einen solchen Begriff von Glückseligkeit hat, unter dessen Blickwinkel Handlungen, die in Hinblick auf die Erreichung des Glücks vollzogen werden, moralisch fragwürdig erscheinen können.

18 Die Unterscheidung von dominantem und inklusivem Glück ist, wie man hier nun sehen kann, nicht zu verwechseln mit der Seel'schen Unterscheidung von ‚episodischem‘ und ‚übergreifendem‘ Glück (vgl. Seel 1995, 62 ff.). Denn auch übergreifendes Glück wird als dominanter, eigens zu erreichender Zustand konzipiert.

19 Vgl. Spaemann 1978, 1 ff.

20 Vgl. *KrV* B 832/A 804 ff., *KpV* A 198 ff.

21 *KpV* A 220; und weiter: „Also ist das höchste Gut, praktisch, nur unter der Voraussetzung der Unsterblichkeit der Seele möglich; mithin diese, als unzertrennlich mit dem moralischen Gesetz verbunden, ein Postulat der reinen praktischen Vernunft" (ebd.).

22 Vgl. Kapitel 4, Abschnitt *Eudaimonia.*

23 Der letzte Lehrsatz der *Ethica* lautet: „Beatitudo non est virtus praemium, sed virtus ipse" (*Ethica* V, Prop. 42) – Das Glück ist nicht Tugendprämie – und damit etwas der Tugend Äußerliches – sondern (die Ausübung) der Tugend selbst. Daher gilt nach Spinoza auch, dass wir nicht dadurch glücklich werden, dass wir unserer Affekte Herr werden, sondern umgekehrt wir unserer Affekte Herr werden dadurch, dass wir dieser Idee des Glücks bzw. der Tugend – letztlich als reine Gottesliebe, die sich in uns und durch uns realisiert – anhängen (s. *Demonstratio* und *Scholium* zu *Ethica* V, Prop. 42).

24 Vgl. hierzu auch Fischer 1983, 2. Fischers Analyse der beiden Glückskonzeptionen von Aristoteles und Kant ermöglicht es, die aristotelische *eudaimonia* eher mit dem kantischen Begriff der *Glückswürdigkeit* (anstatt Glückseligkeit) zu übersetzen. In der Tat ist „Glückswürdigkeit" ein inklusives Konzept, denn Glückswürdigkeit kann, so wie die *eudaimonia* auch, nicht direkt, sondern nur indirekt, nämlich *indem* man tugendhaft handelt, angestrebt werden. Oder, anders gesagt und gleichermaßen für Aristoteles und Kant zutreffend: Glückswürdigkeit/*eudaimonia* ist nichts anderes als Tugendhaftigkeit. Fischer beachtet allerdings den hier geltend gemachten Unterschied von dominantem und inklusivem Glücksbegriff zu wenig.

25 Vgl. MacIntyre (1995), 243 ff. MacIntyre macht hier zu Recht einen wichtigen Punkt in den Tugendlehren aus. Die kommunitaristischen Konsequenzen, die er daraus zieht, sind allerdings alles andere als zwingend.

26 Vgl. hierzu auch Hintikka 1973; die Kritik Hintikkas an Aristoteles' Praxisverständnis ist allerdings falsch adressiert, wie Ackrill 1974, 45 klarstellen konnte. S. auch Kap. 4.

27 Vgl. Herrigel 1951/1984, passim.

28 Es ist in diesem Zusammenhang nicht uninteressant, dass das Wort ‚Zweck' tatsächlich aus der Schießkunst stammt. Am ‚Zweck' (= Zweig eines Baumes, auch Holznagel) ist die Scheibe, auf die der Schütze anlegt, in ihrer Mitte (im Schwarzen) aufgehängt. Der Zweck ist also das Ziel des Schießens und damit übertragen, das jeweilige Ziel einer Tätigkeit; vgl. Kluge 1975, 894.

29 Wobei es hier interessant zu erwähnen ist, dass die Japaner die höchste Vollendung des Kyudo die ‚kunstlose' bzw. ‚nichtgekonnte Kunst' nennen, weil der Meister gerade derjenige ist, der die Dinge (des Bogenschießens) durch sein Tun walten lässt und hier also nicht weiter als Willenssubjekt auftritt, vgl. Herrigel 1951/1984, 7, 79 f., 94. Ein Schuss ist dann meisterhaft, wenn er so wie „Schneelast vom Bambusblatt" (60) fällt. Die Techniken des Schwertkampfes, der Teezubereitung, der Kalligraphie usw. müssen deswegen so lange und intensiv geübt werden, damit sie eben keine Techniken mehr in dem Sinne sind, dass bestimmte Mittel zu Zwecken eingesetzt werden. Die Technik muss überschritten werden, um Meisterschaft im Leben zu erreichen. Einen ganz ähnlichen Gedanken verfolgt Kleist in seiner berühmten Schrift *Über das Marionettentheater*, worauf auch Herrigel 1951/84, 95, hinweist.

30 Vgl. Kant, *Grundlegung* BA 3: ‚Einen Willen haben' impliziert „die Aufbietung aller Mittel, soweit sie in unserer Gewalt sind".

31 Wiggins 1987, 409 erklärt, dass der ‚Sinn des Lebens' eigentlich den Platz einnehmen müsste, der in der Moralphilosophie vom Begriff des Glücks besetzt ist. Es ist, glaube ich, in diesem Zusammenhang nicht nur ein sprachlicher Trick, wenn man sich hier an den Gebrauch von ‚Sinn' im Wort ‚Uhrzeigersinn' erin-

nert, der zunächst einmal nur in der Angabe einer Richtung (nämlich ‚rechts herum') besteht.

32 Taylor 1970/2000, 95.

33 Dieser Gedanke zieht sich wie ein roter Faden auch durch Thomas Nagels Schriften. Schon in seinem Aufsatz *The Absurd* von 1972 schreibt er: „Wenn wir uns von einem Standpunkt aus sehen, den wir als Wesen aus Fleisch und Blut nicht wirklich einnehmen können, werden wir zu Zuschauern unseres eigenen Lebens." (Nagel 1972/2000, 102). Genau dies ist aber auch nach Nagel die Quelle der Absurdität. Absurd erscheint danach jedwedes Leben, überhaupt alles Seiende nur dadurch, dass Personen einen überpersonalen Standpunkte sich selbst und der Welt gegenüber einnehmen.

34 Taylor 1970/2000, 94.

35 Ebd., 93.

36 Ebd., 94.

37 Ebd.

38 Ebd.

39 Ebd.

40 Ebd.

41 Vgl. auch ebd.: „Der Witz [point, A. L.] seines [des Menschen, A. L.] Lebens ist einfach: zu leben, und zwar so, wie es seiner Natur entspricht." Hier wüsste man nun schon gerne, was zu seiner Natur gehört. Geklärt werden könnte das wohl nur aus einer Beobachterperspektive, die einzunehmen auch Taylor daher in begründender Absicht nicht umhin kann, s. u.

42 Die Formel der dominanztheoretischen Auffassung des Glücks würde demgegenüber lauten: „Glück ist, wenn ich das, was ich will, *erreiche*."

43 Vgl. Wiggins 1987/2000. Das dritte Kapitel ist überschrieben mit *Truth, Invention and the Meaning of Life*.

44 Ebd., 415.

45 Wiggins selbst nennt seinen Ansatz, der die Konkursmasse des Nonkognitivismus verwalten will, die „Lehre der kognitiven Unterbestimmtheit" (ebd., 430) des Glücks bzw. des Lebenssinns.

46 Ebd., 417.

47 In diesem Sinne meint auch Martin Seel, dass Glück „ein *Verständnis* der als Glück erfahrenen Situationen" (Seel 1995, 61) impliziert. Vgl. auch Dworkin 1993: „It is important both that we find a life *good* an that we *find* it good" (206). Vgl. auch von Wright 1963, 99.

48 Camus 1942/1959, 100.

49 Ebd., 9.

50 Nagel 2000, 104, lehnt die Behandlung des Problems nach Camus – die ‚Auflehnung' gegen das Absurde, s. u. – ab, weil es ihm „romantisch und ein wenig selbstmitleidig" (ebd.) erscheint, während er „Ironie" (ebd.) empfiehlt. Hierzu ist zu sagen: Für einen Text aus dem Frankreich der frühen vierziger Jahre ist die Redeweise von der ‚Auflehnung' vielleicht nicht so romantisch und selbstmitleidig wie sie sich in einem Text aus dem Amerika der frühen siebziger Jahre ausgemacht hätte. Obwohl es umgekehrt aus der Sicht Camus' unbedingt unangemessen gewesen wäre, Sisyphos als Ironiker zu zeichnen, ist dies *der Sache nach* durchaus möglich. Warum sollte der ‚absurde Mensch', also der, der ein Verhältnis zu sich selbst besitzt, sich nicht in solch souverän-ironischer Weise ausdrücken, wie es Nagel idealerweise vorzuschweben scheint? Camus vertritt jedenfalls nicht die Position, die Nagel ihm unterstellt, dass man nämlich das Gefühl der Absurdität „ablehnen und ihm entkommen" sollte. Im Gegenteil, die Auflehnung gegen das Absurde besteht gerade darin, zu lernen, auch als „absurder Mensch" leben zu können, ohne Hoffnung auf Sinn, aber in der Gewißheit, selbstständig und mindestens selbstverantwortlich zu sein.

51 Ebd., 100. Dies hat im übrigen nichts mit Quietismus oder Sanktionierung des Bestehenden zu tun, wie Camus verschiedentlich vorgeworfen wurde. Die Selbstaneignung einer Person, gleichbedeutend mit der Aneignung der Situation, in der sie steht, mit der Übernahme einer Innenansicht des Lebens, mit einer Positionierung in der Welt und der Selbstorientierung des Handelns kann dazu führen, die Verhältnisse ändern zu müssen. Aber auch und gerade für das Wirken eines Revolutionärs ist es allererste Voraussetzung, zu wissen, wo er in der Welt steht und was in dieser Situation zu tun möglich ist und was nicht.

52 Ebd.

53 Ebd., 101.

Kapitel 4

1 Hobbes, *Leviathan*, ch. 46.

2 Deswegen galt bei den Scholastikern: *virtus non est dispositio.* Vgl. zu diesem Problem das Referat von Schuster 1997, 5 ff.

3 Vgl. Günther 1988.

4 Vgl. Virt 1983.

5 Vgl. Platon, *Phaidon* 67 b–69 e.

6 Vgl. Platon, *Phaidon* 69 b.

7 Vgl. Wiedmann/Biller 1976, 857 f.

8 Vgl. NE VI, 5; 1140 b 12. Die (wohl falsche) Etymologie geht auf Platons *Kratylos* 411 e 4 zurück.

9 Vgl. Platon, *Charmides* 161 b–176 a. Bekanntlich ist ,das Seinige tun' beim späteren Platon die zentrale Bestimmung der Tugend Gerechtigkeit, vgl. *Politeia* 433 a.

10 NE VI, 13; 1144 a 30. Dieses Auge kann auch getrübt sein, nämlich dann, wenn es bloße Schlauheit ist, vgl. unten den Abschnitt *Klugheit und Ethik.*

11 Viele scheuen allerdings die Übersetzung von *phrónêsis* mit Klugheit, wegen der Gefahr der Verwechslung mit dem ,dünnen' Klugheitskonzept der Moderne. So wird *phrónêsis* im Englischen gerne mit *practical wisdom,* im französischen mit *sagesse pratique* übersetzt (statt engl./frz. *Prudence*), wie etwa die im englischsprachigen Raum nach wie vor dominierende Übersetzung von Ross 1923 (der selbst wiederum Burnet 1900 folgt) bzw. Gauthier/Jolif in Frankreich. Cooper 1975 schlägt „practical intelligence" vor, Kenny 1978, 1979, 1992 einfach nur „wisdom". Auch wenn der Ausdruck geeignet scheint, die hohe Wertschätzung der *phrónêsis* auszudrücken, ist das Problem hierbei, dass die scharfe Trennung, die Aristoteles zwischen *phrónêsis* als Hauptugend der praktischen und *sophía* als Hauptugend der theoretischen Vernunft zieht, mit ,praktischer Weisheit' eingeebnet würde – abgesehen davon, dass ,praktische Weisheit' etwas abgehoben klingt und sich schwerlich mit der Vorstellung einer Tugend der *alltäglichen* Lebensgestaltung, die sie eben auch ist, verbindet. Aber es entsteht auch ein sachliches Problem: Wenn nämlich solchermaßen die *phrónêsis* als *eine Art der sophía* aufgefasst wird, erscheint sie als eine praktische Anwendung ,theoretischer' Weisheit und gerade das ist sie nicht. Sie ist bei Aristoteles vielmehr *artmäßig* – nämlich die Art ihrer Erkenntnis bzw. Wahrheitsfindung betreffend – von der Weisheit unterschieden. *Phrónêsis* ist genuin *praktische* Vernunft und zielt auf eine eigenständige ,praktische Wahrheit', die nicht lediglich Anwendung von auf theoretische Weise erlangten Erkenntnissen ist.

12 Vgl. NE VI, 2; 1139 a 10.

13 Gadamer 1998, 66. Bei der *sophía* als dem Existenzideal der Griechen handelt es sich daher so wenig wie bei der *phrónêsis* um eine „Anwendung von Wissen"

sondern vielmehr um das „Leben im Wissen" (66). Auch die *sophía* ist eine Tugend, d. h. eine charakteristische *Lebensweise*, nicht bloß eine bestimmte Rationalitätsform.

14 Vgl. NE VI, 7; 1141 a 16–20.

15 Vgl. NE VI, 12; 1143 a 32.

16 Übrigens ist es gerade der Selbstzweckcharakter der Praxis, der in der Therapie wiederum poietisch-technisch eingesetzt werden kann. Hieran kann man sehen, dass *prâxis-poíêsis*-Unterscheidungen sich auch aufstufen lassen.

17 NE VI, 5; 1140b 4.

18 Vgl. hierzu Ebert 1976, 12 ff.; Müller 1982, 221: „Ein und dasselbe menschliche Wirken kann gleichzeitig unter verschiedenen Beschreibungen als Machen und Tun eingestuft werden"; vgl. auch Hubig 1985, 88 ff.

19 Daher liegen diejenigen richtig, die in Bezug auf Aristoteles behaupten: „Deliberation is of *ends*", so etwa Kolnai 1962 oder, ihm folgend, Wiggins 1978, auch Volpi 1992.

20 Thomas drückt dies in lateinischer Sprache deutlicher, aber auch schematischer aus, indem er die *prudentia* als *recta ratio agibilium* (S. th. II/II, q. 47, a. 8, resp et passim), die auf den *actus* zielt, von der *ars* unterscheidet, die als *recta ratio factibilium* auf das *factum* zielt (vgl. Abschnitt *Thomas von Aquin und die Integration der Klugheit* im nächsten Kapitel).

21 NE VI, 1140b 5. Gadamer übersetzt diese Stelle so: Die „Vernünftigkeit" ist „die wahrhaft denkende Grundhaltung in allem Verhalten bei dem [...], wo es um das für den Menschen Gute geht." Zum Vergleich die Übersetzung Gigons: Klugheit ist „ein mit richtiger Vernunft verbundenes handelndes Verhalten im Bezug auf das, was für den Menschen gut oder schlecht" ist. Nach Dirlmeier lautet die Stelle folgendermaßen: Die „sittliche Einsicht" ist „eine mit richtigem Planen verbundene, zur Grundhaltung verfestigte Fähigkeit des Handelns [...] im Bereiche dessen, was für den Menschen wertvoll oder nicht wertvoll ist". Rolfes/Bien kommen, wie mir scheint, der Sache am nächsten, wenn es bei ihnen heißt: Die „Klugheit" ist „ein untrüglicher Habitus vernünftigen Handelns [...] in Dingen, die für den Menschen Güter und Übel sind". Und schließlich Ross: „Practical wisdom" is „a true and reasoned state of capacity to act with regard to the things that are good or bad for man."

22 Vgl. NE VI, 9; 1141b 25.

23 Gadamer 1998, 13.

24 Dieser *noûs-aísthêsis* Komplex der Klugheit wird uns noch weiter beschäftigen, denn sie bildet einen Schlüssel zum Verständnis der neuzeitlichen Klugheitslehren (s. Kap. 6).

25 Ein hervorstechendes Merkmal dieser Andersartigkeit ist, dass das technische Wissen, die Sachkundigkeit vergessen und verlernt werden kann, während die Klugheit eines Menschen gerade *unvergesslich* ist, wie Aristoteles am Schluß des Kapitel 5 betont, vgl. NE VI, 5; 1140 b 25.

26 NE I, 6; 1098 a 16.

27 Vgl. das Agathon-Zitat NE VI, 4; 1140 a 19 f.: „Die Kunst liebt den Zufall wie der Zufall die Kunst."

28 Vgl. Gadamer 1998, 7.

29 Vgl. hierzu Müller 1982, 225.

30 Vgl. NE VI, 5; 1140 b 23 f.

31 NE I, 6; 1098 a 16.

32 Klassisch für diese Position ist Kenny 1965, 101: „Aristotle considers happiness only in the dominant sense". Hardie, der ja, wie oben im Kap. 3, Abschnitt *Dominantes oder inklusives Ziel?* zitiert, diese Terminologie aufbrachte, wirft Aristoteles vor, er vermische die Konzepte eines dominaten und eines inklusiven Konzepts. Für beide ist die Infektion des *eudaimonía*-Begriffs mit der Idee

eines wie immer gearteten, *höchsten* Zustands der Grund, warum Aristoteles'
Ethik letztlich scheitern müsse. Ackrill 1974 dagegen wendet gegen Kenny und
Hardie ein, „that in Book 1 (and generally until Book 10) Aristotle is expoun-
ding an „inclusive" doctrine of *eudaimonia*" (41). Diese Position scheint auch
mir die einzig plausible zu sein, wobei zuzugeben ist, dass gewisse Stellen aus
NE X über das glückliche Leben für diese Interpretation abgeblendet werden
müssen; hierzu siehe die folgenden Ausführungen.

33 Vgl. Ackrill 1974, 50: „The word *eudaimonia* has a force not at all like „happiness", „comfort" or „pleasure", but more like „the best possible life" (where
„best" has not a narrowly moral sense). This is why there can be plenty of disagreement as to what form of life is *eudaimonia*, but no disagreement that *eudaimonia* is what we all want." Ackrill wendet gegenüber Kenny zu Recht ein:
„Nearly everything Kenny says about happiness goes to show that the word
„happiness" is not a proper translation of the word *eudaimonia*" (Ackrill 1974,
51).

34 In der *Topik* (II, 6; 112 a) betreibt Aristoteles folgende Etymologie: Der
Glückliche ist jemand, dem ein guter (*eû*) Geist (*daímôn*) zur Seite steht; da der
‚Daimon' des Menschen seine Seele ist, bedeutet *eudaimonía*, dass die indivi-
duelle Seele des Menschen tätig sein muss.

35 Diese Auffassung der *eudaimonía* als lebenskünstlerische Schönheit spiegelt
sich wider in der Übersetzung von ‚eudaimonía' durch ‚beatitudo' bei den lateinischen Stoikern.

36 *Politik* I, 4; 1254 a 7.

37 NE I, 6; 1098 a 17 (Übersetzung Dirlmeier).

38 Vgl. NE I, 3; 1096 a 4, sowie NE X, 7; 1177 a 12 ff.

39 Vgl. hierzu Ackrill 1974. Schon Schleiermacher sprach von der Inkohärenz der
Verständnisse von *eudaimonía* im I. und X. Buch der *Nikomachischen Ethik*.
Nagel 1980 unterscheidet hier den „comprehensive account" des Buches I, nach
dem die *eudaimonía* „involves the full range of human life" (7) und dem „intel-
lectualist account" im X. Buch, nach dem die *eudaimonía* die „activity of the
most divine part of the man", eben das Leben des Geistes ist. Die Schwierigkeit
mit dem aristotelischen Glücksbegriff, so Nagel, bestünde nun darin, dass die
Fähigkeit, Theorie zu treiben, dasjenige ist, was uns immer schon über die
‚Ganzheit' des menschlichen Lebens hinaushebt, so dass paradoxerweise das
Gute für den Menschen, die *eudaimonía*, nicht im menschlichen Bereich alleine
aufzufinden ist: „We must identify with the highest part of ourselves rather than
with the whole" (13). Vgl. hierzu auch Aubenque 1978, 55: „Die höchste Möglichkeit des Menschen im Sinne der umfassendsten ist das politische Leben; die
höchste Möglichkeit im Sinne der ausgezeichnetsten ist das kontemplative Leben. Dieses Schwanken bedeutet aber keinen Widerspruch, da die Kontemplation nur auf der Grundlage der Polis erreichbar ist und die Polis ihren eigen-
tümlichen Sinn in der Ermöglichung der Vollkommenheit des Menschen
findet."

40 Diese Position vertritt am klarsten Ackrill, der in seiner Argumentation für sie
auf die gesamte Architektur der *Nikomachischen Ethik* verweist: „The whole
further development of the work, with its detailed discussion of moral virtues
and its stress upon the intrinsic value of good action, follows naturally if (but
only if) the conclusion of the *ergon* argument [das Argument, dass das ‚Werk'
des Menschen die Tätigkeit der Seele gemäß der eigenen Tugend ist, A. L.] is
understood to refer to *complete* and not to some one *particular* virtue." (Ackrill
1974, 56). Und vorher: „The only proper conclusion of the *ergon* argument
would be: „if there are more than one virtue, than in accordance to *all of them*"
(54). Ackrill bezieht sich dabei auch auf die (in diesem Punkt deutlichere)
Eudemische Ethik, wo Aristoteles in 1219a 25 ff. explizit von der „vollendeten"

(*teleía*) Tugend im Zusammenhang mit der *eudaimonía* spricht und diese von der nur als Teil vorhandenen Tugend (also der Einzeltugend) unterscheidet. *Eudaimonia* ist daher Aktivität der Seele gemäß der vollendeten – alle Teiltugenden *umfassenden* – Tugend (*aretê*).

41 NE X, 7; 1177 b 27.

42 NE X 8; 1178a 9.

43 Vgl. hierzu auch Elm 1996, 197 ff.

44 Gadamer 1998, 66 meint hierzu treffend: „Es handelt sich eben nicht um ein Ergon als das herzustellende Resultat des Wissens oder gar des kunstvollen Machens, sondern um den Vollzug des ganzen Lebens überhaupt" (66). Müllers hier ins Spiel gebrachter Begriff der „Selbstgestaltung", den er der aristotelischen Ethik und Handlungstheorie unterschiebt, wäre mir dagegen noch zu ‚poietisch' gedacht.

45 Vgl. hierzu auch Bien 1972, 363: „Thema der [aristotelischen] Ethik ist [...] nicht allein die Tugend als diese selbst" – die Fragestellung vieler platonischer Dialoge – „sondern die Frage, wie man sie erwerben kann".

46 Umgekehrt werden ‚dumm' nicht unbedingt diejenigen genannt, die nicht *wissen*, was das moralisch Richtige und Falsche ist (solche gelten eher als ‚naiv' oder früher: ‚töricht'), sondern vor allem diejenigen, die es nicht verstehen, das, was sie für gut halten (gut für sich selbst oder gut für alle), in die Tat ‚umzusetzen'. Der alltägliche Sprachgebrauch zeigt, dass das Wissen um das Gute geradezu die Voraussetzung für ‚Dummheit' ist. Wenn wir zu jemandem sagen: „Sei doch nicht so dumm, Du *weißt* doch, was hier in dieser Situation das Richtige zu tun wäre", verweist dies darauf, dass ‚dumm' bzw. unvernünftig gerade *nur* derjenige sein kann, von dem man annimmt, dass er es im Prinzip, also ‚theoretisch' wissen könnte, was zu tun ist, es tatsächlich bzw. praktisch aber nicht weiß oder, falls er es weiß, sich nicht daran hält.

47 Vgl. NE III, 13; 1117 b 25 ff.

48 Vgl. NE III, 9; 1115 a 5 ff. Der Ehrlichkeit halber muss gesagt werden, dass diese beiden Beispiele die deutlichsten der *mesotês*-Lehre sind. Andere Beispiele leuchten nicht so sehr ein. So ist die Mitte zwischen Verschwendungssucht und Geiz die Freigiebigkeit (vgl. NE IV, 1; 1119 b 20 ff.). Aber warum nicht Sparsamkeit? Und wenn sowohl Freigiebigkeit/Großzügigkeit als auch Sparsamkeit Mitten und damit Tugenden wären: wie würden sie sich dann zueinander verhalten?

49 Vgl. Höffe 1979, 71.

50 Elm 1996, 201 spricht hier (etwas missverständlich, wie mir scheint) von „Leerformeln" bzw. „Metaregeln, deren Einsatz – um nicht selbst ad infinitum geregelt werden zu müssen – in die Hände des Klugen gelegt wird".

51 Vgl. NE II, 3; 1103 b 21 f.

52 Vgl. NE I, 4; 1096 b 35–1097 a 12, sowie NE VI, 13; 1144 a 20 ff., als auch NE VII, 3; 1145 b 25 ff.

53 Umgekehrt gilt nur für den Akolastiker oder Lasterhaften, dass er nicht weiß, was er tut.

54 Vgl. hierzu NE III, 1–8. Die *prohaíresis* ist ein „überlegtes Begehren von etwas, was in unserer Macht steht" (NE III, 5; 1113 a 11 f.).

55 Vgl. etwa NE VII, 3; 1146 a 10 ff.

56 Die *enkráteia* ist daher im Unterschied zur *sophrosýnê*, der Mäßigung bzw. Besonnenheit, gar keine reine Tugend, wie Aristoteles schon im dritten Buch bemerkt (NE III, 15; 1128 b 34). Vgl. hierzu auch Foucault 1986, 84 f. So wie ein sich der Zigaretten enthaltender Raucher nicht schon deswegen ein Nichtraucher ist, sind Enthaltsame nicht schon deswegen ausgeglichene, besonnene Menschen; sie können bekanntlich im Gegenteil ganz besonders verkrampft sein.

57 Vgl. hierzu Ganter 1974, 131.
58 Vgl. hierzu auch Müller 1982, 233: „Durch praktisches Folgern [d. i. die Ausübung der Klugheit qua Bildung eines Handlungsentschlusses, A. L.] [...] gelangt der Kluge von einer Wahrheit über die ihm selbst angemessene Endbestimmung zu einer Wahrheit über das von ihm verlangte Tun."
59 In diesem Sinne will Ebert 1995, 165 die *phrónêsis* als „Fähigkeit zur Orientierung eigenen und fremden Handelns" verstehen.
60 Dies war schon die Bestimmung der platonischen *sophrosýnê*, deren Erbe die aristotelische *phrónêsis* angetreten haben dürfte, vgl. Anm. 9 dieses Kapitels. Die Klugheit ist, wie Gadamer schon in seinem Aufsatz *Praktisches Wissen* von 1930 bemerkte, nichts anderes als die „Wachsamkeit der Sorge um sich selbst" (Gadamer 1930, 241). In der Überlegung über das Tunliche und den darauf erfolgenden Ratschlägen und Handlungsentschlüssen manifestiert sich die Klugheit nicht in einem Wissen im Allgemeinen, sondern in der „Konkretion des Augenblicks" (Gadamer 1960, 305).
61 Vgl. Aubenque 1963, 95 ff.; auf Aubenque bezugnehmend auch Foucault 1986, 77.
62 Im 20. Jh. etwa Allan 1952 in Anschluss an Loening 1903, dann v. a. Gauthier 1970. Vgl. hierzu auch Rhonheimer 1997, 342 ff. Auch Kolnai 1962 und Wiggins 1978 tendieren zu dieser Meinung (vgl. Anm. 19 dieses Kapitels).
63 Vgl. hierzu schon Zeller 1864 und ihm folgend Walter 1874, dann v. a. Aubenque 1963, gegen Gauthier 1970 und Jaeger 1923.
64 Vgl. Müller 1982, Rhonheimer 1994.
65 Vgl. Volpi 1996, passim.
66 Vgl. NE VI, 13; 1144 a 25–35.
67 Aubenque 1965, 49.
68 Vgl. Rhonheimer 1994, 338 ff., v. a. 345. Auch Ganter 1974, 131 verdeutlicht zu Recht: „Der *deinos* weiß um das eigentliche, dem Menschen zukommende Ziel des Handelns nicht Bescheid, so dass er bald dies tut, bald jenes, wie es ihm gerade gewinnbringend erscheint, der *phronimos* dagegen handelt nach den Grundsätzen, die sich durch stetes prohairetisches Handeln bewährt und verfestigt haben."
69 Was nun diesen scheinbar winzigen, aber folgenschweren Unterschied zwischen der *phrónêsis* als „*deinótês* des Tugendhaften" oder aber der *phrónêsis* als „tugendhafter *deinótês*" angeht, kann man sich vielleicht am ehesten mit einer Analogie klarmachen: So wie das gebackene Brot nicht eine *Art* Teig ist (d. h. ein Teig mit einer spezifischen Differenz zu anderen Arten von Teig), sehr wohl aber als ein *Modus* des Teiges angesehen werden könnte (nämlich, wenn man so will, als seine ‚Gebackenheit'), so verhält es sich auch mit dem Verhältnis von Klugheit und *deinótês*. Klugheit als *Art* der *deinótês* wäre – wie die *deinótês* auch, lediglich ein hinsichtlich seiner Realisation unbestimmtes Vermögen. Klugheit als *Modus* der *deinótês* wäre dagegen kein Vermögen, sondern eben eine bestimmte Realisierung (so wie die *panourgía* eine andere Realisierung wäre). Der Unterschied von Art und Modus liegt ganz allgemein darin, dass die Art durch Angabe einer spezifischen Differenz bestimmt wird, während ein Modus eine bestimmte Realisations- oder ‚Seinsweise' ist: Wichtig ist dabei der Wechsel der Modalität von Möglichkeit zu Wirklichkeit, der beim Art- bzw. Gattungsverhältnis nicht auftritt. Mit Rhonheimer 1994, 344 gesprochen: Die Klugheit bestimmt nicht die Mittel für gute Ziele, sondern gute, d. h. tugendgemäße Mittel (vgl. hierzu auch Müller 1982, 277, auf den sich Rhonheimer allerdings an keiner Stelle seines Buches bezieht).
70 Mit der Einschränkung, dass es sich hierbei nicht um eine (technoide) Lebenskunst handeln kann, wie der Begriff der ‚Selbstgestaltung' nahe legt.

Kapitel 5

1 Die Vertreter der peripatetischen Schule, so etwa Alexander von Aphrodisias, kennen tatsächlich die Figur des *prokoptôn*, des sich zur Tugend ,Durchschlagenden‘, der unterwegs ist zur Weisheit (vgl. SVF III, 536; Forschner 1981, 198). Gegen den damit immer auch *provisorischen* Charakter der Alltagsethik richtete sich das altstoische Schwarz-Weiß der rigorosen Bestimmung von Tugend oder Laster, das keine Zwischentöne kannte: Entweder ist jemand tugendhaft oder eben nicht. Man wollte hier Deutlichkeit und die Auflösung von Vorurteilen, das ist klar, aber man verlor dadurch die Nähe zu den moralischen Phänomenen.

2 Vgl. Aristoteles, *Topik* I, 11; 105 a.

3 Vgl. hierzu etwa Den Uyl 1991 und Elm 1996.

4 Heidegger, *Aristoteles*, 29.

5 Ebd., 38.

6 Ebd., 37.

7 Ebd., 35.

8 Ebd.; kursiv im Original.

9 Ebd. 36.

10 Ebd.

11 Vgl. Heidegger, SuZ §§ 39 ff. „Leben als Ganzes" darf nicht verstanden werden im Sinne einer biographischen Einheit, also des Lebens*epos*, so als könne man z. B. nur am zeitlichen Ende seines Lebens sagen, ob es ein glückliches war oder nicht. Eine solche biographische Einheit kann durchaus als ein Sinn-Gefängnis erlebt werden, dem zu entrinnen gerade eine Möglichkeit eigentlichen personalen Daseins sein dürfte (vgl. hierzu z. B. Parfit 1984, 347). ,Das Leben als ein Ganzes‘ ist dagegen begrifflich eher als eine phänomenologische Einheit zu fassen, eine (durchaus ,augenblickliche‘ bzw. momentane) Erfahrung der Endlichkeit des Daseins, die es einem vielmehr ermöglicht, von sich und damit von einem womöglich lückenlosen Sinn der eigenen Biographie abzusehen.

12 Heidegger unterläuft damit die praktisch desorientierungsträchtige neuzeitliche Dichotomie von Subjekt und Welt, von Individuum und Gesellschaft, von Ich und den Anderen. Der extreme Pragmatismus seiner Daseinsanalyse bildet dabei überhaupt ein gutes Medium der Wiederentfaltung klugheitsethischer Themen unter heutigen Bedingungen, vor allem, was den Zusammenhang von Institutionalität und „eigentlichem Selbstsein" angeht; vgl. hierzu ausführlich Luckner 2001.

13 Heidegger, *Sophistês*, 54.

14 Vgl. ebd., 138 ff. Weiter unten spricht Heidegger von der *phrónêsis* als dem „Erblicken des Diesmaligen" (163 f.). In dieser Vorlesung wird einmal mehr deutlich, dass ,Eigentlichkeit‘ in enger Verbindung steht mit dem, was bei Aristoteles *eudaimonía* heißt, in deren Interesse die *phrónêsis* ja letztlich arbeitet. Eudaimonia ist nämlich, so die Übersetzung Heideggers des *enérgeia psychês kat'aretás* „die reine Gegenwart des Lebenden hinsichtlich seiner zu Ende gebrachten Seinsmöglichkeit" (ebd., 173).

15 Ebd., 61.

16 Vgl. hierzu etwa Rhonheimer 1996.

17 So wird bei Stobäus überliefert, dass Chrysipp die *phrónêsis* als ein „Wissen von dem, was zu tun und was nicht zu tun ist und was keines von beiden, oder das Wissen davon, was gut und übel und was keines von beiden ist" (SVF III, 362) bestimmt hatte. Der für Aristoteles so wichtige Unterschied von praktischer und theoretischer Wahrheit verschwindet damit wieder.

18 Vgl. Forschner 1981, 207.

19 Vgl. Cicero, *De officiis* I, 15–16 u. 19
20 Vgl. hierzu auch Abel 1978, 256 ff., der von Ciceros Missverständnis der aristotelischen Lehre spricht.
21 Vgl. Forschner 1981, 203 ff.
22 Es ist bekannt, dass dieser hier mit der *phrónêsis* in engem Zusammenhang stehende Gedanke der Selbstbestimmung der Vernunft über die mittlere Stoa (Panaitios) und dessen Popularisierung durch Ciceros *De officiis* und der neostoischen rationalistischen Moralphilosophie sich bis Kant verfolgen lässt. Vgl. hierzu schon Reich 1935.
23 Dieser Gedanke war vor allem prägend für die antihobbesianische Moralphilosophie des Neostoikers Shaftesbury und damit Ausgangspunkt der gesamten *moral-sense-philosophy* (vgl. Puhle 1987, 185 ff.) bis hin zu Adam Smiths *Theory of Moral Sentiments*. Dort erfährt die Klugheit – nun allerdings als *ethische* Tugend (nach der Formel „prudence = self-interest + self-command", vgl. Den Uyl 1991, 123 ff., v. a. 141) – eine letzte Blüte, allerdings auch hier funktional bezogen auf die Position der Unparteilichkeit und damit der moralischen Urteilsbildung, die nur demjenigen möglich ist, der genügend Selbstkontrolle besitzt. Klugheit ist nach Smith „the best head joined to the best heart" (*A Theory of Moral Sentiments* VI, i. 15).
24 Cicero, *De fin.* III, 65; vgl. hierzu auch Hauskeller 1997, 197 ff.
25 Vgl. hierzu auch Elm 1996, 3 ff. Die von ihm festgestellte „Entpolitisierung" der Klugheit geht freilich mit der hier in den Vordergrund gestellten „Technisierung" einher.
26 Vgl. etwa *KpV* I, 3. Auch die kantische Lösung unserer Frage passt in diese erste Antwortkategorie, insofern ja bei ihm die Obersätze praktischer Syllogismen („Maximen") einer Geltungsreflexion zugänglich gemacht werden. Durch das Universalisierungsverfahren werden sie vor der als überpositiv gegeben („Faktum") vorgestellten praktischen Vernunft als begründet ausgewiesen.
27 Vgl. Forschner 1995, 210.
28 Auf die speziellen Probleme der Lebenskunstlehren, wie sie auch heute in Anschluss an Foucaults Studien zur hellenistischen, v. a. stoischen Ethik wieder *en vogue* sind (vgl. v. a. Schmid 1996), kann ich an dieser Stelle nicht eingehen. Vgl. hierzu ausführlicher Luckner 1999.
29 Zur Vorgeschichte dieses Begriffes vgl. Kittsteiner 1991, 167 ff., Störmer-Caysa 1995, 7 ff.
30 Vgl. hierzu auch Puhle 1987, die es plausibel macht, dass es mit dem Personenbegriff des Panaitios zu einer Revision der altstoischen Auffassung kommt.
31 Vgl. die Stelle in *Röm.* 2, 14–15: „Denn wenn die Heiden, die das Gesetz nicht haben, doch von Natur des Gesetzes Werk tun, so sind sie, obwohl sie das Gesetz nicht haben, sich selbst ein Gesetz; denn sie beweisen, dass das Gesetzeswerk in ihrem Herzen geschrieben ist, da ja ihr Gewissen es ihnen bezeugt."
32 Vgl. *Röm.* 2, 13: „Denn vor Gott sind nicht die gerecht, die das Gesetz *hören*, sondern die, die das Gesetz *tun*, werden gerecht sein."
33 Vgl. Ambrosius, *De off. min.* I, 24.
34 Vgl. Plotin, *Peri areton* 345 ff.
35 Vgl. Elm 1996, 253. Bei Augustinus findet auch ausdrücklich die Trennung von *prâxis* und *eudaimonía* statt. Die in den nächsten Abschnitten im Kontrast dazu ausführlich vorgestellte Prudentia-Lehre des Alain de Lille ist zwar ebenfalls stark vom Neuplatonismus inspiriert, beschreibt aber den Aufstieg der Seele nicht wie Augustinus und Plotin von seinem Ende, sondern von seinem (weltlichen) Anfang her.
36 Vgl. Acl V, 40.
37 Vgl. Acl VI, 178 f.

38 Acl VI, 382 ff.: „*Virgo parens rerum, superum germana mihique/Filia, coelestis ortu, tamen incola terrae,/In terris quae sola sapis divina meaeque/Exemplum deitas habes*".

39 Acl VII, 233 f.

40 Vgl. hierzu ausführlich Luckner 2004. Da der Aristotelismus in der Philosophie der Klugheit geradezu eine Monopolstellung inne hat, ist es wichtig, auch alternative nicht-technische Philosophien der Lebensklugheit neben der aristotelischen Ethik zu diskutieren. Ansonsten würden die systematischen Probleme der Klugheitsethik nurmehr auf Bestandteile des langen, langen Streites um die angemessene Aristotelesinterpretation verkürzt.

41 Vgl. hierzu Flasch 1986, 262 ff.

42 Thomas von Aquin, S. th. I-II, 57, 4; II/II, q. 47, a. 8, resp et passim. Die *ars* (griech. *téchnê*) dagegen ist *recta ratio factibilium*.

43 Die Kardinaltugenden bilden die Dreh- und Angelpunkte (lat. *cardines*) der Tür, die für den Eintritt in das selige Leben aufgeschlossen werden muss.

44 Vgl. hierzu S. th. II-II, q. 47, a 8; vgl. auch Rhonheimer 1994, 381.

45 S. th. II/II, q. 47, a. 1 resp.

46 Vgl. hierzu Rhonheimer 1994, 351.

47 Die These des Aristoteles-Kommentators Gauthier, dass nämlich Thomas' *prudentia* geradezu die Negation der aristotelischen *phrónêsis* sei (vgl. Gauthier/Jolif 1970, 276 ff.), ist daher viel zu hart. Sie ist allerdings eine notwendige Konsequenz seiner Interpretation der aristotelischen Klugheit als Kompetenz zur inhaltlichen Bestimmung von Handlungsendzielen. Bei Aristoteles und *a fortiori* bei Thomas besitzt aber die Klugheit keine solche Handlungsendzielbestimmungsfunktion, wie im vorangegangenen Kapitel eingehend besprochen. Vgl. hierzu schon Aubenque 1965, 49, ihm folgend Rhonheimer 1994, 346 ff.

48 Vgl. Rhonheimer 1994, 383 ff, auch 428. Die *synderesis* hat damit im übrigen dieselbe Funktion wie der *intellectus principiorum* bzw. der aristotelische *nous*. Was durch diesen erkannt wird, ist im Unterschied zu Aristoteles etwas die Welt Transzendierendes. Durch die *synderesis* bzw. den *intellectus principiorum* fällt ein Licht von Gottes ewigem Gesetz in uns.

49 Vgl. Kluxen 1980, 34 f., Rhonheimer 1994, 385.

50 Vgl. Rhonheimer 1994, 391, auch 428.

51 So wird etwa Melanchthon in den *Loci praecipui theologici* von 1559 schreiben: „Concientia est syllogismus practicus in intellectu" (790), wobei der Obersatz durch Gottes Wort gegeben ist, der Untersatz die erfolgte oder in Erwägung gezogene Tat erfasst und die Konklusion je nachdem entweder die rechte Tat billigt oder verdammt.

52 Rhonheimer 1994, 389.

53 Etwa Rhonheimer 1994. Vgl. dagegen Abel 1978, 265, der schreibt, dass Thomas die aristotelische Ethik ihres Potentials beraube.

54 S. th. II/II, q. 66 a. 5, resp. ad 1

55 So etwa bei Bartolomeo de Medina, der 1577 in seinem Kommentar zu der Stelle aus Thomas' *Summa theologiae* I-II, (q. 19, a 6) das nachmals sogenannte Prinzip des Probabilismus aufstellt: „Si est opinio probabilis, licitum est eam sequi, licet opposita probabilior sit" (de Medina, *Scholastica Commentaria*, q. XIX, a. VI, 464)

Kapitel 6

1 Ähnlich Höffe 1993, 261 f.
2 Machiavelli, *Il principe* XXV: „Credo, ancora, che sia felice quello che riscontra el modo del procedere suo con le qualità de' tempi".
3 Ebd., XVIII.
4 Ebd.
5 Vgl. Montaigne, *Essais* I, 25, 74. Für diese Hinweise danke ich Ulrike Grünenklee.
6 Diese kritische Absetzung von bestimmten Eigenschaften des stoischen Weisen findet sich auch im Essai *De l'experience* (III, 13) wo Montaigne gegen den Tugendbold, der kein Mittleres zwischen Tugend und Schlechtigkeit kennt, die „notwendige Mischung" des Guten und Bösen setzt. Montaigne vergleicht den Tugendbold und Gutmenschen mit einem Musiker, der nur Konsonanzen komponiert und damit keine Musik, sondern faden Wohlklang produziert. Ein ‚Weiser', der nur Tugendhaftigkeit gelten lassen will, führt kein menschliches Leben. „Jene Philosophen aber streben über sich hinaus und suchen ihrem Menschsein zu entrinnen. Das ist Torheit: statt sich in Engel zu verwandeln, verwandeln sie sich in Tiere, statt sich zu erheben, stürzen sie zu Boden" (III, 13, 565).
7 Ebd., 542. Gemeint ist natürlich das „Gnothi seauton", das „Erkenne Dich selbst", das über dem Eingang des Apollotempels zu Delphi gestanden haben soll.
8 Ebd.
9 Ebd., III, 8, 470, wobei Stilett das französische „C'est imprudence d'estimer que l'humaine prudence puisse remplir le rolle de la fortune" unspezifischer mit „Es ist *Unvernunft* zu glauben, dass die menschliche *Vernunft* usw." übersetzt.
10 Ebd., III, 13, 566.
11 Etwa in den Universaltopiken Mylaeus' und Alsteds. Vgl. hierzu Schmidt-Biggemann 1983, 26 ff.
12 Einzig die späte, unorthodoxe römische Stoa kommt aus einer ähnlichen historischen und kulturellen Umbruchsituation heraus zu ähnlichen Formen, wie man z. B. an Senecas *Briefen an Lucilius*, Epiktets *Encheiridion* oder Marc Aurels *Selbstbetrachtungen* sehen kann.
13 Nur eine Bemerkung zu diesem Terminus: Natürlich ist in einem Sinne *jede* Topik ‚pragmatisch', d. h. auf gutes Handelnkönnen hingeordnet. Topiken gehen nicht nur auf Ordnung und Übersicht, sondern immer auch auf Benutzung und Verarbeitung (vgl. Schmidt-Biggemann 1983, XVII). Eine Topik der Argumentation soll dazu verhelfen, in der Praxis plausible Schlüsse ziehen zu können, eine Topik der Redekunst, gute Reden zu halten. Eine Topik ist, ganz allgemein gesprochen, eine Lehre von allgemeinen Gesichtspunkten, die für einen bestimmten Handlungsbereich in praktischer Hinsicht geltend gemacht werden können. Der hier verwendete Ausdruck ‚Pragmatische Topik' soll darüber hinaus aber bedeuten, dass es sich hierbei um allgemeine Gesichtspunkte des Handelns *überhaupt* – gleich welchen Bereiches – geht. Während die Topik der Argumentation Gesichtspunkte für gute Argumente, die Topik der Redekunst Gesichtspunkte für gutes Reden bietet, sind nach diesem Sprachgebrauch in einer pragmatischen Topik Gesichtspunkte dafür zu finden, was ‚gut handeln' heißen kann. Der Begriff ist im Übrigen nicht zu verwechseln mit demjenigen der „praktischen Topik", den Hans Krämer in die Diskussion um die Erneuerung einer Strebensethik einführte (vgl. Krämer 1992, 66 et passim). Er meint damit das von jeder Person individuell angefertigte Repertoire von Handlungsmaximen, die er von den „Lesetopiken" der Klugheitslehren und der Maximenliteratur unterscheidet (Krämer 1992, 174).

14 Im Englischen hat sich die Bedeutung von ‚politeness' als einer gebildeten Höflichkeit bewahrt.

15 Geulincx, *Ethik*, 1 f.

16 Viel mehr als der *Principe* Machiavellis ist der literarische Bezugspunkt der Klugheitslehren Castigliones *Cortegiano*. Der *Hofmann* aber bildet, kurz nach dem *Fürsten* Machiavellis 1528 erschienen, in seinem Ideal des vielseitig gebildeten *uomo universale* geradezu den Gegenentwurf zum zynischen Machtmenschen, für den allerdings, wie gesagt, Machiavelli niemals geworben hat.

17 *Oraculo Manual* 26. Ich zitiere nach den Nummern der ‚Regeln'.

18 Vgl. ebd., 189.

19 Vgl. ebd., 5.

20 Vgl. ebd., 149.

21 Vgl. ebd., 144.

22 Ebd, 300.

23 Ebd.

24 Thomasius, *Kurtzer Entwurff der politischen Klugheit*, 9.

25 Ebd., 65. Nach Thomasius ist die Klugheit diejenige Vernunftform, die es uns erlaubt, die äußeren, d.h. gesellschaftlichen Hindernisse auf dem Weg zur allgemeinen Glückseligkeit, an der der Einzelne partizipiert, zu überwinden (ebd., 8 ff.). Auch hier hat die Klugheit demnach die Funktion, dem durch die Weisheit gewußten allgemeinen Guten durch Wahl geeigneter Mittel eine Realität (vor allem im Umgang mit anderen Menschen) zu geben. Der durch die politische Klugheit normativ strukturierte Bereich der *Sittlichkeit* (oder, nach Cicero: das *decorum*) bildet dabei eine normativ eigenständige Sphäre zwischen derjenigen des Rechts und derjenigen individueller Selbstvervollkommnung; indem Kant später diesen Begriff der *Weltklugheit* explizit auf den der *Privatklugheit* und damit den korrekten („galanten") Umgang der Menschen untereinander auf bloßen Eigennutz reduzierte (vgl. Kant, *Grundlegung* BA 42, Anm.), unterschlägt er diese normativ eigenständige Sphäre des kommunikativen Handelns; es war Hegel, der mit der Wiedereinführung eines Begriffs substantieller Sittlichkeit den Bereich des *decorum* kritisch gegenüber Kant wieder in die praktische Philosophie einführte.

26 *Oraculo manual* 243.

27 Ebd.

28 Ebd., 13.

29 Ebd., 243.

30 Vgl. ebd., 26, 155, 160.

31 Vgl. etwa ebd., 222.

32 Vgl. ebd., 2, 79. Gemeint ist die Souveränität des Klugen über die bloß ‚martialische' Verteidigung der eigenen Interessen.

33 Vgl. ebd., 72.

34 Vgl. ebd., 298.

35 In seiner *Agudeza y arte de ingenio* ist Gracián einer der ersten, der eine ästhetische Theorie auf dem Geschmacksurteil aufbaut und damit ein wichtiger Vorläufer der Analytik des Schönen Kants ist.

36 Vgl. *Oraculo manual* 3, 98, 170, 193, 231, 246, 289. Die Häufigkeit ihres Vorkommens im Text spiegelt durchaus ihre Wichtigkeit als Instrument des Klugen wieder.

37 Gemeint ist vor allem die Erkenntnis der eigenen Schwächen und Vorzüge und Besonderheiten; vgl. *Oraculo manual* 89, 161, 196, 225, 261.

38 Ebd., 96.

39 Hier muss darauf hingewiesen werden, dass die schopenhauersche Übersetzung terminologisch recht frei verfährt: So wird prudencia oft einfach mit „Vorsicht" (wie hier: „Thron der Vernunft, Grundlage der Vorsicht"), andererseits werden

Elemente der Klugheit, wie z. B. die *cordura* durchgängig, *sagacidad* manchmal mit „Klugheit" übersetzt.

40 Dabei ist wohl durch einen Schreibfehler das griechische *syneidesis* zu *synteresis* geworden. Vgl. hierzu Störmer-Caysa 1995, 20 ff.

41 *Oraculo manual* 251.

42 Ebd., 127.

43 Zu Descartes' provisorischer Moral siehe das folgende Kapitel. Pragmatische Topiken finden sich auch im außereuropäischen Raum. Das beste auch hierzulande bekannte Beispiel ist das *Hagakure* des Yamomoto Tsunetomo, in dem der ‚Weg des Samurai' in topischer Form umrissen wird. Dass diese Anfang des 18. Jahrhunderts im hermetisch abgeriegelten Japan entstandene pragmatische Topik nur relativ zum japanischen Kulturkreis zu verstehen ist, bedeutet im Übrigen nicht, dass sie nicht auch in anderen Kulturkreisen als Hilfe zur Selbstorientierung verwendet werden kann. Dies zeigt eindrücklich der Film *Ghost Dog* von Jim Jarmusch, in dem ein Killer in einer amerikanischen Großstadt das Leben eines Samurai führt.

44 Vgl. *Oraculo manual* 55.

45 Vgl. ebd., 57.

46 Vgl. ebd., 56.

47 Vgl. ebd., 33, 137.

48 Vgl. ebd., 141, 147.

49 Vgl. ebd., 77.

50 Vgl. ebd., 21.

51 Ebd., 22.

52 Ähnlich sieht auch Baecker 1995, 55, dass die paradoxale Methode des *conceptismo* „jene Rhetorik [ist], die ihre Pointen weder in der Benennung von Sachverhalten noch im entwaffnenden Argument, sondern im Nachweis noch nicht gesehener Beziehungen zwischen den Dingen sucht." Die Pointe liegt dabei gerade darin, dass diese Beziehungen nur deshalb sichtbar werden, *weil* sie „aus unterschiedlichen Perspektiven betrachtet werden können" (ebd., 56). Die Widersprüchlichkeit ist demnach ein praktisch-heuristisches Erkenntnisinstrument der Weltklugheit selbst. Auch in anderer Hinsicht ist Graciáns Handorakel ‚selbstanwendungsfähig': So heißt es in der Regel 253 unter dem Titel „Keinen allzu deutlichen Vortrag haben": „Um geschätzt zu werden, müssen die Sachen Mühe kosten: daher wird gerühmt, wer nicht verstanden wird."

53 Ebd., 204.

54 Eine ähnliche ‚Logik' scheint auch zwischen Sprichwörtern zu walten. So widersprechen sich z. B. „Gleich und gleich gesellt sich gern" einerseits und „Gegensätze ziehen sich an" andererseits offensichtlich, wenn man sie als kategorische Aussagen begreift. Sie dienen aber zur Erfassung bestimmter Situationstypen, die sich eben nicht einer Gattung unterstellen, sondern eben auch nur nur ‚topisch', nach Art einer Übersicht unter dem Titel „Was es alles geben kann" darstellen lassen. Ich danke Gottfried Gabriel für diesen Hinweis.

55 *Oraculo manual* 19.

56 Thomasius, *Kurtzer Entwurff der politischen Klugheit*, 29. Allerdings haben die Regeln eine wichtige Funktion, weil ohne sie ein bestimmtes Handeln „nur nach dem Ausschlage einer Sache" beurteilt werden könnte, „ob sie nun klug oder närrisch angefangen sei" (ebd. 30). Ob jemand klug oder dumm ist, kann aber nicht davon abhängen, wie die von ihm unternommenen Handlungen ausgehen. Also haben die Allgemeinplätze der Klugheitslehren die Funktion, allgemeine Regeln für kluges Handeln so vorzugeben, dass die konkreten Handlungssituationen wie Beispiele dieser Regeln erscheinen können. Auch hier stellt die Klugheitslehre die Gesichtspunkte bereit, unter denen konkrete Handlungssituationen auf die in ihr liegenden Handlungsmöglichkeiten beleuchtet

werden können. Beispiele alleine könnten hier noch nichts zeigen, wenn nicht die Regel begriffen wurde, für die die Beispiele Beispiele sind.

57 *Oraculo manual* 288.
58 Ebd., 101.
59 Ebd., 99.
60 Vgl. Gadamer 1960, 291 ff.
61 Ebd., 291.
62 Ebd.

Kapitel 7

1 Descartes vergleicht in einem berühmten Bild im Brief an Picot den Aufbau der Wissenschaften mit einem Baum, dessen Wurzel die Metaphysik, dessen Stamm die Physik und dessen Äste die anwendungsorientierten Wissenschaften Medizin, Mechanik und Ethik darstellen (vgl. *Oeuvres* AT IX, 14).
2 *Discours de la méthode* III, 23.
3 Diesen treffenden Übersetzungsvorschlag verdanke ich Peter Fischer; vgl. auch Fischer 1996.
4 Sicherheit nicht im Sinne der *securité*, sondern der *certitude morale*, also der ‚inneren‘, nicht der ‚äußeren‘ Sicherheit. Vgl. zu diesem wichtigen Punkt auch den Schluss dieses Buches.
5 *Discours de la méthode* III, 23.
6 Ebd.
7 Ebd. II, 20.
8 Ebd. III, 24.
9 Ebd. III, 25.
10 Ebd.
11 Ebd., 26.
12 Ebd.
13 Ebd. III, 27.
14 Montaigne, *Essais* III, 13, 541. Der Unterschied zwischen Descartes und Montaigne liegt nun wohl vor allem darin, dass Descartes unter ‚Weltordnung‘ vor allem die gesellschaftliche versteht, während Montaigne mit der Betrachtung des ‚Weltgesetzes‘ klarerweise einen kosmologischen Blickwinkel einnimmt. Es ist der Unterschied zwischen einem skeptisch-gelassenen Denken des sechzehnten und einem eher resigniert-konservativen Denken des glaubenskriegsgeprägten siebzehnten Jahrhunderts.
15 „Die Urteilskraft sitzt bei mir auf dem Präsidentenstuhl“ (*Essais* III, 13, 542). Vgl. hierzu auch Gabaude 1991, 337: „Descartes's primary and ultimate aims are to form the judgement“, wie auch schon Brunschvicq 1945.
16 *Discours de la méthode* III, 28 f.
17 Schon bei vier Regeln hätten wir es mit sechs Paaren und also zwölf Korrekturverhältnissen zu tun, bei fünf mit zehn Paaren und 20 Korrekturverhältnissen, bei sechs mit 30, bei sieben mit 42 usw.
18 Die ‚durcheinandergewürfelte‘ Reihenfolge der sechs Verhältnisse erfolgt aus Gründen des besseren Verständnisses.
19 John Haugeland prägte in Bezug auf Heideggers Daseinsanalyse den griffigen Slogan „All constitution is institution“ (Haugeland 1992, 18). Dies ist es freilich auch vor allem, was neopragmatistisch orientierte Autoren wie Brandom 1983/1997, Rorty 1984, Okrent 1988, Dreyfus 1991 oder Haugeland 1992 an Heideggers *Sein und Zeit* interessiert.

20 Für eine auf den Text von *Sein und Zeit* bezogene Interpretation dieser Dimensionen der personalen Existenz, für die hier nicht der Raum ist, vgl. Luckner 1997, 1998 u. 2001.
21 Heidegger, SuZ § 54, 267.
22 Vgl. Haugeland 1992, 15 f.
23 SuZ 42. Dies ist zugleich die Stelle, an der der Begriff ‚Eigentlichkeit‘ eingeführt wird.
24 SuZ 303.
25 Vgl. auch Seel 1989, der in der extremen Formalität des Eigentlichkeitskonzeptes Heideggers ebenfalls dessen Modernität sieht. Rorty 1984, 16 ff. charakterisiert ‚Eigentlichkeit‘ treffend als „Bewusstsein der Endlichkeit“.
26 Vgl. SuZ 382 ff.
27 Vgl. Lübbe 1977, 289 ff.
28 Vgl. Lübbe 1968.
29 Lübbe 1977, 295.
30 Lübbe plädiert hier entsprechend für die Orientierung der Entscheidungsträger am Gemeinsinn bzw. *common sense.*
31 Zu diesem Problem ausführlich und in aller wünschenswerter Klarheit Rentsch 2000, 96–120.
32 Vgl. Marquard 1986, 128 ff.
33 Marquard 1986, 124.
34 Ebd. 134.
35 Ebd.
36 Vgl. Kapitel 3, Abschnitt *Das Glück der Erde.*

Kapitel 8

1 Auch in dieser Debatte wird übrigens deutlich, dass das instrumentelle Verständnis von Klugheit – man könnte auch sagen: das Verständnis von Klugheit als Untugend – abhängig ist von einem bestimmten Glücksverständnis, ganz so wie wir dies in Kapitel 3 thematisiert hatten.
2 Für eine ausführliche Behandlung dieser Diskussion ist hier leider nicht der Raum. Generell lässt sich neuerdings die Tendenz beobachten, neben den vorherrschenden kantianischen und neohumeanischen Konzeptionen in der Frage der vernünftigen Handlungsausrichtung auch wieder die aristotelische zum Zuge kommen zu lassen; vgl. die Darstellungen in Cullity/Gaut (1997); zur gegenwärtigen Renaissance der Tugendethiken generell vgl. ausführlich Luckner 2002b.
3 Versuche in diese Richtung habe ich diskutiert in Luckner 1998a u. 2001.
4 hierzu vgl. auch Luckner 1998b.
5 Ich entnehme dieses Begriffspaar Rentsch 2000, 188. Vgl. hierzu auch die Untersuchungen von Kaufmann 1973 und Schrimm-Heins 1991.
6 Vgl. Williams 1985, 170.

Literaturverzeichnis

Siglenverzeichnis

AA   Kant, Akademie-Ausgabe
Acl   Alain de Lille, Anticlaudianus
AT   Descartes, Œuvres
KpV   Kant, Kritik der praktischen Vernunft
KrV   Kant, Kritik der reinen Vernunft
KU   Kant, Kritik der Urteilskraft
NE   Aristoteles, Nikomachische Ethik
PhG   Hegel, Phänomenologie des Geistes
PL   Migne (Hrsg.), Patrologiae cursus completus
S. th. Thomas v. Aquin, Summa theologica
SuZ   Heidegger, Sein und Zeit
SVF   Arnim, Stoicorum Veterum Fragmenta

Primärtexte

Alain de Lille (= Alanus ab Insulis), Anticlaudianus (lat.), in: Migne (Hrsg.), Patrologiae cursus completus, series latina, Bd. 210, Paris 1855. Dt. als übers. v. W. Rath als Der Anticlaudian oder die Bücher von der himmlischen Erschaffung des Neuen Menschen, Stuttgart 1966.

Alain de Lille, Summa in arte praedicatoria, in: Migne (Hrsg.), Patrologiae cursus completus, series latina, Bd. 210, Paris 1855.

Alain de Lille, Summa quoniam homines, in: P. Glorieux (Hrsg.), AHMA 28, 1953.

Alain de Lille, Theologicae regulae, entst. um 1170 in: Migne (Hrsg.), Patrologiae cursus completus, series latina, Bd. 210, Paris 1855.

Ambrosius von Mailand, De officiis ministrorum, in: Clavis patrum Latinorum, 123-183.

Aristoteles, Ethica Nicomachea (ed. Bywater), Oxford [20]1988. Dt. als Nikomachische Ethik, hrsg. v. Fr. Dirlmeier, Berlin [8]1983; Nikomachische Ethik, übers. v. O. Gigon, München [4]1981; Nikomachische Ethik, auf Grundlage der Übers. v. E. Rolfes hrsg. v. G. Bien, Hamburg [4]1985. Engl. als Ethica Nicomachea, übers. v. W. Ross, London [4]1954.

Aristoteles, Eudemische Ethik, hrsg. v. Fr. Dirlmeier, Berlin [4]1984.

Aristoteles, Magna Moralia, hrsg. v. Fr. Dirlmeier, Berlin [5]1983

Aristoteles, Politik, übers. v. Susemihl, Reinbek 1965.

Aristoteles, Topik, hrsg. v. P. Gohlke, Paderborn 1952.

Arnim, H. v., Stoicorum Veterum Fragmenta, 4 Bde., Leipzig 1902–24, Nachdr. Stuttgart 1964.

Augustinus, Confessiones/Bekenntnisse, lat./dt. Ausgabe von Joseph Bernhart, München 1955.

Boethius, Anicius Manlius Severinus, Consolatio philo*sophíae*/Trost der Philo-
    sophie, lat.-dt., hrsg. und übers. von Ernst Gegenschatz, Düsseldorf/Zürich
    ⁵1998.

Camus, Albert, Le mythe de Sisyphe: Essai sur l'absurde, Paris 1942, dt. als Der
    Mythos von Sisyphos: ein Versuch über das Absurde, übers. v. Hans Georg
    Brenner und Wolfdietrich Rasch, Reinbek 1959.
Castiglione, Baldassare, Libro del Cortegiano, dt. als Der Hofmann übers. v. Albert
    Wesselski, Berlin 1996.
Cicero, De finibus bonorum et malorum, Th. Schiche (Hg.), Stuttgart 1976.
Cicero, De officiis, H. Gunermann (Hg.), Stuttgart 1976.
Comenius, Johann Amos, Große Didaktik, übers. u. hrsg. v. A. Flitner, Stuttgart
    1992.
Conches, Wilhelm de, Philo*sophía* mundi, mit Anh., übers. u. Anmerk., hrsg. von
    Gregor Maurach, Pretoria 1974.

Descartes, René, Brief an den Verleger Picot, in: Œuvres, Charles Adam und Pierre
    Tannery (Hrsg..), 11 Bde., Paris 1897–1910, Neuaufl. 1964–1967 (= AT), Bd. IX,
    14.
Descartes, René, Discours de la méthode, in: Œuvres, Charles Adam und Pierre
    Tannery (Hgg.), 11 Bde., Paris 1897–1910, neuaufl. 1964–1967 (= AT), Bd. VI.
    dt. als Von der Methode des richtigen Vernuftgebrauchs und der wissenschaft-
    lichen Forschung, übers. von Lüder Gäbe, Hamburg 1960.
Descartes, René, Les Passions de l'Âme, dt. als Die Leidenschaften der Seele, frz.-
    dt. Ausgabe v. Kl. Hammacher, Hamburg ²1996.

Epiktet, Encheiridion/Handbüchlein der Moral, griech.-dt. Ausgabe, übers. u.
    hrsg. v. Kurt Steinmann, Stuttgart 1992.
Eriugena, Johannes Scotus, Über die Einteilung der Natur, übers. v. L. Noack,
    Hamburg 1870 (Reprint 1983) (lat. Text in PL 122, col. 950 AB).

Geulincx, Arnold, Ethik oder Über die Kardinaltugenden, übers. v. Georg Schmitz,
    Hamburg 1948.
Gracián, Baltasar, Oraculo manual y arte de prudenzia (Huesca 1648), dt. als
    Handorakel der Weltklugheit, übers. v. Arthur Schopenhauer, hrsg. v. A.
    Hübscher, Stuttgart 1954.
Gracián, Baltasar, Obras completas, 2 Bde., Madrid 1992.

Hegel, Georg Wilhelm Friedrich, Phänomenologie des Geistes, hrsg. von Wessels/
    Clairmont, Hamburg 1988.
Heidegger, Martin, Phänomenologische Interpretationen zu Aristoteles (Anzeige
    der hermeneutischen Situation), Studia Philosophorum vol. II, Szeged/
    Budapest 1996/97.
Heidegger, Martin, Sein und Zeit, Tübingen ¹⁴1977 (mit den Randbemerkungen des
    Autors).
Heidegger, Martin, Platon: Sophistês (= Heidegger-Gesamtausgabe Bd. 19),
    Frankfurt a. M. 1992.
Highsmith, Patricia, The talented Mr. Ripley, dt. als Der talentierte Mr. Ripley,
    übers. v. B. Bortfeldt, München 1974.
Hobbes, Thomas, Leviathan oder Stoff, Form und Gewalt eines kirchlichen und
    bürgerlichen Staates, hrsg. v. Iring Fetscher, Frankfurt a. M. 1984.
Hume, David, A Treatise of Human Nature, dt. als Traktat über die menschliche
    Natur, hrsg. u. übers. v. R. Brandt, Hamburg 1973.

Hume, David, An Enquiry concerning the Principles of Morals, dt. als Untersuchungen über die Prinzipien der Moral, hrsg. u. übers. v. M. Kühn, Hamburg ²1972.

Kant, Immanuel, Anthropologie in pragmatischer Hinsicht, hrsg. v. Wolfgang Becker, Stuttgart 1983.

Kant, Immanuel, Erste Einleitung in die Kritik der Urteilskraft, nach der Handschrift hrsg. v. Gerhard Lehmann, Hamburg ⁴1990.

Kant, Immanuel, Gesammelte Schriften, hrsg. v. der Königlich-Preußischen Akademie der Wissenschaften AA, Berlin 1910 ff.

Kant, Immanuel, Grundlegung zur Metaphysik der Sitten, in: Theorie-Werkausgabe Bd. VII, hrsg. v. W. Weischedel, Frankfurt a. M. 1968.

Kant, Immanuel, Kritik der praktischen Vernunft, in: Theorie-Werkausgabe Bd. VII, hrsg. v. W. Weischedel, Frankfurt a. M. 1968.

Kant, Immanuel, Kritik der reinen Vernunft, Theorie-Werkausgabe Bd. III u. IV, W. Weischedel (Hg.), Frankfurt a. M. 1968.

Kant, Immanuel, Kritik der Urteilskraft, hrsg. v. Karl Vorländer, Hamburg ⁷1990.

Kant, Immanuel, Die Metaphyik der Sitten, in: Kants gesammelte Schriften, hg. v. der Königlich-Preußischen Akademie der Wissenschaften, Berlin 1910 ff. (AA), Bd. VI.

Kant, Immanuel, Die Religion innerhalb der Grenzen der bloßen Vernunft, hrsg. v. Rudolf Malter, Stuttgart 1974.

Kierkegaard, Sören, Der Begriff Angst, übers. v. Gisela Perlet, hrsg. v. Uta Eichler, Stuttgart 1992.

Kierkegaard, Sören, Entweder-Oder, hrsg. v. Hermann Diem und Walter Rest, München 1988.

Knigge, Adolph Freiherr von, Über den Umgang mit Menschen, 5. verbesserte und vermehrte Auflage, Hannover 1796. Hrsg. v. Karl Heiz Göttert, Stuttgart 1991.

Machiavelli, Niccolo, Il Principe/Der Fürst, italienisch-deutsche Ausgabe, hrsg. v. Philipp Rippel, Stuttgart 1995.

Marc Aurel, Selbstbetrachtungen, hrsg. v. A. Wittstock, Stuttgart 1977.

Martianus Capella, De Nuptiis Philologiae et Mercurii, recensuit, varietate lectionis et animadversionibus illustravit, Jo. Adam Goez, Nürnberg 1794.

Medina, Bartholomeo de, Scholastica Commentaria, Salamanca 1577.

Melanchthon, Philipp, Loci praecipui theologici, Leipzig 1549.

Montaigne, Michel de, Essais, hrsg. v. Pierre Michel, Paris 1965, dt. übers. v. H. Stilett, Frankfurt a. M. 1998.

Montesquieu, Charles-Louis de Secondat, Baron de la Brède et de, De l'esprit de lois, Genf 1748, dt. als Über den Geist der Gesetze, übers. v. E. Forsthoff, Tübingen 1951.

Musil, Robert, Der Mann ohne Eigenschaften, hrsg. v. A. Frisée, neu durchgesehene und verbesserte Ausgabe, Reinbek 1978.

Nietzsche, Friedrich, Sämtliche Werke. Kritische Studienausgabe in fünfzehn Bänden, hrsg. v. G. Colli u. M. Montinari, München/Berlin/New York ²1988.

Pascal, Blaise, Les provinciales: ou les lettres écrites par Louis de Montalte à un provincial de ses amis, dt. als Briefe in die Provinz, in: Werke, hrsg. von Karl August Ott, Heidelberg 1990.

Platon, Werke: in acht Bänden, griech.-dt. Ausgabe (übers. Schleiermacher) hrsg. v. Gunther Eigler, Darmstadt ²1977.

Plotin, Ausgewählte Schriften, übers. v. Richrd Harder hrsg. v. Walter Marg, Stuttgart 1973.
Prudentius Clemens, Aurelius, Psychomachia, Basel 1527.

Rousseau, Jean-Jacques, Schriften I/II, hrsg. v. Ritter, Frankfurt a. M. 1988.

Sartre, Jean-Paul, L'Existentialisme est un Humanism, Paris 1946, dt. als Ist der Existentialismus ein Humanismus?, in: Drei Essays, m. einem Nachwort von Walter Schmiele, neue, durchgesehene Auflage, Frankfurt a. M./Berlin/Wien 1985, 7–51.
Sartre, Jean-Paul, Cahiers pour une morale, Paris 1983.
Seneca, Lucius Annaeus, Ad Lucilium epistulae morales, in: Werke, hrsg. v. H. Rosenbach, Darmstadt ⁴1995.
Schelling, Friedrich Wilhelm Joseph von, Über das Wesen der menschlichen Freiheit und die damit zusammenhängenden Gegenstände, in: Sämmtliche Werke Bd. VII, Stuttgart/Augsburg 1860, 333–416
Sidgwick, Henry, The Methods of Ethics, London ⁵1893, Neudruck London 1962.
Smith, Adam, A Theory of Moral Sentiments, hrsg. v. D. D. Raphael/Macfie, Oxford 1976.
Spinoza, Benedictus de, Ethica, lat.-dt. Ausgabe (revidierte Übers. v. Jacob Stern), Stuttgart 1977.

Thomasius, Christian, Institutiones jurisprudentiae divinae, Frankfurt/Leipzig 1688.
Thomasius, Christian, Primae lineae de jureconsultorum prudentia consultatoria, Halle 1705, dt. als Kurtzer Entwurff der politischen Klugheit, sich selbst und anderen in allen menschlichen Gesellschaften wohl zu rathen/ und zu einer gescheiten Conduite zu gelangen, 2. Aufl. Frankfurt/Leipzig 1710 (Nachdruck Frankfurt a. M. 1970).
Thomasius, Christian, Von der Artzeney Wider die unvernünfftige Liebe und der zuvorher nöthigen Erkäntnüß Sein Selbst. Oder: Ausübung der Sitten Lehre, Halle 1696.
Thomasius, Christian, Von der Kunst Vernünfftig und Tugenhafft zu lieben. Als dem einzigen Mittel zu einen glückseligen/ galanten und vergnügten Leben zu gelangen/ Oder Einleitung zur SittenLehre, Halle 1692.
Tsunetomo, Yamamoto, Hagakure. Der Weg des Samurai, Frankfurt o. J.

Wittgenstein, Ludwig, Werkausgabe in 8 Bänden, Frankfurt 1984.

Sonstige Literatur
(bei mehreren Schriften eines Autors nach der Ordnung des Erscheinungsjahres)

Abel 1978: Günter Abel, Stoizismus und frühe Neuzeit. Zur Entstehungsgeschichte modernen Denkens im Felde von Ethik u. Politik, Berlin/New York.
Ackrill 1974: John L. Ackrill, Aristotle on Eudaimonia (I 1–3 und 5–6). Proceedings of the British Academy 60. Wiederabgedruckt in und zitiert nach O. Höffe (Hrsg.), Aristoteles: Die Nikomachische Ethik, Berlin 1995, 39–62.
Allan 1952: D. J. Allan, The Philosophy of Aristotle, Oxford.
Altham/Harrison 1995: J. E. J. Altham, Ross Harrison, World, Mind, and Ethics. Essays on the ethical philosophy of Bernard Williams, Cambrige.
Annas 1993: Julia Annas, The morality of happiness, New York.

Anscombe 1958/1974: G. Elizabeth M. Anscombe, Modern Moral Philosophy, in: Philosophy XXXII, dt. als Moderne Moralphilosophie, in: G. Grewendorf/G. Meggle (Hrsg.), Seminar: Sprache und Ethik. Zur Entwicklung der Metaethik, Frankfurt 1974, 217–243.

Anscombe 1965: G. Elizabeth M. Anscombe, Thougt and Action in Aristotle. What is Practical Truth"? In: R. Bambrough (ed.), New Essays on Plato and Aristotle, London, 143–158.

Arendt 1951: Hannah Arendt, The Origins of Totalitarianism, New York; dt. als Elemente und Ursprung totalitärer Herrschaft, Frankfurt a. M. 1955.

Arendt 1967: Hannah Arendt, Vita activa oder Vom tätigen Leben, München.

Arendt 1985: Hannah Arendt, Das Urteilen. Texte zu Kants Politischer Philosophie, München.

Aubenque 1963: Pierre Aubenque, La prudence chez Aristote, Paris ³1986.

Aubenque 1978: Pierre Aubenque, Die Kohärenz der aristotelischen Eudaimonia-Lehre, in: Günther Bien (Hg.), Die Frage nach dem Glück, Stuttgart, 45–58.

Baecker 1995: Dirk Baecker, Themen und Konzepte einer Klugheitslehre, in: Akademie Schloß Solitude (Hg.), Klugheitslehre: militia contra malicia, Berlin, 54–74.

Barnes 1980: J. Barnes, Aristotle and the methods of Ethics, in: Revue Internationale de Philosophie 34, 490–511.

Bärthlein 1966: K. Bärthlein, Zur Geschichte der „recta ratio" in der Geschichte der Ethik von der Stoa bis Christian Wolff, in: Kant-Studien 56, 125–155.

Benhabib 1992: Seyla Benhabib, Situating the Self, Cambridge.

Bien 1973: Günther Bien, Die Grundlegung der politischen Philosophie bei Aristoteles, Freiburg/München.

Bittner 1983: Rüdiger Bittner, Moralisches Gebot oder Autonomie, Freiburg/München.

Blom 1978: J. J. Blom, Descartes. His Moral Philosophy and Psychology, Hassocks/Sussex.

Blumenberg 1966: Hans Blumenberg, Die Legitimität der Neuzeit, Frankfurt a. M. 2. Aufl. 1988.

Böhringer 1996: Hannes Böhringer, Nachwort, in: Baltasar Gracían, Der Held. Aus dem Spanischen von Elena Carvajal Díaz und Hannes Böhringer, Berlin, 81–90.

Brasser 1999: Martin Brasser, Einleitung zu Person. Philosophische Texte von der Antike bis zur Gegenwart, Stuttgart, 9–28.

Brandom 1983/1997: Robert Brandom, Heideggers Kategorien in „Sein und Zeit", in: Deutsche Zeitschrift für Philosophie 45, 531–549 (englisches Original in The Monist 66, 387–409).

Brandt 1979: Richard B. Brandt, A Theory of the Good and the Right, Oxford.

Brunschvicq 1945: Leon Brunschvicq, Descartes et Pascal, lecteurs de Montaigne, Neuchâtel.

Buber 1992: Martin Buber, Die Erzählungen der Chassidim, Zürich.

Burnet 1900: John Burnet, Introduction, in: ders. (Hrsg.), The Ethics of Aristotle, London.

Cathrein 1931: Viktor Cathrein SJ, Der Zusammenhang der Klugheit und der sittlichen Tugenden nach Aristoteles, in: Scholastik. Vierteljahrsschrift für Theologie und Philosophie VI, 75–83.

Chambers 1968: Connor J. Chambers, The Progressive Norm of Cartesian Morality, in: New Scholasticism, 374–400; wieder abgedruckt in: Georges J. D. Moyal (Hrsg.), René Descartes. Critical Assessments, Vol. IV, London/New York 1991, 378–395.

Clerval 1895: Abbé Clerval, Les écoles de Chartres au moyen-âge, Paris.

Cooper 1975: J. M. Cooper, Reason and Human Good in Aristotle, Cambridge/ Mass.

Cumming 1956: Robert Cumming, Descartes' Provisional Morality, in: Review of Metaphysics 9, 207–235; wieder abgedruckt in: Georges J. D. Moyal (Hrsg.), René Descartes. Critical Assessments, Vol. IV, London/New York 1991, 343–364.

Curtius 1948: Ernst Robert Curtius, Europäische Literatur und lateinisches Mittelalter, Bern.

Crisp/Slote 1997: Roger Crisp, Michael Slote (eds.), Virtue Ethics, Oxford.

Cullity/Gaut 1997: Garrett Cullity, Berys Gaut (eds.), Ethics and Practical Reason, Oxford.

Delhaye 1963: Philippe Delhaye, La vertu et les vertus dans les œuvres d'Alain de Lille, in: Cahiers civilisation médiévale 6, 13–25.

Den Uyl 1991: Douglas den Uyl, The Virtue of Prudence, New York.

Dihle 1985: A. Dihle, Die Vorstellung vom Willen in der Antike, Göttingen.

Dreyfus/Rabinow 1983/1987: Hubert L. Dreyfus und Paul Rabinow, Michel Foucault. Beyond Structuralism and Hermeneutics, Chicago 2. Aufl., dt. als Michel Foucault. Jenseits von Strukturalismus und Hermeneutik, übers. v. Claus Rath u. U. Raulff, Weinheim.

Dreyfus 1991: Hubert L Dreyfus, Being-in-the-World. A Commentary on Heidegger's 'Being and Time' Division I, Cambridge/Mass. 1991.

Dworkin 1993: Ronald Dworking, Life's Dominion, New York.

Ebert 1976: Th. Ebert, Praxis und Poiesis. Zu einer handlungstheoretischen Unterscheidung des Aristoteles, in ZfphF 30, 12–30.

Ebert 1995: Theodor Ebert, *Phrónêsis* – Anmerkungen zu einem Begriff der Aristotelischen Ethik (VI 5 und 8–13), in: O. Höffe (Hrsg.), Aristoteles: Die Nikomachische Ethik, Berlin, 165–186.

Elm 1996: Ralf Elm, Klugheit und Erfahrung bei Aristoteles, Paderborn.

Engberg-Pedersen 1983: Troels Engberg-Pedersen, Aristotle's Theory of Moral Insight, Oxford.

Engfer 1996: Hans-Jürgen Engfer, Empirismus versus Rationalismus? Kritik eines philosophiegeschichtlichen Schemas, Paderborn.

Evans 1983: R. G. Evans, Alain of Lille, Cambridge.

Fahrenbach 1970: Helmut Fahrenbach, Existenzphilosophie und Ethik, Frankfurt a. M.

Falk 1986: W. D. Falk, Ought, Reasons and Morality, Ithaca/London.

Fehige/Meggle 1995: Christoph Fehige u. Georg Meggle (Hrsg.), Zum moralischen Denken, Frankfurt a. M.

Fehige/Meggle/Wessels 2000: Christoph Fehige, Georg Meggle, Ulla Wessels (Hrsg.), Der Sinn des Lebens, München.

Ferrara 1998: Alessandro Ferrara, Reflective Authenticity, London/New York.

Figal 1988: Günther Figal, Martin Heidegger. Phänomenologie der Freiheit, Frankfurt a. M. 1988, ²1991.

Figal 1997: Günther Figal, Verbindliche Freiheit. Überlegungen zu einer hermeneutischen Variante der morale par provision, in: Chr. Hubig (Hg.), Cognitio humana – Dynamik des Wissens und der Werte: Vorträge und Kolloquien, Berlin, 95–105.

Finnis 1985: J. M. Finnis, Practical Reasoning, Human Goods and the End of Man (Aquinas Lecture), in: New Blackfriars 66, 438–451.

Fischer 1996: Peter Fischer, Moral für unterwegs. Descartes, Nietzsche und die Asketik der modernen Wissenschaft, in: Christoph Hubig/Hans Poser (Hrsg.), Cognitio humana – Dynamik des Wissens und der Werte. XVII. Deutscher Kongreß für Philosophie Leipzig 1996. Workshopbeiträge Bd. 1, Leipzig, 84–91.

Fischer 2003: Peter Fischer, Moralität und Sinn. Zur Systematik von Klugheit, Moral und symbolischer Erfahrung im Werk Kants, München.

Flashar 1983: Helmut Flashar, Aristoteles, in: ders., (Hrsg.), Überwegs Grundriß der Geschichte der Philosophie, Antike 3, Basel/Stuttgart, 175–457.

Foot 1978: Philippa Foot, Virtues and Vices, Oxford.

Foot 1997: Philippa Foot, Die Wirklichkeit des Guten, Moralphilosophische Aufsätze, Frankfurt a. M.

Forschner 1981: Maximilian Forschner, Die stoische Ethik. Über den Zusammenhang von Natur-, Sprach. und Moralphilosophie im altstoischen System, 2. durchges. und erweiterte Aufl. Darmstadt, 1995.

Fóscolo de Merckart 1975: N. Fóscolo de Merckart, Les trois moments moraux du Discours de la Méthode, in: Revue philos. Louvain 73, 607–627.

Foucault 1986: Michel Foucault, Der Gebrauch der Lüste (= Sexualität und Wahrheit Bd. II), übers. v. U. Raulff u. W. Seitter, Frankfurt a. M.

Foucault o. J.: Michel Foucault, Von der Freundschaft als Lebensweise. Michel Foucault im Gespräch. Deutsch v. M. Karbe u. W. Seitter, Berlin o. J.

Frankfurt 1988: Harry Frankfurt, The Importance of what we care about, Cambridge.

French/Uehling/Wettstein 1988: P. A. French, T. E. Uehling, H. K. Wettstein (Hrsg.), Ethical Theory: Character and Virtue, Midwest Stud. Philos. 13.

Früchtl 1996: Josef Früchtl, Ästhetische Erfahrung und moralisches Urteil. Eine Rehabilitierung, Frankfurt a. M.

Gabaude 1991: Jean-Marc Gabaude, The dual unity of Cartesian ethics, in: Georges J. D. Moyal (Hrsg.), René Descartes. Critical Assessments, Vol, IV. London/New York, 332–342.

Gadamer 1930: H. G. Gadamer, Praktisches Wissen, wieder abgedruckt in H. G. Gadamer, Griechische Philosophie I (= Gesammelte Werke Bd. 5), Tübingen 1985, 230–248.

Gadamer 1960: H. G. Gadamer, Wahrheit und Methode. Grundzüge einer philosophischen Hermeneutik. Tübingen ⁶1990.

Gadamer 1963: H. G. Gadamer, Über die Möglichkeit einer philosophischen Ethik, in: H. G. Gadamer, Neuere Philosophie I (= Gesammelte Werke Bd. 4), Tübingen 1987, 175–188.

Gadamer 1998: H. G. Gadamer, Einführung, Zusamenfassung und Nachwort zu Aristoteles, Nikomachische Ethik VI, übers. u, hrsg. v. H. G. Gadamer, Frankfurt a. M.

Ganter 1974: Martin Ganter, Mittel und Ziel in der praktischen Philosophie des Aristoteles, Freiburg/München.

Gauthier, David P., Morals by agreement, Oxford 1986.

Gauthier/Jolif 1970: René Antoine Gauthier, Jean Yves Jolif, Aristotle. L'Ethique à Nicomaque. Introduction, Traduction et Commentaire, 2ème édition avec une introduction nouvelle (R. A. Gauthier), Louvain/Paris.

Geach 1977: Peter Geach, The Virtues. The Stanton Lectures 1973, Cambridge.

Gigon 1975: Olof Gigon, *Phrónêsis* und *Sophía* in der Nikomachischen Ethik Aristoteles', in: J. Mansfeld, L. M. de Rijk (Hgg.), Kephalaion. Festschrift für C. J. de Vogel. Assen, 91–104.

Gilson 1930: Etienne Gilson, René Descartes. Discours de la méthode. Texte et commentaire, 2. Aufl. Paris.

Gueroult 1953: Martial Gueroult, Descartes selon l'ordre des raison, 2 Bde., Paris.

Günther 1988: Klaus Günther, Der Sinn für Angemessenheit, Frankfurt a. M.

Habermas 1991: Jürgen Habermas, Vom pragmatischen, ethischen und moralischen Gebrauch der praktischen Vernunft, in: ders., Erläuterungen zur Diskursethik, Frankfurt a. M., 100–118.

Hackenesch 1988: Christa Hackenesch, Individuelle Verantwortung und allgemeine Vernunft. Zur neuerlichen Verteidigung einer provisorischen Moral. In: Christoph Hubig (Hrsg.), Verantwortung in Wissenschaft und Technik. Kolloquium an der Technischen Universität Berlin WS 1987/88, Berlin, 73–87.

Hammacher 1996: Klaus Hammacher, Einleitung zu Descartes 1649 (Les Passions de l'ame). Hamburg, XV–LXXXVIII.

Hardie 1968a: W. F. R. Hardie, Aristotle's Ethical Theory, Oxford.

Hardie 1968b, W. F. R. Hardie, The Final Good in Aristotle's Ethics, in: J. M. E. Morovesik (ed.), Aristotle: A Collection of Critical Essays, Notre Dame, 297–322.

Hare 1981: Richard Mervyn Hare, Moral Thinking: Its Levels, Method and Point. Oxford. Dt. als: Moralisches Denken: seine Ebenen, seine Methoden, sein Witz. Übers. v. Georg Meggle, Frankfurt a. M. 1992.

Haugeland 1992: John Haugeland, Heidegger on being a Person, in: *Noûs* 16, 15–26.

Huizinga 1932: Jan Huizinga, Über die Verknüpfung des Poetischen mit dem Theologischen bei Alanus de Insulis, Amsterdam.

Höffe 1971: Otfried Höffe, Praktische Philosophie – Das Modell des Aristoteles, Frankfurt a. M.

Höffe 1979: Otfried Höffe, Ethik und Politik. Grundmodelle und -probleme der praktischen Philosophie, Frankfurt a. M.

Höffe 1993: Otfried Höffe, Moral als Preis der Moderne. Ein Versuch über Wissenschaft, Technik und Umwelt, Frankfurt a. M.

Hubig 1999: Christoph Hubig, Pragmatische Entscheidungslegitimation angesichts von Expertendilemmata. Vorbereitende Überlegungen zu einer Ethik der Beratung auf der Basis einer provisorischen Moral, in: Grunwald, A., Saupe, S. (Hrsg.), Ethik in der Technikgestaltung, Praktische Relevanz und Legitimation, Bd. 2, Berlin/Heidelberg/New York, 197–209.

Hubig 2000: Christoph Hubig, Langzeitverantwortung im Lichte provisorischer Moral. In: Mittelstraß, Jürgen (Hg.), Die Zukunft des Wissens. XVII. Dt. Kongreß für Philosophie, Berlin, 296–312.

Hutchinson 1986: D. S. Hutchinson, The virtues of Aristotle, London.

Irving 1997: T. H. Irving., Practical Reason divides: Aquinas and his critics, in: Garrett Cullity, Berys Gaut (eds.), Ethics and Practical Reason, Oxford, 189–214.

Jacobi 1979: Klaus Jacobi, Aristoteles' Einführung des Begriffs „eudaimonia" im 1. Buch der „Nikomachischen Ethik", in: Philosophisches Jahrbuch 86, 300 ff.

Jaeger 1923: Werner Jaeger, Aristoteles. Grundlegung einer Geschichte seiner Entwicklung. Berlin 2. Aufl. 1955.

Jaffa 1952: H. V. Jaffa, Thomism and Aristotelianism. A Study of the Commentary by Thomas Aquinas on the Nicomachean Ethics, Chicago.

Kalocsai 1973: D. Kalocsai, Le problème des règles de la Morale provisoire de Descartes, Budapest.

Kambartel 1989: Friedrich Kambartel, Philosophie der humanen Welt. Frankfurt a. M.

Kamlah 1973: Wilhelm Kamlah, Philosophische Anthropologie. Sprachkritische Grundlegung und Ethik, Mannheim.

Kaufmann 1973: Franz-Xaver Kaufmann, Sicherheit als soziologisches und sozial-politisches Problem, Stuttgart 3. Aufl.

Kaulbach 1966: Friedrich Kaulbach, Weltorientierung, Weltkenntnis und pragmatische Vernunft bei Kant. In: Freidrich Kaulbach, Joachim Ritter (Hrsg.), Kritik und Metaphysik, H. Heimsoeth zum 80. Geburtstag, Berlin.

Keefe 1973: Terry Keefe, Descartes's „Morale Définitive" and the Autonomy of Ethics, in: Romanic Review LXIV, 2, 1973, 85–98. Wieder abgedruckt in: Georges J. D. Moyal (Hrsg.), René Descartes. Critical Assessments, Vol. IV, London/New York, 1991, 365–377.

Kenny 1978: Anthony Kenny, The Aristotelian Ethics, Oxford.

Kenny 1979: Anthony Kenny, Aristotle's Theory of the Will, Oxford.

Kenny 1992: Anthony Kenny, Aristotle on the Perfect Life, Oxford.

Kittsteiner 1991: Heinz D. Kittsteiner, Die Entstehung des modernen Gewissens, Frankfurt a. M.

Klemmt 1971: Alfred Klemmt, Descartes und die Moral, Meisenheim am Glan.

Kluxen 1978: Wolfgang Kluxen, Glück und Glücksteilhabe. Zur Rezeption der aristotelischen Glückslehre bei Thomas von Aquin, in: Günther Bien (Hg.), Die Frage nach dem Glück, Stuttgart, 77–92.

Kluxen 1980: W. Kluxen, Philosophische Ethik bei Thomas von Aquin, 2. Aufl. Hamburg 1980.

Kolnai 1962: Aurel Kolnai, Deliberation is of ends, in: Proceedings of the Aristotelian Society 62, 195–218; wieder in Ethics, Value and Reality, Oxford 1977, 44–62.

Korsgaard 1996: Christine Korsgaard, Sources of Normativity, Cambridge.

Korsgaard 1997: Christine Korsgaard, The Normativity of Instrumental Reason, in: Cullity/Gaut, 215–254.

Krämer 1992: Hans Krämer, Integrative Ethik, Frankfurt a. M.

Krauss 1947: Werner Krauss, Graciáns Lebenslehre, Frankfurt a. M.

Kraut 1989: Richard Kraut, Aristotle on the human good, Princeton.

Lévinas 1948: Lévinas, Emmanuel, Le Temps et L'Autre, dt. als Die Zeit und der Andere, übers. und mit einem Nachwort versehen von Ludwig Wenzler, Hamburg 1989.

Lévinas 1961: Lévinas, Emmanuel, Totalité et Infinité. Essai sur l'Extériorité, dt. als Totalität und Unendlichkeit. Versuch über die Exteriorität, übers. v. Wolfgang N. Krewani, Freiburg i. Brsg./München 1987.

Loening 1903: R. Loening, Die Zurechnungslehre des Aristoteles, Jena.

Lottin 1942ff.: O. Lottin, Psychologie et Morale aux XIIème et XIIIème siècles, Gembloux.

Luckner 1994: Andreas Luckner, Genealogie der Zeit. Zu Herkunft und Umfang eines Rätsels, dargestellt an Hegels Phänomenologie des Geistes, Berlin.

Luckner 1995: Andreas Luckner, Identität und Autonomie. Zum Begriff der Anerkennung in der Politischen Philosophie, in: Andreas Luckner (Hrsg.), Dissens und Freiheit. Kolloquium Politische Philosophie (= Leipziger Schriften zur Philosophie 2), Leipzig, 139–154.

Luckner 1997: Andreas Luckner, Martin Heidegger: ›Sein und Zeit‹. Ein einführender Kommentar, 2. korr. Aufl. Paderborn/München/Wien/Zürich, 2001.

Luckner 1998a: Andreas Luckner, Heideggers ethische Differenz, in: Iris Därmann, Bernhard Waldenfels (Hrsg.), Der Anspruch des Anderen. Perspektiven Phänomenologischer Ethik, München (Fink), 65–86.

Luckner 1998b: Andreas Luckner, Ethik- oder Moralprimat? Ein Universalienstreit, in: Philos. Rundschau 45, 2, 113–128.

Luckner 1999: Andreas Luckner, Das Leben – ein Kunstwerk? Rez. zu Wilhelm Schmid, Philosophie der Lebenskunst. Eine Grundlegung, in: DZPhil 47 (2), 335–338.

Luckner 2000: Andreas Luckner, Technikethik und Orientierungswissen, in: Dialektik 2, 57–78.

Luckner 2001: Andreas Luckner, Wie es ist, selbst zu sein. Zum Begriff der Eigentlichkeit, in: Th. Rentsch (Hrsg.), Martin Heidegger: Sein und Zeit (= Klassiker Auslegen Bd. 25), Berlin, 149–168.

Luckner 2002a: Andreas Luckner, Art. Klugheitsethik, in: Marcus Düwell, Christoph Hübenthal, Micha H. Werner (Hrsg.), Handbuch Ethik, Stuttgart, 206–217.

Luckner 2002b: Andreas Luckner, Handlungen und Haltungen. Zur Renaissance der Tugendethik, in: DZPhil 50, 779–796.

Luckner 2004: Andreas Luckner, ‚Prudentia‘ und die Schulung des Menschen. Der *Anticlaudismus* des Alain de Lille, in Phil. Jahrbuch 111 (3), 113–139

Lübbe 1968: Hermann Lübbe, Dezisionismus in der Moral-Theorie Kants, in: Epirrhosis. Festgabe für Carl Schmitt, hrsg. v. Hans Barion, Ernst-Wolfgang Böckenförde, Ernst Forsthoff, Werner Weber, Berlin, 567–578.

Lübbe 1977: Hermann Lübbe, Dezisionismus – eine kompromittierte politische Theorie?, in: W. Oelmüller, R. Dölle, R. Piepmeier (Hrsg.), Diskurs: Politik, Paderborn, 283–297.

Lübbe 1982a: Lübbe, H., „Orientierung". Zur Karriere eines Themas, in: Roellecke, 7–29.

Lübbe 1982b: Lübbe, H., Erfahrungsverluste und Kompensationen. Zum philosophischen Problem der Erfahrung in der gegenwärtigen Welt, in: Roellecke, 145–169.

Lübbe 1990: Hermann Lübbe, Der Lebenssinn der Industriegesellschaft. Über die moralische Verfassung der wissenschaftlich-technischen Zivilisation, Berlin/ Heidelberg/New York.

Maaß 2002: Holger Maaß, Phänomenologie im Dialog. Sprachphilosophische Interpretationen zu Husserl, Heidegger und Lévinas, Leipzig.

Macann 1992: Christopher Macann, Who is Dasein? Towards an ethics of authenticity, in: Christopher Macann, (Hrsg.), Martin Heidegger. Critical Assessments IV, London/New York, 214–246.

MacIntyre 1981: Alasdair MacIntyre, After Virtue. A Study in Moral Theory. Notre Dame (Indiana), 2. erw. Aufl. 1984. Dt. als: Der Verlust der Tugend. Zur moralischen Krise der Gegenwart, Frankfurt a. M. 1995.

MacIntyre 1966/1984: Alasdair MacIntyre, A Short History of Ethics. A history of moral philosophy from the homeric age to the twentieth century, New York; dt. als ders., Geschichte der Ethik im Überblick. Vom Zeitalter Homers bis zum 20. Jahrhundert, Meisenheim.

Marquard 1981: Odo Marquard, Abschied vom Prinzipiellen. Philosophische Studien, Stuttgart.

Marquard 1986: Odo Marquard, Apologie des Zufälligen. Philosophische Überlegungen zum Menschen in: Odo Marquard, Apologie des Zufälligen. Philosophische Studien. Stuttgart, 117–139.

McDowell 1979: John McDowell, Virtue and Reason, in: Monist 62, 330–350.

McDowell 1995: John McDowell, Might there Be External Reasons? In: Altham/ Harrison, 68–85.

Menke 1996: Christoph Menke, Tragödie im Sittlichen. Frankfurt a. M.

Mittelstraß 1992: Jürgen Mittelstraß, Leonardo-Welt. Über Wissenschaft, Forschung und Verantwortung, Frankfurt a. M.

Müller 1982: Anselm W. Müller, Praktisches Folgern und Selbstgestaltung nach Aristoteles, Freiburg/München.

Müller 1982b: Anselm W. Müller, Praktische und technische Teleologie. Ein aristotelischer Beitrag zur Handlungstheorie. In: Hans Poser (Hg.), Philosophische Probleme der Handlungstheorie, Freiburg/München, 37–70.

Münkler 1982: Herfried Münkler, Machiavelli. Die Begründung des politischen Denkens der Neuzeit aus der Krise der Republik Florenz, Frankfurt a. M.

Münkler 1985: Herfried Münkler, Staatsräson und politische Klugheitslehre, in: I. Fetscher u. H. Münkler (Hrsg.), Pipers Handbuch der politischen Ideen, Bd. 3, Neuzeit: Von den Konfessionskriegen bis zur Aufklärung, München, 23–72.

Nagel 1972: Thomas Nagel, The Absurd, in: Mortal Questions, Cambridge. Dt. als Eine absurde Überlegung, in Fehige/Meggle/Wessels 2000, 95–104

Nagel 1972: Thomas Nagel, Aristotle on Eudaimonia, in: Phronesis 17, 252–259, wiederabgedruckt in: Rorty A. O. 1980, 7–14.

Nagel 1970: Thomas Nagel, The Possibility of Altruism, Oxford, dt. als Die Möglichkeit des Altruismus, übers. v. M. Gebauer u. H.-P. Schütt, Frankfurt a. M. 1998.

Nagel 1997: Thomas Nagel, The last word, Oxford; dt. als Das letzte Wort, übers. v. Joachim Schulte, Stuttgart 1999.

Natali 1984: C. Natali, Virtù o scienza? Aspetti della phronesis nei Topici e nelle Etiche di Aristotele, in: Phronesis 29, 50–72.

Nussbaum 1986: Martha Nussbaum, The Fragility of Goodness. Luck and Ethics in Greek Tragedy and History, Cambridge.

Nussbaum 1990: Martha Nussbaum, Aristotelian Social Democracy, in: R. B. Douglas/G. Mara/H. Richardson (Hrsg.), Liberalism and the Good, New York, 203–252.

Nussbaum 1993/1998: Martha Nussbaum, Non-relative Vitues: An Aristotelian Approach, in: M. Nussbaum/A. Sen (Hrsg.), The Quality of Life. Oxford, 246–276. Deutsch zuerst in: Dies., Nicht-relative Tugenden. Ein aristotelischer Ansatz, in: Rippe/Schaber 1998, 114–165.

Nussbaum 1994: Martha Nussbaum, The Therapy of Desire. Theory and Practice in Hellenistic Ethics, Princeton.

Nussbaum 1995: Martha Nussbaum, Aristotle on Human Nature and the Foundations of Ethics, Altham/Harrison, 86–131.

Ochsenbein 1975: Peter Ochsenbein, Studien zum Anticlaudian des Alanus ab Insulis, Bern/Frankfurt.

Okrent 1988: Mark Okrent, Heideggers Pragmatism. Understanding, Being, and the Critique of Metaphysics, Ithaca/London.

Orth 1996: Ernst Wolfgang Orth, Orientierung über Orientierung. Zur Medialität der Kultur als Welt des Menschen in: Zeitschrift für philosophische Forschung 50, 167–182.

Patzig 1971: Günther Patzig, Ethik ohne Metaphysik. Göttingen, 2. durchges. und erw. Auflage, Göttingen 1983.

Perry 1979: John Perry, The Problem of the Essential Indexical, in: Noûs 13 (1979), 3–21; dt. in Manfred Frank (Hg.), Analytische Theorien des Selbstbewusstseins, Frankfurt 1994, 402–424.

Pieper 1949: Josef Pieper, Traktat über die Klugheit, München, 7. Aufl. 1965.

Puhle 1987: Puhle, Annekatrin, Persona: zur Ethik des Panaitios, Frankfurt am Main/Bern/New York/Paris 1987.

Quinn 1993: Warren Quinn, Putting Rationality in its Place, in: W. Q., Morality and Action, Cambridge.

Ramírez 1979: S. M. Ramírez, La Prudencia, Madrid.
Rapp 1995: Christoph Rapp, Freiwilligkeit, Entscheidung und Verantwortlichkeit, in: O. Höffe (Hrsg.), Aristoteles: Die Nikomachische Ethik, Berlin, 109–134.
Raz 1997: Joseph Raz, Incommensurability and agency, in: R. Chang (Ed.), Incommensurability, Incomparability, and Practical Reason, Cambridge/Mass., 110–128.
Raz 1978: Joseph Raz (Ed.), Practical Reasoning, Oxford.
Reich 1935: Klaus Reich, Kant und die Ethik der Griechen, Tübingen.
Rentsch 1990: Thomas Rentsch, Die Konstitution der Moralität: Transzendentale Anthropologie und praktische Philosophie, Frankfurt a. M.
Rentsch 2000, Thomas Rentsch, Religiöse Vernunft: Kritik und Rekonstruktion. Systematische Religionsphilosophie als kritische Hermeneutik, in: ders., Negativität und praktische Vernunft, Frankfurt a. M.
Rhonheimer 1994: Michael Rhonheimer, Praktische Vernunft und Vernünftigkeit der Praxis. Handlungstheorie bei Thomas von Aquin in ihrer Entstehung aus dem Problemkontext der aristotelischen Ethik, Berlin.
Ricœur 1990/1996; Paul Ricœur, Soi-même comme un autre, Paris. Dt.: Das Selbst als ein Anderer, übers. v. Jean Greisch in Zus. mit Thomas Bedorf und Brigitte Schaaf, München.
Riedel 1972: Manfred Riedel (Hrsg.), Rehabilitierung der Praktischen Philosophie, 2 Bde., Freiburg.
Riedel 1990: Manfred Riedel, Seinsverständnis und Sinn für das Tunliche. Der hermeneutische Weg zur praktischen Philosophie, in: Hören auf die Sprache. Die akroamatische Dimension der Hermeneutik, Frankfurt a. M., 131–162.
Ritter 1969: Joachim Ritter, Metaphysik und Politik, Frankfurt a. M.
Rodis-Lewis 1957: Genevieve Rodis-Lewis, La Morale de Descartes, Paris.
Röd 1982: Wolfgang Röd, Descartes. Die Genese des Cartesianischen Rationalimus. München, 3. Aufl. 1995. Darin v. a. Kap. VIII (158–178): Der Übergang von der provisorischen zur endgültigen Moral.
Rödl 1998: Sebastian Rödl, Selbstbezug und Normativität, Paderborn/München/Wien/Zürich.
Roellecke 1982, Gerd Roellecke (Hrsg.), Der Mensch als Orientierungswaise?: ein interdisziplinärer Erkundungsgang, Freiburg/München.
Rorty 1984: Richard Rorty, Heidegger wider die Pragmatisten, in: Heideggers Wirkungen (= Neue Hefte für Philosophie 23), 1–22.
Rorty 1989: Richard Rorty, Kontingenz, Ironie und Solidarität, Frankfurt a. M.
Rorty A. O. 1980: A. O. Rorty (Ed.), Essays on Aristotle's Ethics, Berkeley/Los Angeles/London.
Ross 1923: W. D. Ross, Aristotle, Reprint der 5. Aufl. (1949), London 1956.
Rowe 1971: C. J. Rowe, The Meaning of Phronesis in the Eudemian Ethics. In: P. Moraux, D. Harlfinger (Hrsg.), Untersuchungen zur Eudemischen Ethik, Akten des 5. Symposium Aristotelicum, Berlin, 73–92.
Ruschmann 1999: Eckart Ruschmann, Philosophische Beratung, Stuttgart/Berlin/Köln.

Schmidt-Biggemann 1983: Wilhelm Schmidt-Biggemann, Topica universalis. Eine Modellgeschichte humanistischer und barocker Wissenschaft, Hamburg.
Schnädelbach 1986: Herbert Schnädelbach, Was ist Neoaristotelismus? In: W. Kuhlmann (Hg.), Moralität und Sittlichkeit, Frankfurt a. M., 38 ff.

Schneiders 1971: Werner Schneiders, Naturrecht und Liebesethik. Zur Geschichte der praktischen Philosophie im Hinblick auf Christian Thomasius, Hildesheim/ New York.

Schottlaender 1980: Rudolf Schottlaender (1980), Der aristotelische „spoudaios". In: Z.f. Phil. Forsch. 34, 285–395.

Schrader 1975: Wolfgang Schrader, Klugheit und Vernunft. Überlegungen zur Begründung der Hobbeschen Vertragstheorie. In: Phil.Jb. 82, 309–322.

Schrader 1984: Wolfgang Schrader, Ethik und Anthropologie in der englischen Aufklärung. Der Wandel der moral-sense-Theorie von Shaftesbury bis Hume, Hamburg.

Schrimm-Heins 1991: Andrea Schrimm-Heins, Gewissheit und Sicherheit. Geschichte und Bedeutungswandel der Begriffe certitudo und securitas, in: Archiv für Begriffsgeschichte, 123–213 (2. Teil in: Archiv für Begriffsgeschichte 1992, 115–213).

Schuster 1997: Schuster, Josef, Moralisches Können. Studien zur Tugendethik, Würzburg.

Siep 1988: Ludwig Siep, Kriterien richtigen Handelns. In: Brüstle, Walter/Siep, Ludwig (Hg.), Sterblichkeitserfahrung und Ethikbegründung. Ein Kolloquium für Werner Marx, Essen, 81–94.

Smith 1994: Michael Smith, The Moral Problem, Cambridge.

Southern 1970: R. W. Southern, Medieval Humanism and other Studies, Oxford.

Spaemann 1968: Rudolf Spaemann, Praktische Gewißheit. Descartes' provisorische Moral, in: Epirrhosis. Festgabe für Carl Schmitt, hrsg. v. Hans Barion, Ernst-Wolfgang Böckenförde, Ernst Forsthoff, Werner Weber. Berlin, 683–696.

Spaemann 1978, Philosophie als Lehre vom glücklichen Leben, in: G. Bien (Hrsg.), Die Frage nach dem Glück, Stuttgart/Bad Cannstatt, 1 ff.

Spaemann 1984: Rudolf Spaemann, Art. Moral, provisorische, in: Historisches Wörterbuch der Philosophie, hg. v. Joachim Ritter und Karl Friedrich Gründer, Bd. 6. Basel, Sp. 172–174.

Specht 1985: Rainer Specht, René Descartes, in: Otfried Höffe (Hg.), Klassiker der Philosophie, zwei Bände. München, zweite verbesserte Auflage, 301–321.

Stegmaier 1992: Werner Stegmaier, ,Was heißt: sich im Denken orientieren?' Zur Möglichkeit philosophischer Weltorientierung nach Kant, in: Allgemeine Zeitschrift f. Philosophie 17.1, 1–16.

Stegmaier 1994: Stegmaier, W., Weltabkürzungskunst. Orientierung durch Zeichen, in: J. Simon (Hrsg.), Zeichen und Interpretation, Frankfurt a. M., 119–141.

Stegmaier 1999a: Werner Stegmaier, Grundzüge einer Philosophie der Orientierung, in: R. Raatzsch (Hrsg.), Philosophieren über Philosophie (= Leipziger Schriften zur Philosophie Bd. 10), Leipzig, 162–173.

Stegmaier 1999b: Werner Stegmaier, Art. Orientierung, in: Hans Jörg Sandkühler et al. (Hrsg.), Enzyklopädie der Philosophie, Hamburg, Sp. 987–989.

Statman 1997: Daniel Statman (Hrsg.), Virtue Ethics, Georgetown.

Stein 1987: Jürgen Stein, Standortbewusstsein und Entscheidungskompetenz bei Thukydides und Aristoteles. Eine Untersuchung zur politischen Bedeutung des Begriffes „gnome", Köln.

Steinfath 1998: Holmer Steinfath (Hrsg.), Was ist ein gutes Leben? Philosophische Reflexionen, Frankfurt a. M.

Steinvorth 1990: Ulrich Steinvorth, Klassische und moderne Ethik. Grundlinien einer materialen Moraltheorie, Hamburg.

Stekeler-Weithofer 1993: Pirmin Stekeler-Weithofer, Kultur und Autonomie. Hegels Fortentwicklung der Ethik Kants und ihre Aktualität, in: Kant-Studien 84, 185–203.

Stocker 1976: Michael Stocker, The schizophrenia of modern ethical theories, Journal of Philosophy 73, 453–466, dt. als Die Schizophrenie moderner ethischer Theorien, in: Rippe/Schaber 1998, 19–41.

Störmer-Caysa 1995: Uta Störmer-Caysa (Hrsg.), Über das Gewissen. Texte zur Begründung der neuzeitlichen Subjektivität, Weinheim.

Taylor 1989: Charles Taylor, Sources of the Self. The Making of the Modern Identity. Cambridge/Mass. Dt.: Quellen des Selbst, Frankfurt a. M 1995.

Taylor 1970/2000: Richard Taylor, Good and Evil: A New Direction, New York. Daraus das 18. Kapitel (The meaning of life) dt. als Sisyphos und wir, in: Fehige/Meggle/Wessels 2000, 87–95.

Teichmann 1991: Franz Teichmann, Der Mensch und sein Tempel. Chartres – Schule und Kathedrale, Stuttgart 1991

Thomä 1998: Dieter Thomä, Erzähle Dich selbst. Lebensgeschichte als philosophisches Problem, München.

Thurnherr 1994: Urs Thurnherr, Die Ästhetik der Existenz. Über den Begriff der Maxime und die Bildung von Maximen bei Kant, Tübingen/Basel.

Thurnherr 1996: Urs Thurnherr, Was hat Kants Maximenethik mit Descartes' provisorischer Moral zu tun? in: Christoph Hubig/Hans Poser (Hrsg.), Cognitio humana – Dynamik des Wissens und der Werte. Workshopbeiträge Bd. 1. Leipzig, 60–67.

Trilling 1972: Lionel Trilling, Sincerity and Authenticity, dt. als Das Ende der Aufrichtigkeit, München/Wien 1979.

Tugendhat 1993: Ernst Tugendhat, Vorlesungen über Ethik, Frankfurt a. M.

Tugendhat 1984: Ernst Tugendhat, Probleme der Ethik, Stuttgart.

Velleman 1992: David Velleman, The Guise of the Good, in: *Noûs* 26, 3–26.

Velleman 1996: David Velleman, The Possibility of Practical Reason, in: Ethics 106, 694–726.

Virt 1983, Epikie. Der verantwortungsvolle Umgang mit Normen. Eine historisch systematische Untersuchung zu Aristoteles, Thomas von Aquin u. Franz Suarez, Mainz.

Vollrath 1987: Ernst Vollrath, Grundlegung einer philosophischen Theorie des Politischen, Würzburg.

Volpi 1984: Franco Volpi, Heidegger e Aristotele, Padua.

Volpi 1989: ‚Sein und Zeit': Homologien zur ‚Nikomachischen Ethik', in: Philosophisches Jahrbuch 96, 225–240.

Volpi 1992: Franco Volpi, Praktische Klugheit im Nihilismus der Technik: Hermeneutik, praktische Philosophie, Neoaristotelismus, in: Intern. Zeitschr. f. Philosophie 1, 5–23.

Vossenkuhl 1997: Wilhelm Vossenkuhl, Die Wahl des eigenen Lebens, in: Chr. Hubig (Hrsg.), Cogitio Humana – Dynamik des Wissens und der Werte, Berlin, 69–86.

Waldenfels 1985: Bernhard Waldenfels, In den Netzen der Lebenswelt, Frankfurt a. M. 2. Aufl. 1994.

Walter 1874: Julius Walter, Die Lehre von der praktischen Vernunft in der griechischen Philosophie, Jena.

Walzer 1983: Michael Walzer, Sphären der Gerechtigkeit, Frankfurt a. M.

Wiedmann/Biller 1976: F. Wiedmann u. G. Biller, Art. Klugheit, in: J. Ritter, K. Gründer (Hrsg.), Historisches Wörterbuch der Philosophie Bd. 4. Basel, Sp. 857–863.

Wieland 1989: Wolfgang Wieland, Aporien der praktischen Vernunft. Frankfurt a. M.

Wiggins 1978: David Wiggins, Deliberation and Practical Reasoning, in: Joseph Raz (Ed.), Practical Reasoning, Oxford 1978.

Wiggins 1987: David Wiggins, Truth, Needs, and Values, Oxford. Das dritte Kapitel dt. übers. von C. Wertmüller als Wahrheit, Erfindung und der Sinn des Lebens, in: Fehige/Meggle/Wessels 2000, 408–445.

Willaschek 1992: Marcus Willaschek, Praktische Vernunft. Handlungstheorie und Moralbegründung bei Kant, Stuttgart 1992.

Williams 1985: Bernhard Williams. Ethics and the Limits of Philosophy. 1. Aufl., 3. Aufl. mit Nachwort, London.

Williams 1995: Bernard Williams, Replies, in: Altham/Harrison 1995, 185–224.

Wimmer 1984: Reiner Wimmer, Art. Klugheit, in: J. Mittelstraß (Hrsg.), Enzyklopädie Philosophie und Wissenschaftstheorie Bd 2. Mannheim, Sp. 412–415.

v. Wright 1963: Georg Henrik von Wright, The Varieties of Goodness, London.

Wolf 1984: Ursula Wolf, Das Problem des moralischen Sollens. Berlin/New York.

Wolf 1995: Ursula Wolf, Über den Sinn der Aristotelischen Mesoteslehre, in: Otfried Höffe (Hrsg.), Aristoteles: Die Nikomachische Ethik, Berlin, 83–108.

Zeller 1846: Eduard Zeller, Die Philosophie der Griechen in ihrer geschichtlichen Entwicklung, Tübingen.

Sachregister

Namenregister

Über den Autor

Andreas Luckner, 42 Jahre alt, ist Akademischer Rat am Institut für Philosophie der Universität Stuttgart und wohnt mit seiner Frau und seinen drei Kindern in Leipzig. Er hat sich 2002 mit einer Arbeit, die Grundlage dieses Buches ist, an der dortigen Universität habilitiert, nachdem er lange Jahre Assistent am Lehrstuhl für Praktische Philosophie des Instituts für Philosophie gewesen war. In den achtziger Jahren studierte er in Freiburg i. Brsg. und Berlin (TU) Philosophie und Musik(-wissenschaft), eine Themenverbindung, der er sich in Zukunft wieder stärker zuwenden möchte. In Stuttgart arbeitet er gerade an einer Philosophie der Technik in Anschluss an Martin Heidegger und koordiniert das dortige Ethisch-Philosophische Grundlagenstudium.